华中语学论库（第七辑）

邢福义　主编

现代汉语情感构式研究

刘源佳　著

华中师范大学出版社

新出图证（鄂）字 10 号

图书在版编目（CIP）数据

现代汉语情感构式研究 / 刘源佳著. -- 武汉 ：华中师范大学出版社，2024. 6. -- ISBN 978-7-5769-0595-3

Ⅰ. H109. 4

中国国家版本馆 CIP 数据核字第 20244SB152 号

现代汉语情感构式研究

XIANDAI HANYU QINGGAN GOUSHI YANJIU

责任编辑：方统伟　**责任校对**：肖霞　**封面设计**：罗明波

编辑室：高等教育分社　**电话**：027-67867364

出版发行：华中师范大学出版社有限责任公司　**社址**：湖北省武汉市洪山区珞喻路 152 号

电话：027-67861549（发行部）

网址：http://press.ccnu.edu.cn　**电子邮箱**：press@mail.ccnu.edu.cn

印刷：武汉兴和彩色印务有限公司　**督印**：刘敏

开本：710mm×1000mm　1/16　**印张**：13. 25

版次：2024 年 6 月第 1 版　**印次**：2024 年 6 月第 1 次印刷

字数：225 千字　**定价**：69. 00 元

欢迎上网查询、购书

序

邢福义

随着历史的发展，社会的进步，科技的发达，语言学在整个世界范围内越来越展示出强大的活力和能量。中国语言学是世界语言学的重要组成部分。为了对中国语言学事业有所推动，我们组织撰写“华中语学论库”。作为专用名称，这里的“语学”主要指汉语语言学，近期的15年时间里以现代汉语语法专题研究为重点。“语学论库”，这是汉语语言学研究的一个系统工程，如果将来主客观条件具备，在研究范围上可以不断扩大，在研究时间上可以无限延展，在研究队伍上可以辈辈交接，代代传承。“华中”一词，既跟研究队伍的华中群体相关，又跟华中师范大学出版社的名称相关。

汉语语言学源远流长。千百年来，特别是《马氏文通》出版以来，尤其是20世纪70年代之后，由于一代代学者的不懈努力，汉语语言学沿着“创业—拓新—发展”的轨道不断推进。目前，汉语语言学所统括的汉语语法学、汉语语音学、汉语方言学、汉语词汇学、汉语语用学等学科，都已出现了初步繁荣的喜人局面。

但是，初步繁荣并不意味着已经成熟。对于语言学这样一门社会科学来说，成熟与不成熟的突出标志，应该是学派或流派是否已经形成。在这一点上，科学跟艺术情况相同。比方说，我国的京剧表演艺术已经达到了成熟的高峰，最基本的表现就是形成的这“派”那“派”，只要一提到“梅派”和“程派”，稍有京剧表演艺术知识的人就会知道这是两个具有各自特点的著名流派。又比方说，我国的书法艺术早已达到了成熟的高峰，最基本的表现就是形成了这“体”那“体”，只要一提到“颜体”，稍有书法艺术知识的人就会知道它是不同于“柳体”“欧体”等的有独特风格的书写体，甚至还会知道颜真卿打破了“书贵瘦硬”的传统书风，开创了“二王”体系之外的新体。然而，汉语语言学的各门学科，即使是其中发展速度最快的现代汉语语法学，仍然缺乏显示成熟的任何标志，距离真正成熟实际上还十分遥远。

当今的汉语语言学，面临的主要问题是“二求”：一求创建理论和方法，二求把事实弄清楚。这是互补互促而又互成因果的两个问题。没有理论和方法的成熟，一门学科不可能是成熟的。而理论和方法的创建，是学者们长期深入研究的成果，是有效地进行群体性思考、独立性思考和开拓性思考的结晶。因此，必然带有鲜明的个性，带有学派的印记，反映一派学者的思想体系、研究特点和总体成就。另一方面，没有对事实的清楚了解，理论和方法的创建便成为空中楼阁。从现代汉语语法研究来说，之所以至今尚未成熟，自成体系的理论和方法之所以尚未创立起来，最根本的原因还是对事实的了解基本上仍然处于朦胧的状态。真正适合于我国语言文字的理论和方法，最终只能产生在我国语言文字的沃土之上。因此，应该强调“研究植根于汉语泥土，理论生发于汉语事实”。不然，我国的汉语语言学在世界语言学中就可能永远处于附庸的地位，就永远不会有跟国外理论对等交流的时候。

学术派别的产生，起码应该具备三个条件：第一，有特定的学术领地，提示标志性的理论和主张；第二，有鲜明的治学特点，形成一套自己的研究方法；第三，有良好的学风，形成一支富有活力的队伍。近年来的研究状况表明，我国的学者们已经或多或少地显示了各自的风格特点，但是，顶多只能说其中孕育着某些派别意识，或者顶多只能说预示了某种派别意识的萌芽。汉语语言学的真正成熟，需要经历很长很长的历史阶段，有赖于众多的学者群策群力，更有赖于一辈一辈的学者发扬愚公移山的接力精神。我们华中研究群体人数很少，力量单薄，起点不高，功力不足，对于汉语语言学的发展起不了多大的作用，但是，我们愿意跟在前辈学者的后头，跟在全国各地学者的后头，尽心竭力地做点力所能及的工作。如果把建设富于特色的汉语语言学比作建筑一座大厦，那么，我们组织撰写“华中语学论库”，便是想为这座大厦的建筑献上几根钢筋、几块石头。通过参加大厦的建筑，使我们这支小小的队伍受到训练，这是我们的最大愿望。各部著作在内容上具有独立性，但我们希望，在出版了二十部以上之后可以看到研究风格上的某些特色和理论方法上的某种网络。

“华中语学论库”的撰写和出版，得到华中师范大学出版社的大力支持。年初，出版社社长朱峰先生和中文编辑室主任陈昌恒先生到我家，鼓励我牵头编写一套关于汉语语言学的丛书，要我拟订一个初步的计划。不久之后，新上任的总编辑王先霈先生了解了有关情况，立即审定计划，并且从内容到选题都提出了好些中肯的意见。他们为发展学术事业所作的决策，他们在出版事业上的决心、魄力和历史责任感，不管是对我个人还是对华中语言研究群体的所有成员，都是极为有力的鞭策。

千里之行，始于足下！

贵在努力，贵在坚持！

1996 年 5 月 4 日

前　言

情感一词根据《现代汉语词典》第 7 版的释义为“对外界刺激肯定或否定的心理反应，如喜欢、愤怒、悲伤、恐惧、爱慕、厌恶等”。情感的表达形式丰富多样，语言是其中重要的形式之一，所谓“情动于中而形于言”，由此形成了丰富多彩的表达情感的语言形式。本书拟运用构式语法理论对现代汉语里的“喜、怒、哀、惧”四类情感构式进行整体考察和个案研究，主要从“形式”“意义”“用法”三个方面来揭示现代汉语情感构式产生的深层动因。

全书共九章，具体编排如下：

第一章导论，简要说明本书选题缘由、研究意义、相关研究现状、研究的主要思路、采用的理论方法，以及语料来源等问题。

第二章对情感和情感范畴进行界定。本章讨论情感和情感构式，第一节主要指出不同学科领域对情感的解释，随后将语言学中的情感定义为一种主观感受和语言表现，最终将情感范畴界定在“喜、怒、哀、惧”四大类型上。第二节是情感构式及其主要类型，重点讨论其产生机制、识解方式、发展趋势，以及典型的情感构式案例。为了便于讨论，本书根据认知原型范畴理论，试提出典型构式和非典型构式的两分法。本章最后简要讨论了构式理论对情感构式的解释力。

第三章到第六章分别分析现代汉语中最为典型的“喜、怒、哀、惧”四类情感构式的具体形态，并以大量现实语料为佐证，着力描写四类情感构式的形式构成机制和语义表达特点，分析不同情感构式的形式、语义和语用特点。其中，第三章是对喜悦类情感构式的具体分析，第一节讨论了喜悦类情感构式的基本特点，第二节和第三节分别从形式变化、语义获取和语用表现三个方面详细分析了典型构式“厉害了我的 NP”和非典型构式“我 A，我 B”的个性特征；第四章具体分析愤怒类情感构式，第一节讨论了愤怒类情感构式的基本特点，第二节和第三节分别从构件属性、语义特征和语用功能三个方面对典型构式“整个一个 X”和非典型构式“好你个 X”进行了详细的考察；第五章是悲伤类情感构式分析，第一节讨论了悲伤类情感构式的基本特点，第二节和第三节分别从形式构建、语义特征和演化动因三个方面对典型构式“有一种X叫（做）Y”和非典型构式“S可能V了假N”进行了详细的考察；第六章是恐惧类情感构式分析，第一节讨论了恐惧类情感构式的基本特点，第二节和第三节分别从形式变化、语义浮现和情感表达三个方面对典型构式“我的X呀”和非典型构式“吓死X了”进行了详细的讨论。

第七章主要考察复合类情感构式。第一节讨论了复合类情感构式的基本特点与主要类型。我们认为，所谓复合类情感，是指处于“喜、怒、哀、惧”四种情感连接处的模糊情感，主要包括喜悦/嗔怪、愤怒/自嘲、悲伤/抑郁、恐惧/焦虑、无奈/调侃等。第二节和第三节分别从形式构造、表意机制和语用推理三个方面对典型构式“X并Y着”和非典型构式“X还来不及”进行了详细的讨论。

第八章主要讨论情感构式产生的认知机理。情感构式产生的主要机制包括形式、语义和语用三个方面。在形式机制里，着重分析情感构式形成的压制力、象似化和语法化等机制；在语义准则里，着重讨论情感构式意义获取的主要机制，即意义上的基于体验、浮义上的基于用法和识解上的基于语境；在语用动因里，着重探究情感构式运用时的主要机制，即语境动因、意图动因和推导动因。本章最后，以悲伤和恐惧类构式为立足点，讨论真实语境对情感构式的不平衡性所起到的推动作用，以及礼貌原则对构式选择的机制作用。

第九章是结论。本章总结全书研究的主要观点，对研究前景进行了展望，并分析了本研究的不足以及进一步研究的方向。

目　　录

第一章 导论

第一节 选题缘由

语言是人类重要的交际工具，表情达意是语言的主要功能，所谓言为心声，这就清晰地显示出了情感与语言的紧密关系。

一提到情感（emotion），我们总会产生无穷的想象，比如爱情、亲情、友情等，并会想起文学里的爱恨情仇，生活中的多愁善感，心里头的百感交集。情感是人的身体体验和抽象的心理活动，虽然可以用肢体语言表现，比如高兴时的手舞足蹈、消沉时的垂头丧气、悲伤时的捶胸顿足等等，但情感深刻而细腻的表达只有通过语言的描述才能完美地呈现。因为，语言是人类认识世界的思维模式，是传达观念和情感的符号系统，是表达人类情感的最佳手段。

抽象的情感概念主要是靠语言来传递和储存的。情感是人们对于客观事物的主观体验和心理反应，往往用相应的情感语言表达出来。这反映了情感与语言的相似性和映射关系。人类参照语言模式及其表达方式，才能使我们更加全面地理解情感和与之相关的丰富的情感概念。20 世纪 70 年代以前，结构主义和生成语法是占据语言学领域的主要理论思想。在认知语言学出现之前，人们对情感概念并没有足够的认识和了解。

认知语言学对情感语言的研究始于概念隐喻。没有体验，就没有情感。情感的基本特征就是人的身体体验，所谓应物斯感，其实指的就是，不管人们对客观事物的体验如何，都会形成对外界刺激的肯定或否定的心理反应。这些模糊情感的传达需借助语言形式（包括肢体语言，下同）才能分离清楚，比如情感可以用语言形式划分为快乐、悲伤、愤怒、恐惧、厌恶、惊讶、兴趣、害羞、自罪感和蔑视等十种形态或概念。因为“思想本身好像一团星云，其中没有必然划定的界限。……在语言出现之前，一切都是模糊不清的”（索绪尔，1999：157）。

概念隐喻是概念化情感的重要表达方式，是人类表达情感的重要的认知模型和主要的思维方式。如果没有隐喻的表现手法，那么许多概念就无法表达，语言形式也就没有概念上的扩展了。概念隐喻的主要目的是将客观具体的表象映射到主观抽象的情感上去。概念隐喻和修辞学所指的比喻在本质上有所不同，认知语言学所说的概念隐喻，其实本质上是一种认知活动，在一定程度上，对概念的形成过程以及思考和推理过程起着至关重要的作用。在这个过程中，认知参与者通过推理将一个概念领域映射到另一概念领域。

正如弗雷泽在《金枝》（*The Golden Bough*）中所提到的"相似性"原则，它将自然界中真实存在的现象与人类的情感表现联系起来。比如愤怒与火焰、恐惧与寒冷等等。如果我们从完形心理学的观点来考察，愤怒的心理现象与火的物理现象有很多相似之处，而愤怒与火之间的异质结构是产生概念隐喻的心理基础。当我们将情感的概念描述得更加具体的时候，我们会把捉摸不定的情感与人们每天生活的环境联系起来。在我们将主观和客观结合在一起的过程中，思维慢慢变成了情感的意象图式（image schema）。在此基础上，喜悦之情是一种身体体验，如果用语言来表示的话，我们一般会想到一些比较具体的意象，比如对于面部表情的描写有眉开眼笑、笑逐颜开、喜形于色等等。而当我们为了表达愤怒之情时的意象就变成了冲冠发怒、横眉怒目，或将描述的物理现象变成了灼热之火，比如怒火中烧、瞋目裂眦和火冒三丈等。这种生理上的愤怒现象被映射为火在燃烧时的状态，此时愤怒具有攻击姿势的进攻特征，表现为爆发性或破坏性的生理特征。我们的生气状态就像充满强烈情绪的烈火。因此，火与愤怒所蕴含的相似特征，将使用语言描写和表达情感成为可能。

虽然世界上不同的民族之间的文化相对独立，并且各自拥有独特的文化发展历程，但是全人类各族人民生活的自然环境大同小异，具有相同的身体结构、精神状态。因此，"不同的国家将有一些相同的文化积淀，从而形成一种共识文化，这种语言内涵会在各族语言中得到体现。由于形成了共同文化语义，从而使得共识文化产生相同或相似的概念"。实际上，由于人们在不同文化环境背景下对相同的事物认知感受不同，造成了对同一个现象的不同情感表征。这也从一个侧面反映了人类概念化的过程既有相似之处，也有存在差异的地方。因为经验和认知是人类体验世界的两大基本特征，所以在情感的概念化中不可避免地出现文化差异，从而导致情感表达的相似性和差异性，这也正是本书亮点之一。情感表达的相似性源于身体经验的相似性。情感的抽象意义和具体表征必须通过语言学和心理学将二者有机地结合起来。简而言之，看似模糊抽象的情感可以用概念隐喻来诠释，对不同语言之间情感表达的比较研究可以揭示人类经历的相似性和文化差异。

世界各族人民都在历史的长河中积淀了极其丰富的民族情感文化，也固定了许多相应的语言形式，并成为描写和表达情感的重要载体。也就是说，当最初的情感表达由一种随机产生的即兴语言形式，经过高频率和长时间的使用逐渐被人们广泛接受，成为固化状态，最终成为一个个具有生命力和表现力的情感构式。

国外起步较早的情感语言研究，包括了对词汇层面、句法层面、篇章层面，以及情感分类的概念层面的具体探讨。相关资料显示，国内对情感语言的分析更多停留在词汇层面上，鲜有人从构式语法的角度来分析，而且以情感构式为研究对象的研究成果更是少之又少。纵观近十年来汉语情感构式的研究，可以发现，其研究刚刚起步，为数不多的几篇论文的分析角度各有千秋，它们或是分析某种单一情感，或是进行跨语言比较，或是分析偏重数据流的情感文本等。但是，这种程度上的探究，对于情感构式研究来说，还是远远不够的，在深度和广度上尚需着力。因此，我们选取现代汉语中最为典型的“喜、怒、哀、惧”四类情感构式作为研究对象，并适当进行英汉对比分析。

第二节 研究意义

一、理论意义

（一）情感构式的形式构成和意义浮现是自然语言中最普遍也是最复杂的语言现象之一，不仅涉及人类的情感体验和信息系统，而且蕴含繁杂的语言互动、认知加工和跨域映射活动。研究情感构式有望透过经验性的具身情感反应来揭示深层次的情感生成与认知模式的关系，达到充分认识语言复杂性和表征性的目的。

（二）从认知心理学的角度看，情感表现因具身刺激方式的不同而不同，从而形成丰富多彩的情感现象及其语言表达方式。从类型学的角度看，“情感构式的表达因具身体验的方式不同而不同，又因交际意图的相同而相似”（范琪，2014：51）。本书拟利用语料库进行情感构式研究，并做适当的英汉情感构式的认知对比研究，努力揭示情感构式的认知心理学基础和语言类型学特征，既有助于探究不同文化背景下情感构式的形成机制，又可为情感构式理论提供可靠的数据支撑。

（三）目前情感构式的相关研究尚处于起步阶段，在表达形式、结构类型和语用效力上有待深入探究。本书拟在认知语言学和构式语法的理论基础上，系统研究喜悦类情感构式、愤怒类情感构式、悲伤情感类构式和恐惧类情感构式四类现代汉语中最为典型的情感构式，有利于建构情感构式的研究范例和体系。

二、实践意义

（一）情感是人对客观事物和现象的心理反应和语言表现。它们在生活中时时都在发生，处处都会经历。随着网络的快速发展，尤其是微博、论坛和社交网站等在线媒体的迅速兴起，产生了海量的具有情感倾向性的信息，以及大量的新鲜活泼的情感表达形式。情感引起评价，评价需要表达。对情感构式的观察、描写和解释有利于总结公众对社会事件、政治活动、产品服务等方面的情感评价和语言表达，提高人们的语言能力，丰富时代的语言表达。

（二）人工智能（artificial intelligence），是计算机领域中的新兴学科，它旨在使计算机具有超越人类的感知计算能力，同时具有更好的情感交流能力。人们迫切希望计算机能够快速地分析、理解和处理这些评估所传达的情感与表情，满足产品销售、舆论监督和信息预判的需求。在这种情况下，情感构式的认知研究具有很好的实践价值。

（三）情感构式是社会情感的表征，是社会情绪的语言触角，一般率先出现在网络上。通过探究网络社会语言中出现的情感构式类型及其在言语交际氛围中所起到的积极或消极作用，可以提供较有意义的人文观察与理性思考，更有利于追踪语言的变化和发展规律，为国家进行语言规范和制定语言政策提供重要的参考依据。

第三节　研究现状

一、构式理论的研究现状

自 1995 年 Adele E. Goldberg 的《构式：论元结构的构式语法研究》（*Constructions: A Construction Grammar Approach to Argument Structure*）问世以来，其新颖而有效的研究范式，对语法研究影响深远：①在国外，自 2001 年起，构式语法国际会议每两年举办一次，2011 年第 1 期《认知语言学》推出了“英语中的变异、变迁和构式”专刊（详见牛津大学出版社2013年版《牛津构式语法手册》)；②在国内，无论是汉语学界，还是外语学界，几乎“言必称构式”，学术论文在中国知网上以“构式”为搜索引词，得到300页共15 689条结果（截至2021年9月21日）；③学术专著方面，根据百度搜索得知不少于50部，位列前三的分别是刘正光主编的《构式语法研究》(2011)、王寅的《构式语法研究》（2011）和牛宝义的《构式语法理论研究》（2011)；④科研基金方面，仅2015年国家社科项目（语言学）中含有“构式”的题目就有18项。足见构式语法的影响力和普适性。

构式语法是在认知语言学背景下产生的一个新兴语法学说。概括而言，它的前身有Langacker以“象征单位”为标志的认知语法，Lakoff的以“句法-语用更相融”为方法的格式塔构式语法，William Croft的激进构式语法，Benjamin Bergen和Nancy Chang以“语言理解”为目标的体验构式语法，Luc Steels以“语言加工”为对象的流变构式语法，Ivan A. Sag以符号学为基础的构式语法，Fillmore以框架语义学为基础的构式语法。构式语法的理论追求是在框架语义学视域下，以形式与意义并举的方式，通过对非典型语言现象的语言学分析，关注构式的整体性，关注语句结构背后的认知机制，以统一解释语言（尤其是语法）的非典型现象（其意义具有不可预测性）和核心现象（其意义具有可预测性)，建立完整的语法学体系。这种统一观表明，每一个语言单位都是一个构式，这种构式的词汇意义和语法结构之间是一种体现关系，构成一种语义框架。

在我国，对于构式语法的认识，是一个由浅入深（即译介、评述与应用）的过程。资料显示，最早接触构式语法的是汉语界的学者，比如叶蜚声①、陆俭明②。叶蜚声先生在文中注释中称雷柯夫是生成语义学的创始人，菲尔摩是格变语法的创始人，雷柯夫和菲尔摩现在都从事认知（cognition）和语言的关系研究。因此，叶蜚声在其文章中以对话形式重点介绍了雷柯夫的思想：“菲尔摩和我提倡认知语言学的用意之一，是想唤醒语言学同行从转换语法中解脱出来”，布隆菲尔德“不找语言的共性”，乔姆斯基寻找语言的共性，而“我们采取中间的做法，既要忠实于语言，也要找语言的共性”，以建立构式语法；同时重点介绍了菲尔摩的思想：“主要是要找出动词和跟它处在结构关系中的名词的语义关系”，“主张认知领先的人讲究句子背后的

① 叶蜚声：《雷柯夫、菲尔摩教授谈美国语言学问题》，《国外语言学》1982年第3期。

② 陆俭明：《“句式语法”理论与汉语研究》，《中国语文》2004年第5期。

意义、用法和思想”。这些思想成为 Adele E. Goldberg 的《构式：论元结构的构式语法研究》一书的基本内容。陆俭明先生在其文章中回顾了构式语法定义在我国汉语界的翻译形成过程，即译为架构语法→框架语法→构块式语法→构式语法，认为这种语法理论源于 Fillmore（1982）的框架语义学(frame semantics)，并列举了构式语法对汉语语法研究的五点作用和帮助：①解释一些先前不好解释、或先前想不到去解释的语法现象；②进一步探索影响句子意思的因素，去进一步探索句子意思的组成；③说明各种不同句式产生的原因与理据……不断创造新的表达格式，也即句式；④避免将句式的语法意义误归到句中某个虚词头上；⑤扩大我们语法研究的视野，开拓“句式”研究的新领域。这五点为我国构式语法研究指明了方向，尤其为汉语界一直有争议的几个特殊句子的分析提供了路径，比如“台上坐着主席团”“王冕死了父亲”“一锅饭吃一个人”等。

虽然 Adele E. Goldberg 把语素、词、复合词、习语、短语和句子等各种音义结合体（Form-meaning pair）都视作构式，但自从构式语法被引入并吃透后，我国汉语语法研究的重心已经转移到各类新兴构式的观察、描写和解释上了，尤其是各种表达情感的新兴构式上。上述研究着重解释这些新兴构式产生与存在的语法特征、语义特征和用法特征及其整体性质，厘清构式中部分与整体之间的关系。中国知网相关数据表明，这些构式多率先在网络上流行。其中，最简单的构式有“最 N”“X 友”“AB 人”，最复杂的构式有“干啥啥不行，X 第一名”“要多 X 有多 X”“东一 X，西一 Y”，而最常见的是情感丰富的半固定性的构式，比如评价构式“X P 得（不）是 Y”，威胁构式“你敢 VP”，感叹构式“好 A-NP”，责备义构式“就你 X”等。从标题上看，其内容对这些构式的研究涉及面非常广泛：①分析其句法语义及语法化；②研究其量级及句法语义特点；③探究其形成的文化动因；④分析其演变历程与整合机制；⑤探讨其语用特征和语篇功能；⑥研究其语法-语用互动规律；⑦进行对比与翻译研究。

构式语法尚在走向成熟的途中，需要正确的理解和进一步发展。对此，我们认为，第一，应该完整而全面地了解构式语法思想，也就是说，所谓构式并不仅仅是形式和意义的配对体，而更为重要的条件是构式能表示独特的语法意义，而且构式在使用频率很高的情况下，其形式或意义不能从自身组成成分或已有的构式中得到完全的预测。其中，使用频率很高的条件是 Adele E. Goldberg 于 2006 年补充的。第二，不能把构式思想泛化，认为一切形式和意义的配对体都是构式，比如语素（也被称作词素）就不宜被归入构式，它是语言中最小的音义结合体，有的可以单用，是成词语素，有的则不能单用，是非成词语素，也就是说，它难以再细分，并符合“表示独特的语法意义”和“不能得到完全的预测”这两个要素。

因此，本书努力在正确理解构式语法思想的基础上，着重讨论喜悦、愤怒、悲哀和恐惧这四类情感构式的语法特征和表意方式。

二、情感表达形式的研究现状

对人类而言，情感的表达手段是多种多样的，如身体表现和语言表现。同情心、报恩心、羞耻心、正义感等道德情感多以言传、身教、奖惩、榜样等方法呈现或表达，也可以用褒奖之词表扬，或用惩罚之词警告。

概括而言，人类的情感包括道德感、理智感和美感等。在每一种语言里，情感的表达方式是丰富而多样的。比如正面的情感可以用聪明、伟大、勇敢、勤奋、高尚、纯洁等词语表示，而负面情感则可以用焦虑、沮丧、悔恨、失望、烦躁、心烦意乱、痛不欲生等词语表示。

在日常生活里，情感的表达多借助情感构式，因为情感构式大于词语，是相对完整的语言单位，可以独立成句，具有相应的句子语气和句子逻辑重音，形成交际焦点。试比较：词语“责备”与构式“好你个X”。

(1) 面对妻子的责备，他默默无语。

(2) 好你个黄毛丫头，王八吃秤砣，你真铁了心啦！

这里，显然例(2)比例(1)所传达出来的情感更加丰富、可感，因为例(1)里的词语“责备”只是陈述了一件事情，完成了一个名词的概念功能，而例(2)里的模标“好你个X”通过构式压制，形成与其构成成分几乎不同的构式义“你真不是个好人”，传达出了强烈的责备和不满。

情感表达式的形成动因受到了广泛的研究。概括而言，至少有以下三个方面。

(一) 网络媒体的助力

网络的开放性和自主性给语言的创造提供了优越的空间，而网络的快捷和便利，给语言新现象的出现与传播创造了无限的可能。网络的大量受众和高点击率，极大地助推了新表达的传播和出镜率。因此，几乎所有的新兴构式都首先出现在网络里，随后广泛流传开来，逐渐定型为相应的构式。对此，几乎所有的论文和专著在论述构式的来源时，或多或少都会谈及这些构式的网络前身，虽然一般多以“新兴”“新型”字样表示构式的网络出处。如张滑虹的《新型“各种X”流行构式研究述评》、洪洁的《新兴构式“最 N”的句法语义及语法化研究》、唐婧的《流行语“X 式 Y”语义语用研究》等。

在标题上直接提及构式的网络来源的文章有唐东旭、吴宇仑的《网络流行新构式“AB 人”的路径化分析》、杨旭、郑慢的《网络流行语“土味情话”构式化研究》、王宁的《网络语境下新兴“X 式 Y”结构调查研究》等。

多数论文只是在文中简要提及构式的网络源头，尤其是新兴构式，往往来自网络，且语料也取自网络。比如“厉害了我的 X”，据说网络上的“厉害了我的哥”被选为 2016 年度十大网络用语。这个构式一直被广泛研究，但是在文章标题上没有被明确提及过。

（二）语言自身的动力

根据语言理论，语言作为系统，以稳定为主，而言语作为语言的使用，以求新和多样为标志，形成了动与静的辩证统一，保证了语言的无限活力。比如构式中的模标和模槽，作为语言系统里的格式单位，始终是稳定的，以保持其主要意义。而进入构式后，它们的意义、价值和功能都会随着在构式中的位置和作用而改变。我们以袁毓林、刘彬的《“什么”句否定意义的形成与识解机制》一文来讨论构式形成的语言动力。

根据《现代汉语词典》中的释义，“什么”是疑问代词，主要表示疑问，标准句为“这是什么?”。“什么”还表示其他相关意义：①任指，如“他什么也不怕”；②惊讶或不满，如“什么！九点了，还没有开始!”；③责难，如“你笑什么?”。但是，以下例句却与词典的释义有很大出入。

（3）什么大医院？连个小感冒都看不好。

（4）吃什么饭？菜都还没买呢！

（5）你神气什么！考这么一点分！

这里三个例句都不表示疑问，而是对所述事情的反驳和否定，例（3）不是询问这个大医院的性质，而是通过“大医院”与“小感冒”的巨大落差，来质疑这个大医院的医疗水平，表达强烈的不满情绪。例（4）也不是询问饭的内容，是对饭菜没有着落而生气。在北大语料库里找到这样一个段子：“工友们总是笑他说：‘老谢，这么大年纪了，还学什么文化和技术。还想当厂长吗?’老谢简单地回答：‘总有成功的那一天!’”就是最好的佐证。例（5）则是对孩子学习成绩差、考试不理想表示的愤怒。这三个例句里涌现的是基于疑问意义的否定含义，即“否定某种事物或行为的合理性，产生向下蕴含的语义推理”（袁毓林、刘彬，2016：30）。

（三）人为因素的推动

人类是理性的动物，在表达情感，尤其是负面情感的时候，根据礼貌原则，一般不会直言不讳地嬉笑怒骂。我们中国人尤其讲求含蓄和委婉，因此，汉语里的新兴构式就比别的语言，比如英语里的出现频率高、数量多，以致不容易进行英汉语言构式对比研究。并且在某种意义上，在表达特殊情感的时候，往往含带有一些调侃，以弱化之。

我们仅以构式“A不到哪里去”为例，就可以看出，构式“A不到哪里去”比直接使用“你真不A”“你太不A”等说法，更能够保全对方的面子，表现说话人对情景识解的语境适切程度（吴为善、夏芳芳，2011）。这导致构式“A不到哪里去”的使用频率和能产力很强。从语料库看，几乎所有的形容词都可以进入其中，表达委婉，弱化责备，如“好（差/次/坏/低/苦/丑/穷/弱/赖）不到哪里去”。在这里，“不到哪里去”由原来的空间意义因为形容词A的加入，而变为对事物有限性的主观评价义，强调事物的有限程度量了。试比较：

（6）至于当叫花子，虽然要比饿死的强，但滋味恐怕也好不到哪里去！

（7）先生不会表达，太太也高明不到哪里去。

（8）无论如何，她再坏也坏不到哪里去，我们总不能把她一辈子关在家里。

这里，例（6）的“好不到哪里去”是指饿死虽然是悲惨的，但是穷叫花子的半饥不饱、遭人鄙视的生活“真不好”，也是让人难熬的；例（7）的“高明不到哪里去”，是讽刺这一家人的社会交际能力的欠缺，“她真不太高明”；例（8）的“坏不到哪里去”则是一种劝说。

可见，情感构式是对人类情感生活的丰富性的折射，几乎每一个构式都在表达某一种主要情感的同时，也兼含若干种相关情感，保证了构式的生命力和表现力。但是，纵观目前情感构式的相关研究，可以发现，它们都在行文中提及了相关的情感色彩和情感领域，而没有明示为何种情感类型（至少在标题里缺乏明示），因此，本书集中讨论构式的情感类型和情感属性，以丰富构式研究和构式语法内涵。

三、情感构式的研究现状

按照人类在历史研究中所得出的结论和分析方法，情感构式的产生是由于将特定的情感语言结构作为人类情感的载体，从而形成特定的情感意义模型，成为人类特定情感的标志和象征。换句话说，在用于表达某些情感的语言形式被标准化之后，形成了固定的情感语言结构。这使得研究人类情感文化及其背后的认知思维成为可能。情感观念的形成是不同时期社会多样性发展的必然结果，具有悠久的历史和民族共识度。不同的情感构式包含极其丰富的社会、历史和文化因素。这种类型的研究为我们提供了揭示人类情感文化和认知思维方式的可能性。

早在20世纪50年代，与情感相关的语言研究就正式出现在公众视野，最初是将情感的认同感与语言学紧密结合在一起，形成原始的情感认知体系。随后进入了十年的快速变革时期，通过对情感状态的描写，试图摸清情感的意义结构和表达方式。20世纪80年代至90年代初期，整个情感隐喻的框架体系逐步建立，学界主要研究情感语言的语义和语用功能。而情感语言学最为亮眼的高光时刻，要数21世纪初期进入我国的构式语法理论对我国句法研究的强烈冲击，从而引发的一系列情感研究热潮。虽然国内学者对情感与语言的关系研究还处在情感隐喻的梳理阶段，但是无论从形式的主体表达，抑或语义的脉络梳理，还是跨语种的隐喻比较中，都无法准确或系统地表达情感的本来面目。因此，本书才会借助前人对人类四大基本情感“喜、怒、哀、惧”的隐喻和转喻模式的研究成果，试图打通前往探索情感构式的道路。

20世纪末在语言学界所流行的社会语言学中就曾提到，情感是由自然表征和社会表征所组成的。情感构式在具备原始自然表征的同时，也拥有一定的社会因素，比如历史文化、风土人情、不同的价值观，以及不同道德的不同体现。因此，要体现情感构式本身的特点和典型性，就不能脱离那些客观的语料在真实语境中的反映形态。

认知语言学认为，简单和复杂的构式都具有自己独特的形式、意义和功能。作为一种构式，情感构式也毫不例外地具有整体性、理据性和继承性，其意义也不能简单地推导出来。在此基础上，本书根据情感与语言融合的程度，着重于“喜悦”“愤怒”“悲伤”和“恐惧”四种类型构式的系统分析。

随着科学和技术不断取得进步，人类已进入了一个新的时代。在全球范围内，传统价值观出现了破裂，并在“更新”的名义下，出现了各种各样的价值取向，人类情感也由单一走向复杂。人类的心理情感发展必然是一个不断进化的过程，具体表现为情感的表现形式不断分化而增多，情感的层次结构不断复杂而有序，情感的行为驱动功能不断进化而加强，这也就是我们说的情感进化。根据认知相似性原理，语言是对生活的记录，是文化的载体，人类情感的变化必然反映在语言的表达上，也改变着情感语言的面貌，成为情感语言形成与使用的理据。可见，在未来，情感构式是一个非常有价值的研究领域。

因此，本书立足前人的成就，采用相关的科学理论，从人类四大情感“喜、怒、哀、惧”入手，找出若干典型案例，根据情感的有界性和无界性特点，梳理较为复杂情感的语言表征，建立统一分析模式，以促进情感构式研究的完整性和创新性。

第四节 基本思路

情感的语言表达形式极其多样，表达手段极其丰富。本书主要讨论情感构式，围绕“喜、怒、哀、惧”四类情感范畴，对现代汉语表达这四种基本情感的构式进行整体探析与个案研究，揭示情感语言在语法、语义、语用上的特点。

全书共九章，包括导论和结语。

第一章为情感构式研究导论。第一节是文章的选题缘由，是对前人经验的总结以及自身研究兴趣的结合后所产生的一种新的想法——情感构式是情感与语言的相似性和映射关系的反映，是语言表达情感的典型形式，宜借力认知语言学加以研究。第二节从研究意义的角度，简析情感构式研究对自然语言表达的理论支持和在人工智能中的实践价值。第三节是国内外研究综述，结合前人的分析经验得知，情感语言包括情感隐喻和情感构式。资料显示，情感隐喻获得了深入而广泛的研究，而情感构式的研究则在起步阶段，需要大力加强。第四节是研究的基本思路，具体阐述本书各章节的研究内容。第五节是全书的研究思路的简述以及研究内容的梳理，并最终构建了本书的全部研究框架。第六节清晰地说明了语料的来源和应用原则。

第二章是对情感、情感范畴、情感构式概念和关系的具体探讨，依次排列为：对情感定义的再三抉择；对情感范畴的分界；情感构式的产生机制和来源。第二章最后简要解析情感构式的基本类型，以及构式理论对情感构式的解释力。

接下来的四章，从第三章到第六章，根据认知原型范畴理论（王寅，2007：113），每章分为三节：第一节简要描述情感及情感构式的特点，第二节讨论情感构式的典型个案，第三节讨论情感构式的非典型个案[①]，分别分析现代汉语最为典型的四类情感构式的具体表达，通过大量新颖的语料作为佐证，突出描写四类情感构式的语义表达特点和不同情感构式的模式差异。

本书在第三章到第六章对四大典型情感构式做了介绍之后，独辟蹊径，开展了多情感融合的认知研究，得出以下几点认识。首先，在语义认知上，现代汉语情感构式具备词、短语和句子之间的跨界匹配整合，在模标的使用中都存在不同程度的跨范畴映射。其次，在语用功能上，现代汉语情感构式相较其他语种来说，因为其自身特点，易于借助隐喻和转喻机制来表达喜悦、愤怒、悲伤、恐惧、自嘲、无奈、讽刺等情感。这也从一个侧面反映，当今中国的广大民众以及主流媒体在表达情感时候所遵循的语用原则。这一切都是在特定的语言环境，通过不同的交际方式和不同的文化心理下产生的。本书首次率先尝试对四大类情感构式“喜、怒、哀、惧”及复合类情感构式的系统性探讨，并将第七章作为复杂情感构式分析的试验场，从下位情感构式的层级关系讨论“X 还来不及”“好你个 X”“X 并 Y 着”“吓死 X 了”和“S 可能 V 了假 N”构式，凭借构式语法来解读情感语义的创新之处，以期能够对情感构式的深入研究起到一定的帮助和借鉴。

第七章是对第三到六章的补充，对复合情感的类型分化（喜悦/嗔怪、愤怒/自嘲、悲伤/抑郁、恐惧/焦虑）及个案进行条分缕析的描写，并以复合类情感构式“好你个 X”“整个一个 NP”“ X 并 Y 着”和“吓死 X 了”为例，简明扼要地梳理复合类情感构式的特点。每一节精挑细选数个典型构式作为支撑，力求最大限度地完善情感构式研究。

第八章属于研究升华部分，对前面所有情感构式个案的总括，透过现象看本质，从对语料的描写，再到对情感构式形成动因的分析。

第九章作为全书的总结，系统回顾了本书的创新点以及不足，并为之后的研究指明方向。

---

① 这里所谓的“典型个案”和“非典型个案”，是本书为了讨论的方便，以本书所引用的相关语料所表达的情感类型统计后的百分比为依据而提出的概念，也就是，情感倾向在60%—70%及以上者为典型个案，50%—59%的为非典型个案，49%及以下的表达多重情感者为复合情感。

第五节 理论方法

一、研究理论

情感构式，尤其是一些新兴流行构式，没有现成的研究框架可供借用，需要建构相应的模式，并从形式特征、语义结构和交际语境等方面，探索其基本特点和规律。因此，我们拟组合构式语法理论和认知语言学理论，进行全面系统的研究。

（一）构式语法理论

句法，或者说句子研究一直是语法学的核心内容。概括而论，句法研究经历了这样三个阶段：从形式到意义的句子研究；从意义到形式的句子研究；形式与意义相结合的句子研究。对此，可以进行这样的宏观划分：①从形式到意义的句子研究属于形式句法；②从意义到形式的句子研究属于功能语法；③形式与意义相结合的句子研究属于构式语法。

1. 构式的定义

Goldberg（1995）利用“述谓结构（谓词＋论元）”在分析论元结构中谓词与论元的关系时，发现同一动词在不同的句式中，由于词义不同，在句中的论元支配能力也不一样，按照传统句法难以做出合理的解释，于是她把由这个动词所构成的句式提炼为一种与传统句法规则有别的新形式，即构式。例如：

She kissed him unconscious.（她把他吻晕了）

动词“kiss”既是及物动词，又是不及物动词。用作及物动词时，一般带有主语和宾语，属于二元动词，如“They kiss babies”（他们亲吻婴儿），而用作不及物动词时，只有主语，属于一元动词，如“They kiss”（他们亲吻）。但在上面的例句中，“kiss”带有三个论元：施事论元（X）“they”、结果论元（Z）“unconscious”、主题论元（Y）“him”，也就是说，“kiss”在句中有“X致使Y变成Z”的致使意义，而这个意义无法从“kiss”的词义本身找到解释，或者从句子的构成成分或Kiss的传统句法结构中推导出来，由此构成一种“动结构式”。因此，Goldberg把上面的这种句式作为一种新型的句式来解释，并命名为“构式”。因为，“含有基本论元结构的构式被证明与动态的情景（人类的生活经验）相连，即基于体验的完形”

（Goldberg，1995：5）。于是，Goldberg总结出构式的定义如下，成为构式语法的核心思想："C是一个构式当且仅当C是一个形式-意义的配对体，且C的形式（Fi）或意义（Si）的某些方面不能从C的构成成分或其他先前已有的构式中严格推导出来时，C是一个构式。"（潘震，2014：18）

从Goldberg的定义看，构式语法里的"构式"是一个非常宽泛的概念：①形式-意义的配对体。只要是配对体，那么语素、词汇、习语，甚至句子，不管它是简单、单一的，还是复杂、特殊的，都可以视作构式。②不能从C的构成成分或其他先前已有的构式中严格推导出来。只要一个形式-意义的配对体在形式和意义上的一些方面不能从构式的组成部分，或先前已有的结构中严格推知出来，就可以视作一个构式。这里的立论依据，在很大程度上，是以讲话者为中心并对情景的识解（construal），或者说，是框架语义学和基于体验的语言研究方法，而不是传统语法的句子成分原理，这些构成构式语法的理论来源（Goldberg，1995：6）。由此囊括的语言现象很多。本书只研究其中的情感构式。

2. 构式的特点

Goldberg认为："构式是独立于具体动词而存在的形式与意义的配对体，是语言中的基本单位。"（Goldberg，1995：1）与传统的语言结构相比，构式有着自己的特点。

（1）对应性。根据Goldberg对构式的定义，语言中只要能够被认定为形式或意义的配对体的语言单位，包括语素、词汇、短语、句子等，都是一个构式。这是对兰盖克认知语言学思想的继承和发展。在兰盖克看来，句法应该研究的是象征单位，因为句法不是自治的，也不是由无意义的、不可被解释的符号构成的。而象征单位就是意义和语言表达（如音位形式）两者的"配对结合（pairing）"。作为配对结合体，每个象征单位具有双极性，构成概念极和表达极的配对结合体。每一个概念极都是一个概念范畴，每一个表达极都是一个音位形式范畴，即象征单位＝语义单位＋音位单位。

（2）整体性。在构式语法中，构式被定义为形式或意义的配对体，即形义结合的整体，凸显了构式的整体性。也就是说，一个构式的意义大于其组成部分的意义之和，强调其语用意义和话语功能，即一个构式的意义大于构式中A＋B＋C组成成分的意义。Goldberg（1995：5）认为，作为一个整体，构式有其具体的意义（即构式义），这个意义不能从其组成部分完全推断出来。例如："Him? Help an enemy!"这句话的语用意义表示"说话者的不信任”，这种“不信任”的语用效果并不是句中各个部分的意义相加，而是语言形式本身所具有的整体意义。Kay 认为，从构式语法的角度分析，语用与语义之间不存在严格的分界线，应该把语法、语义和语用看作是一个整体（董燕萍、梁君英，2002；纪云霞、林书武，2002；朱军，2010）。对于这一点，朱军（2010：4）认为，汉语的习语和成语表现得最为突出，而菲尔摩的构式思想也是肇始于英语习语。

（3）理据性。Goldberg 认为：“语法构式具有典型结构并且组成关联网络。”（Goldberg，1995：5）也就是说，构式是一个基于基本句型的有组织网络系统，这样的网络系统是具有理据性的，而这理据性就是我们头脑里的语言知识。我们掌握的语言知识越丰富，越能够发现其中的理据性。根据 Lakoff（1987）的观点，在语言中，词汇是由有限的词素构成的，构式的构成成分也是有限的，虽然不能直接推导，但是它们的结合是有理据性的。Goldberg（2006）认为，理据性是形义配对体存在的依据，比如英语中只用复数形式出现，而一般不以单数形式出现的名词，如 trousers（裤子）、pants（衬裤）、shorts（短裤）、slacks（便裤）、jeans（牛仔裤），以及 scissors（剪刀）等。它们之所以以复数形式被使用，其理据在于它们的词义表明，它们都是由两个相同的部分组成的。

（4）承继性。根据构式语法原理，语法构式是在典型结构的基础上形成。因为，语言具有机体性，是在彼此互为限制原因和构形压力的互动中存在的，这些理据性因素来自人的各种内在因素和经验因素，包括身体因素、生物因素、行为因素、心理因素、社会因素、文化因素和交际因素等，更有来自语言内部的理据和动因，即“构式 A 是构式 B 的理据和动因，当且仅当，构式 B 是对构式 A 的继承”（Glodberg，1995：72）。一般而言，从两个构式的相同和相异之处可以推测构式与构式之间的继承关系，这有助于合理地解释和预测一些特殊构式的句法、语义和话语功能，揭示构式的理论价值和实际意义。

（5）普遍性。在构式语法看来，构式是独立于具体动词而存在的形式与意义的对应体，是语言中的基本单位，其目的一方面试图用基本句型（即传统语法中的简单句）来解决儿童语言学习、动词意义的性质、新语句与旧语句的学习关系；另一方面解释为什么语法允许无穷的合乎语法的表达式存在，为什么又有无数的其他表达式不合语法（Glodberg，1995：1-7）。由以上两方面可见构式的普遍性。首先，构式是语言中的基本单位，是语言表达的基础；其次，构式是儿童学习语言，理解动词在构式中的特点，在语句的基础上学习新语句的指南；最后，构式成为普遍的语法正误的判别准则。

（6）不可推导性。在构式的经典定义里，已经指出了构式的不可推导性，说明了构式与传统句型之间的关系。从构式义上，也可以看出这种不可推导性。Goldberg认为构式本身具有意义，该意义独立于句子中的词语而存在（Goldberg，1995：1）。也就是说，构式的意义源于独立于构式里的每一个成分的形式或意义/功能，构式意义的成立不是来自这些构成成分的形式或意义/功能的简单相加，而是构式在具体语境里所获得的语用意义，因为构式不只有一个抽象的固定意义，还有许多与此密切相关的语用意义（Glodberg，1995：41）。这种不可预测性也导致了构式的多义性，并以此成为本书中情感构式多义性的学理依据。

（二）认知语言学理论

认知语言学是近年来语言学中的一门新型分支学科。它以体验哲学为理论背景，与转换生成语法不同，在“现实-认知-语言”三维中通过研究语言揭示人类的心智能力和认知过程，Toylor提出，人类对于语言的产生和运用的研究，必须以人类的认知能力为基础。Gibbs指出：“总的来说，‘认知’就是身体与世界相遇（the body meets the world）时所发生的情况。”（王寅，2007：5）这里就包括有情感及其表达的问题。Lazarus认为，情感集中在对刺激的认知解释上，人们的生理反应是情感感受的认知基础，而语言记录着人类的情感体验和认知过程。情感是人类经验的重要部分，在人类精神和社会中占据重要地位。情感是内在和抽象，无法像其他自然科学研究一样，对它单独进行科学测量或定量分析。同时，情感不仅涉及生理和身体体验，最重要的是涉及主体心理和认知能力。所以情感的研究必然是跨学科的，所涉及的领域有生理学、心理学、医学、认知语言学，以及文学、文化学、哲学等等。情感作为对客观世界所引起的肯定或否定心理反应和民族文化的反映，能够促使人类对于构式的新颖构造和广泛使用，使之成为心理反应和人类情感文化之间最好的桥梁。

传统语言学没有把情感构式真正纳入语言学的研究范围。其原因在于两个方面：一方面，情感构式不仅涉及语言学，也需要借助心理学，因为情感不仅是很难把握的心理现象，而且根据传统语言学知识不易对其进行概念化描写；另一方面，情感在不同文化和语言中有不同的理解，每个语言都有其情感功能观，比如形式主义语言学认为，各个语言对特定情感的表达缺乏共性，是没有语言秩序的，而传统语言学认为，因为无法把握或界定情感构式的研究对象和研究方法，所以情感构式是无法研究的。

认知语言学的出现打破了这一说法。认知语言学家认为情感构式是可以研究的，不仅可以解释情感构式的特点，更重要的是通过语言的研究，有助于更深入了解人类情感的方方面面，比如情感与文化的关系、情感与认知的关系、情感与语言的关系等。不同文化（包括社会、集体和个人）对同一情感的认知是有差异的。因此，情感的认知研究是情感解释中至关重要的一环。此外，从认知语言学的角度研究情感构式背后的认知机制有助于推进情感研究一般理论的发展。

综上，从认知语言学角度探讨情感构式的理由，我们认为主要有以下三个方面：①认知语言学是以意义为中心的语言学，这与形式主义语言学有根本性的区别。情感的表达没有形式上的局限，相反，情感的研究，归根结底是对意义和概念的理解，这与认知语言学的研究目的不谋而合。②新兴的认知语言学是典型的跨领域研究（interdisciplinary research）学科，涉及神经科学、人类学、生理学、哲学、心理学等各个领域。同样，情感的研究涉及多个领域，如心理学、哲学、生理学、医学，以及文化学等等，由此可见情感与语言的密切关系，更宜于从认知语言学的角度进行情感构式的研究。③认知语言学是基于我们对世界的经验以及我们对世界的感知和概念化的方法来研究语言的。认知语言学的哲学基础是体验主义（experientialism），体验主义的本质是将抽象的思考或概念化过程通过身体化的经验来解释。情感是抽象的、模糊的，以人为中心的，但情感的语言表达是非常明确的，是基于人类身体化的经验和生理反应。与形式主义语言学不同的是，认知语言学是以人为本的语言理论。认知语言学充分考虑到语言研究中人的因素，强调语言与人的身体经验和认知密不可分。因此，只关注语言形式而且忽略语言使用者的形式主义语言学是无法正确分析和解释情感构式的。

二、研究方法

（一）对比分析法

对比分析是语言学常见的研究方法和研究范式。只有在比较中才能更清楚地认识被研究的对象，发现基本规律，得出可靠结论。黑格尔认为，比较是科学的主要方法，但只通过单纯的比较方法还不能满足科学的需要（黑格尔，2001：252）。因为，为了对比而对比的现象时有发生，正如索绪尔所批评的那样，比较语法在它的研究中，从来不过问它所做的比较究竟意味着什么，它所发现的关系有什么意义。单靠比较不能做出结论。他们如果只是像植物学家考虑两种植物的成长那样去考虑两种语言的发展，就越得不出结论（索绪尔，1999：22）。在对比研究的实际操作上，如果只是简单的事实罗列，不以探求其中的规律为目标，那么这样的单纯比较一般只是提供丰富的资源，难以透过语言现象看到语言的本质。

因此，本书拟立足于情感的基本范畴，通过描写现代汉语中最为典型的喜悦类、愤怒类、悲伤类和恐惧类这四类情感构式各自的构成和用法，从宏观上对比英语和汉语在情感语言上的基本特点和表现力，提高对汉语情感语言的认识，通过对这四类情感构式内部在语音、语法、词汇、语义、修辞上的条件限制和要求，从微观上对比汉语情感语言的形式特点和语义结构，拓展汉语情感语言的使用范围和接受期待。通过对比，可以发现，一个情感构式往往并不只是服务于某一种感情，或者是一个情感构式经常承载和表达几种相关的感情，由此缓解情感的丰富性与语言经济原则的矛盾。比如“你敢VP”构式，从字面上看，肯定是表示威胁的，如：

（9）你敢多管闲事？知道吗？俺是郑贵妃的弟弟。

有时却兼有询问、陈述等含义，如：

（10）我找你讲几句话，你敢开枪打人，我不信！

有时，疑问形式又含有威胁色彩，陈述形式又含有发誓的意思，如：

（11）我是有公事。你敢不带路？

（12）母亲生气了：“天上雷公，地下母舅，你敢骂谁？”张英才说：“谁我都敢骂，不信你等着听。”

因为，这些语用含义受到说话人当时的语境、心态和人际关系的影响，每一句话说出来，都含有由几种感情交织而成的情绪，这就需要进行宏观对比和微观对比相结合。

（二）类型分析法

情感是人类复杂的生理体验和心理评价活动，是一种应对外部刺激的态度或心情，对此除了常见的肢体动作表现外，还有丰富的语言表现手段。

语言表达情感的形式有许多，而作为表达情感固定形式的情感构式有着自身的特点。有些语言是直接表达某种情感，主要有表达情感的感叹词，如英语中表达后悔、怜悯等情感时用“dear”；汉语中表达惊讶和不满等情感的感叹词有“哎呀”；英语中表达悲伤、惊讶等情感时的感叹词有“ Alas!

The heavy day! ”“Gee，that’s super!”。这种情感构式我们称为“情感构式语言”。有些情感构式是直接叙述某种感情，称为“情感叙述语言”。情感叙述语言可以分为比喻性语言和非比喻性语言。在词汇层面上，“比喻性语言在情感构式所占的比例远远超过情感表达语言和非比喻性语言之和”（刘长征，2007：33）。比喻性语言是形象化的表达形式，不会直接表达情感，也不会像非比喻性语言那样直接命名某种情感，而是通过身体体验，用具体的事体或物象解释抽象的情感。

非比喻性的情感语言在句法层面主要是指句子形式的表达形式，尤其是情感构式。所谓情感构式是指相对固定的表达感情的句型。人类的情感在传统上被称为七情六欲（《礼记·礼运》曰：何谓人情？喜、怒、哀、惧、爱、恶、欲，七者弗学而能），或被科学地划分为快乐、悲伤、愤怒、恐惧、厌恶、惊讶、兴趣、害羞、自罪感和蔑视等十种形态，可见其细腻和深厚。然而，语言是人类情感的载体和重要表达方式，既有修辞上的感情色彩（感情评价色彩）和语体语域色彩（社会色彩）等范畴予以应对和保障，更为神奇的是，每一种感情都有众多的语言表达手段，充分彰显其魅力，虽然也偶有遇到词不达意的时候，这却给新的情感表达方式提供了创造的机会和空间。比如表达留恋之情的语言手段，在词汇层就有：留恋、依恋、眷恋、贪恋、迷恋、痴恋、苦恋、热衷、入迷、着迷、思慕等，成语上有：依依不舍、恋恋不舍、流连忘返、眷眷之心等。这些词汇和成语经过长期的使用，已经被人们约定俗成地用于表达留恋之情的固定手段，但是由于人类的情感是复杂而细腻的，不可能一种语言表达手段正好对应于一种情感，构式更难以被固定地用于表达某一种感情，因为根据语言学原理，语言是有效手段的无限运用。比如构式“要是S就a了”，如果a选择褒义词，如“好”“开心”，就表示肯定的推断，如果a选择贬义词，如“糟糕”“惨”，就表示否定的感情，而如果a选择中性词，如“好玩”“没有悬念”，就表示中性的推断。试比较：

（13）要是有提成就好了。

（14）要是现在掉下马来就糟了！

（15）要是笼子打开了，那就好玩了。

因此，根据经济原则，一个构式可能同时表达几种相关的感情，只是由于语境的限制，它在一种语境里主要地服务于一种突出的情感。

第六节 语料说明

本书语料主要包括从北京大学中国语言学研究中心语料库（CCL）、北京语言大学现代汉语语料库（BCC）和《现代汉语词典》《汉语成语词典》《美国牛津英汉双解词典》等权威工具书中根据情感分类而采集的包含喜、怒、哀、惧的成语、惯用语、歇后语及独立于语境隐含构式义的情感词汇，还包含大量在网络环境中产生的新兴构式语料。为了便于统计，避免重复，书中的举例均不标明具体出处。

第二章　情感与情感构式

第一节　情感与情感范畴

一、情感的定义

情感是人类与生俱有的心理体验，成为多个科学领域的研究对象，并给出不同的定义。

在哲学里，多讨论道德情感，其定义为：道德情感是个人关于道德行为的感情，如同情心、报恩心、羞耻心、正义感等。这里强调的是个人在社会背景下的处世心理和规范。

在教育学里，多讨论情感教育，其定义为：教师热爱学生的体验可以归纳为亲切感、理解感与期望感。这种情感是教育学生的起点和基础。情感教育强调的是教师在学校实施教育过程时对教育对象应该秉持的心理和态度。

在经济学里，情感被称为潜在市场，其定义为：情感是一种潜在的无法估量的市场。这里强调的是成功的经营者在面对喧嚣的经济大潮时的心态与眼光。

在文学创作里，情感被称为诗歌的灵魂，其定义为：讲究音韵的和谐，饱含丰富的想象和热烈的感情，是诗歌的最基本特征。情感是诗的直接表现对象，是诗的灵魂。这里强调的是对于优秀的文学创作而言，诗歌的本质不是文字的堆砌，而是情感驱动下的心灵通过语言对生活现象的感悟和想象的物化。

在文学评论里，多讨论人物情感，《刘老根》中山杏的情感被描述为：山杏的情感是普通的，爱和恨、痛苦和希望，然而这许多的普通却迸出了不平凡的感情世界，迸出了人间的真善美。这里强调的是文学人物的具体感情，通过描写山杏历经千辛万苦，挣脱传统观念的束缚，从贫穷的山沟沟里奔向新生活的曲折经历，体现出作品的文学价值。

然而，情感更多的时候是属于心理学的。由于心理学分支众多，各自的定义也显示出了各自的特点。

在普通心理学里，情感被称为身体体验，其定义为：情绪与情感是机体对客观事物的态度的体验。客观现实与人的关系是情绪、情感的源泉（张焕庭，1988：156）。这里强调的是情感与客观世界的关系，说明物质决定意识，情感的生发是人类感知世界的结果，或“忧念天下，思惟得失”（《汉书·张汤传》），或“失之不忧，得之不喜”（刘安《淮南子》），或“进亦忧，退亦忧”（范仲淹《范文正集》）。

在应用心理学里，情感被称为经营理念，被描述为：情感分析只是哈佛经理的职责之一，能够控制自己的情感是哈佛经理的重要职责。这里化抽象为具体，强调的是情感在具体商业活动中的作用和地位，说明一个成功的商人必须认清情感，并善于利用情感。

在文艺心理学里，情感被称为心理活动，其定义为：把原来散漫零乱的意象融成整体的，就是情感。情感是一种心理范畴，一种心情，充盈着一种严格理智性质的活动。这里强调的是情感对文学意象的整合功能，说明心情对阴晴圆缺、风花雪月的反应，引起文学里的喜怒哀惧。

综上所述，情感是一种态度和体验，产生于人对客观事物是否满足自己的需要的评价，如心情愉快时候的眉开眼笑，如愤怒激动时的怒发冲冠，如悲伤抑郁时的愁眉泪眼，如恐惧无助时的俯首帖耳。

上述定义也适用于语言学。在语言学里，情感体验是一种主观感受和语言表现，由此成为语言褒贬的划分标准和表现结果。比如，在修辞学里，情感被称作词语的情感色彩，即表现力，一般由具有特别情感色彩的词语间接地表现出来。也就是说，情感色彩是词语的指称义的附含物，一般依附在词语的指称义上。因此，一种语言里的全部词汇可以按照其表情程度划分为三类：高雅词、中性词和粗俗词。并且，几乎每一个词语都可以贴上至少一个情感色彩标签。常见的情感色彩标签一般有高雅、诗性、诙谐、讽刺、亲昵、不赞、藐视、蔑视、淫秽、詈词等。

二、情感范畴

情感的本质是一种典型的心理现象，即行为感知主体对意愿的违背和心理的满足所展现出来的身心波动。情感是身体对行为成功的可能性乃至必然性的主观评价和体验，包括喜、怒、忧、思、悲、恐、惊七种。本书拟细化人类在表达各类情感时所展现的言语和行为差异，试图以一种恰当的方式来描述和分析情感构式对情感的解释作用。因此，需要对本书涉及的情感类型和范围做适当界定。

（一）国内对情感范畴的划分

如果我们查阅中国古代的经史子集，就可以发现许多关于情感的不同看法，也有很多对于情感细致的描述，当然也免不了涉及情感的分类。根据不同的身体体验和学术需要，他们采用不同的划分方式将情感分成四类到八类不等。

（1）分成四种的有："好、恶、喜、怒"，出自《春秋繁露》；而《庄子》也提出了四种"喜、怒、哀、乐"；还有《管子》的"喜、怒、忧、患"。

（2）分成五种的有："喜、怒、乐、悲、爱"，来自《墨子》；还有《黄帝内经太素》的"喜、怒、悲、忧、恐"。

（3）分成六种的有："恶、欲、喜、怒、哀、乐"，出自《吕氏春秋》；"好、恶、喜、怒、哀、乐"源自《左传正义》和《荀子·天论篇》；还有《白虎通·情性》的"喜、怒、哀、乐、爱、恶"和《淮南子》的"喜、怒、优、悲、憎、欲"。

（4）分成七种的有：《礼记·礼运》的"喜、怒、哀、惧、爱、恶、欲"；《荀子·正名篇》的"喜、怒、哀、乐、爱、恶、欲"；《三字经训话》的"曰喜怒，曰哀惧，爱恶欲，七情具"。

（5）分成八种的有："喜、怒、哀、乐、爱、憎、惭、惧"，来自嵇康的《嵇中散集·声无哀乐论》。

综上，在这些分类中，相同的部分是：好（喜乐）、怒、哀（悲忧）、恐（惧患）等四种。因此，本书拟将情感构式划分为四类。

（二）西方情感范畴的划分

情感在西方各国文化中也有着不同的理解，自然也不可能保证分类的一致性。比如英国的霍布斯（Hobbes）于1681年将情感主要分为四大类：愤怒（anger）、嫉妒（envy）、恐惧（fear）、同情（pity）。法国的笛卡尔（Descartes）从自然科学的角度谈到情感的时候，认为情感的主要来源是人类的好奇心而引发的喜（joy）、哀（sorrow）、爱（love）、憎（hate）、欲（desire）五种情感。英国的蒂姆·达格利什（Tim Dalgleish）与米克·鲍尔（Mick Power）根据从心理学中得到的灵感，将情感基本类型定为：恐（fear）、哀（sadness）、怒（anger）、恶（disgust）、喜（happiness）五种，大致能够涵盖人们对情感的认同。意大利罗马大学教授、国际著名汉学家史华罗也将情感概括为五大类：以"幸福，快乐"为主的满意型情感；以"愤怒与厌恶"表示的充满敌意的进攻性情感；以"喜爱，热爱、欲望"为代表的热切期盼情绪；以“恐惧，震惊”为代表的消极意象情绪；还包含“忧愁、哀怨、悲伤”等未达到期望值的失意情感。

事实表明，语言的情感划分永远是依照人们的切身感受去主导的，无论是中国人还是外国人，我们所感受到的情感都是大体相同的，主要包括欢乐、幸福、善良、爱慕、愤怒、厌恶、仇恨、悲伤、尊重、恐惧和欲望等，而“欣喜”“愤怒”“悲伤”和“恐惧”为四大主要情感。首先，我们可以发现许多情感都是成双成对的，无论是消极还是积极。查阅国内用来表达情感的词汇多为四字格结构，国外人们在表达“喜悦”与“愤怒”、“悲伤”和“恐惧”时（以英语为例）也善于用“and”连接成对的词语。其次，人们在实际表达情感时，往往不是单一的，而是复杂的如几种情感混合在一起，或者一种情感为主，附带其他情感。例如：①“表现了白娘子爱恨交加、情丝难断的微妙心理。”此处就是积极情感和消极情感的对立合一；②“于是憋了满肚子的哀怨和火气。”这里说的就是哀怨引发的怒火；③“武则天，作为我国唐代杰出的政治家，中国历史上唯一的女皇帝，是非功过誉毁褒贬，一千三百多年来一直众说纷纭，难有定评。”这里的“是非功过誉毁褒贬”就是几种情感行为混合在一起。由此可见，人类情感的复杂与多变，以及情感语言的丰富和魅力。

第二节　情感构式及其类型

一、情感构式

宏观上看，人类的语言可以分为科学语言和情感语言。情感语言是表现和满足人们主观感受的语言，并且源远流长。

首先，情感语言（包括情感构式）的产生可以追溯到春秋战国时期，如《尚书·康诰》：“今民将在祇遹乃文考，绍闻，衣德言。……敬哉！天畏棐忱，民情大可见。”此处的“文考”是指文王的遗训，“德言”是指合乎仁德的言论，“民情”就是指民众的情绪、心愿。三国时期，嵇康所作《声无哀乐论》中也明确说明：“夫喜怒哀乐爱憎惭惧，凡此八者，生民所以接物传情。”这里是指情感是人们表情达意的依据。刘勰的《文心雕龙·体性》中说：“夫情动而言形，理发而文见，盖沿隐以至显，因内而符外者也。”这里的“言”“文”“符”就是指语言，主要是情感语言，即“情”与“言”、“理”与“文”。刘勰最伟大的地方在于，他于一千五百年前就用“因内而符外”这句话，发现了符号的概念及其与情感的关系，即将内心的情感符号化为外在的文字。这段话我们可以解读为，当人们需要抒发情感的时候，就会自然而然地通过语言去实现；当内心的思绪得不到排遣的时候，就必须要用文字外显。

其次，情感语言（包括情感构式）随着人类交际的需要而发展。随着人类语言文字的不断发展和完善，许多情感的表达也变得有迹可循。在人类语言发展的历史长河中，情感语句不断产生、不断积累，并最终定型，为后人研究情感提供了可贵的历史资料和理论依据。英国语言学家利奇（Geoffrey Leech）在其《语义学》一书中，将“意义”划分为七种，其中之一就是“情感意义”。在他的阐述中，人们清楚地发现，说话人和听话人在日常生活交际中所使用的语言夹杂着或多或少的情感和态度。而所谓的情感意义也不能单独存在，必须依靠语言表达和语境推敲才能存活。另外，Goldberg 根据莱考夫（Lakoff）和约翰（Johnson）1980 年出版的《我们赖以生存的隐喻》一书，将构式分为：语素、词、习语（完全固定的、部分固定的、成句的习语）和格式（核心句）等四大类，象征着人们对于情感语言的研究进入一个崭新的纪元。

二、情感构式的主要类型

在人类语言发展的历史潮流中，语言的形式也从最初的手势语发展到有声音和文字支撑的多元表达方式。因此，我们在人类的日常交往和网络聊天中发现，语言不仅可以用来描述一件事情或是勾勒一个物体，更有一个全新的且无法取代的功能——情感表露。人类情感有别于动物情感之处，就在于人类的情感掺杂了社会因素，每个个体都是社会化过程中的一分子，人类所具有的动物性情感多半是一种原始冲动，而社会化情感会让主体的情感更加丰富，两种情感类型也是互相影响的。那么如何理解人类对不同外部刺激所产生的心理状态呢？从认知语言学视角对情感构式的级差探讨，我们发现，人类的主要情感之间都不是精确的一刀切，而是逐渐变化过渡或者彼此交织的，其中的界限不明显；虽然我们有时候无法轻易指出“喜悦”与“顺利”情感的区别，但很少有人将“热爱”与“憎恨”混为一谈。符合原型范畴化理论和人类情感的构成及其表现的实际，即中心主题义＋非典型附加义，是人类认知能力的体现。无论是把情感视作二元对立，抑或三足鼎立，我们都不应该以过于主观的态度来强硬地分离它们。这一切都取决于构式本身对情感的期望值和主观量的变化。

根据菲尔墨的构式概念，情感构式包括两类：作为实体构式（substantive constructions）的全固定性习语和作为图式构式（schematic constructions）的半固定性习语及句型，或称习语类构式。在汉语里，情感构式则被称为成语和特殊句式或紧缩句。

根据语料分析，汉语、英语中情感构式的表达方式也是以下两种：

（1）实体构式。是指用概念隐喻描写情感状态和情感行为的构式形式。例如使用“bristle up in anger”“ to go through the roof”等隐喻形式表达生气之情；用“以泪洗面”“呼天抢地”来表示伤心之意；用“丽莎是桃子（Lisa is a peach）”表达快乐之状等。它们比直接用“生气”“伤心”和“快乐”等抽象词汇所表现出来的情感更具表现力。

（2）图式构式。是指通过半固定性习语及句型等构建和表达情绪，即通过观察新事物和新现象来传递和构造情绪的构式形式。例如“Did you ever...?”比较委婉，而“厉害了，我的国”比“我的国厉害了”更具有表现力。它们比直接使用相关概念词语来表达情感更加生动，感情更加丰沛。这是情感最为主要的表达方式，也是本书的研究重点。本书所指的情感构式是指用以描述、构建与表达人类情感、情绪和态度的相对固定的表达式，即图式构式，尤其是句子形式的构式，它们是人类情感认知方式的语言投射和语言结构的规约性模式。

本书拟重点研究下述四类情感构式：

1. 喜悦类构式

喜悦是一种褒扬性情感。所谓褒扬性情感，是指符合或高于主体主观期望值的情感。这种情感也是主体满意的或渴望表现的情感，其满意度高。典型的褒扬性情感包括敬佩、赞美、欣赏、满意、愉悦、表扬、喜欢、关心、赞成等。与这些相似性较强的情感都可以成为褒扬性情感范畴中的典型成员，较远的可以成为其非典型成员。这也就是我们为什么选取具有“喜悦”倾向的构式作为最典型的上位褒扬性情感类型的原因。情感是相互的，褒扬性情感是以喜悦为基础的美好感情的传递，这些情感信息能够感染人，引起别人的共鸣。喜悦是对成功的体验，是与激情相伴着的感情，是洋溢着的笑脸，更是对幸福的沉浸。如果存在这种美好情感的接受者，那么对于他来说，也是一件愉悦和期待的事。而表达褒扬性情感义的语言手段，便是褒扬性构式。比如：

（1）甲：你的工作完成得非常出色。

乙：过奖过奖。

(2) 甲：欢迎光临！

乙：谢谢！

例（1）甲通过“非常出色”来表达对乙在工作上的满意情感。至于乙的工作完成得有多出色，至少是符合甲的心理期望值的。例（2）表达甲对乙的到来呈现出一种欢迎的态度，而乙在接受了这种态度时，自然也是回馈于一种感激的褒扬性情感。

情感构式一旦形成，进入到人们的言语活动中，就发挥着积极或消极的作用。褒扬性构式常常与积极评价性与支持性的言语行为融为一体，表现为称赞、夸奖、接受、支持、认同等，而较少通过讽刺的言语手段表达喜爱的情感，除非是熟人之间的玩笑与调侃。比如：

(3) 我曾看过他年轻时的一张穿着军装的照片，真是帅呆了。

(4) “你能帮我拿下药吗？就在包里面，白色药片……”严蓓将许先生头部轻轻放在椅背上，赶紧从行李中找到了药品。

(5) “我想清楚了，我是农村长大的，对农村很有感情，而且我觉得从基层做起，前景会更广阔些。”彭万贵显然已深思熟虑了。“既然这样，我支持你。”

(6) 清洁工们皆笑说，早给了钱不就没这些事了？自找罪受。职工们亦说：可不是，厂里也是小气得要死。

例（3）是一种称赞言语行为，充满了喜悦与赞美。例（4）是请求-接受言语行为，是一种礼貌表达。例（5）是行动-支持言语行为，含有赞扬和鼓励。例（6）是观点-赞成言语行为，含有宽慰和责备。它们都属于一致性言语行为，表达的是以喜悦为主的褒扬性情感。表达这类情感的构式属于喜悦类构式。

2. 愤怒类构式

愤怒是一种贬抑性情感。所谓贬抑性情感，是未达到主观期望值的情感。这种情感也是表达主体不满意或不情愿表现的态度。典型的下位贬抑性情感有厌恶、痛恨、不满、讨厌、郁闷、反对等，与这些相似性较强的情感都可以成为贬抑性情感范畴中的典型或非典型成员。贬抑性情感是一种消极情感的传递，它总会给人带来不满或不如意的心理感受。正常情况下，谁都不期望充当某种贬抑性情感的接受者。表达贬抑性情感义的语言手段，属于贬抑倾向构式。比如：

(7) “呸，你这个懒虫！”曹冷元陡然站起来，脸色发青，胡须抖索，手指颤抖，怒斥道：“你这没良心的东西，算得什么无产阶级！

你，你??”

(8)“你给我滚出去!”妈妈大声地尖叫着，把爸爸从房间里推了出来。

(9) 快看书去，不然揍你!

(10) 是谁把我房间搞得乱七八糟的!

例 (7) 曹冷元对江任保表达了极度不满的情绪，这种情绪是他不情愿表现的。而对情感的接受者江任保而言，同样是不愉快的，不愿意接受的。例 (8) 通过“你给我 X”构式传递妈妈对爸爸强烈的排斥态度与愤怒的情感，这并非接受者所期待的，属于贬抑性构式。其余类推。

贬抑性构式往往与消极评价性与对抗性的言语行为融为一体。因为这两种性质的言语行为并非确立说话者与情感接受者之间的一致关系，相反，它们是不同程度的“面子威胁行为”(FTAS)，如诽谤、贬低、贬抑、埋怨、辱骂、责备、批评、讽刺、拒绝、反对等等。如果主体的言语违反了情感接受者的期望，那么对自身形象也会带来一定的损害，这不是人们所期望的。因此，主体是否要将自己的贬抑性情感通过某种“面子威胁行为”表现出来，需要进行一番受益考虑 (payoff considerations)。比如：

(11)“丽月是什么东西? 拿他来跟你阿母比，也不怕糟蹋了你阿母的名声?”小玉母亲撇着嘴，满脸不屑。

(12) 你再不还钱，我可要通过别的途径来解决了。

(13) 我：老公，是不是我想要什么你都给我呀? 他：你想得美!

(14) 于力凡说，怎好再说，都说定了的。妻子说，房钱还要交，定什么定? 你定了，我还没定呢?

例 (11) 表示责备、蔑视。例 (12) 是威胁言语行为，含有威胁与不屑。例 (13) 是拒绝言语行为，表达了一种断然态度。例 (14) 是反驳言语行为，含有反对与埋怨。这些都是有损接受者面子的行为，其中都传达了贬抑性的情感，这样的言语形式属于贬抑倾向构式。

由此看来，我们所谓褒扬性构式与贬抑性构式的判定由情感发出者与接受者的心理感受所决定。其中有几点需要明确：①构式表达某种情感类型的功能同构式本身含有的情感类型有时是不吻合的。如“批评”“鄙视”“愤恨”这些词本身没有贬抑性情感倾向，因为用这些构式来描述某个对象并不产生消极情感，而只是陈述一种生活现象。②并非所有的构式都可以找到自己感情类型的归属，也就是说并非所有的构式都是情感构式。在整个构式系统中，很多的构式是无法归到褒扬性构式与贬抑性构式中去的。我们从第一点的分析中便可以得到解释。③所谓的情感义构式在功能上是具有评判性的，是能给评判主体与评判客体带来积极或消极情感刺激的。因此，情感义构式概念在构式系统中虽是开放的，却是有限的。单纯从这个意义上说，我们所谓的褒扬义与贬抑义比词汇学上所称的色彩义的范围要小一些。当然我们对传统意义上的褒贬义的认识还需要进一步推敲。但若是单单从褒贬含义的主观倾向上来分类的话，是否能够最大限度地把控情感构式的表达和理解，还有待商榷。

从语源上看，所谓愤怒性情感，是一种原始情感，《淮南子·齐俗训》曰："故哭之发于口，涕之出于目，此皆愤于中而形于外者也。"愤怒既指因为极度不满意而感情激动，当愿望不能实现，或为达到目的的行动受到挫折时引起的一种紧张且不愉快的消极情绪，也指对社会现象或他人遭遇甚至与自己无关事项的极度反感。典型的愤怒类情感有愤恨、愤懑、愤慨、愤激、震怒、义愤、大怒、怨愤、盛怒、怫郁、恼怒、发怒、气愤等。愤怒是一种让人不安且不愿接受的情感，没人愿意充当愤怒性情感的接受者。因此，愤怒类情感构式就是语言表达愤怒的情感义的最佳手段。比如：

(15) 父亲忍无可忍，一个嘴巴抡在秀玉稚嫩的小脸上："我叫你不吃……"

(16)"你给我滚！我没有你这样的儿子"。

愤怒往往让人失去理智，出现短暂的疯狂。例(15)借助构式"我叫你V!"，是一种过激言语行为，伴随有行为暴力，充满了气愤与怨恨。例(16)借助构式"你给我V!"，也是如此，只是一种语言暴力行为。

3. 悲伤类情感构式

一提到悲伤，除了其本义"伤心难过"，总让人不由自主地想到莎士比亚的四大悲剧。由此看来，悲伤是人们面对失去的情感体验。悲伤是一种文学孤独的理念，更是一种认识世界的途径。悲伤的情感比较复杂，包括世间一切苦难的根源，或失望、或憔悴、或悲壮、或意志消沉、或可歌可泣、或抱憾终老。总之，根据悲伤的原因，我们可以将其分为不同的情感感受度层级，当然这一切也必须借助于说话人的主观意念，而且悲伤并不是单一的感情，往往有伴随物，如悲喜交加。因此，有很多结构可以表达这种悲伤，但是大多数典型的结构是"X并Y着"和"有一种X叫做Y"，他们也会由于模槽的填充词的具体差异而产生不同，我们将在下文一一介绍。

4. 恐惧类情感构式

恐惧的根本源于未知。当我们说到恐惧情感，最先想到的就是对于凶猛的野兽所产生的一种本能的畏惧和逃避感，这也是人类在历史发展演变中所产生的原始状态。恐惧就是人们常说的害怕、畏惧之情，指人们在遇到一些突发状况的时候所产生的紧张焦虑之感，或对重大事件的预期结果的担忧，如“前途未卜”是一种强烈压抑情感体验，严重的还会患上恐惧症。恐惧也有正面作用，比如《周易》曰“君子以恐惧修省”，君子因心存畏惧而敬畏，自觉地修德省过，由此可见情感的复杂性。恐惧在中文里常表现为惊、讶、愕、惶等；英文（以名词为例）有 fear、awe、fright、alarm、angst、anguish 等。恐惧是一种不良的情绪，常常伴随有紧张、忧郁、焦虑。比如：

（17）吓得我冷汗都冒出来了，我的钱夹不见了。

（18）他们的亲人也是整天把心提到嗓子眼儿，就怕听见说出事了。

（19）冯独钟一见京雁出现在灯影中，那一跳吓得差点魂飞魄散。

（20）吓死宝宝了！朋友圈转发广告或被罚款 20 万！

以上语料表明，恐惧都是被吓出来的。例（17）是因为钱夹丢失而冒冷汗，是一种害怕和担忧，是一种已然事件的结果。例（18）是因为担心出什么不好的事情而提心吊胆，是一种担心和紧张，是一种未然事件的结果。例（19）是恐惧的最高级别了：魂飞魄散，是一种惊恐和惊慌。例（20）则是一种表面写恐惧，实则表示惊讶的新兴构式，意思为：调侃＋惊讶。

除此之外，一些较为复杂的情感构式，我们必须按照心理学原理和情感表达的语言特点将其归入到复合情感表达中去进行情感解读。因此，就有这样几类较为典型、常见的情感表达构式，例如矛盾类、反预期类和极量类情感构式。

三、构式理论对情感构式的解释力

情感构式属于构式系统，是具有固定表达各种情感的倾向性典型构式，具有构式的基本特点，比如：形义对应性、识解整体性、结构理据性、原型承继性、存在普遍性、不可推导性等。作为偏向情感表达的构式也有着自己独特的地方，比如：①鲜明的主观性；②饱满的情绪色彩；③别致的选择性。

第一，鲜明的主观性。情感是人类对外界刺激的心理反应及其相应表现，这种反应和表现不论是一般规范的样式，还是因人而异的风格，都是一种具有主观性的行为。当用语言表达出来的时候，这语言也必然染上了主观性，成为情感构式。在日常生活中，如果需要描述程度的增加，那么语言手法有很多，可以用程度副词，如从低到高（原级→比较级→最高级）：（多）→有点［略微］（多）→很［格外］（多）→更［越发］（多）→最［极］（多），它们虽然在描写程度的增加，但是附加的主观评价不多。也可以用成语，即习语，如与日俱增、有加无已、日新月异、雨后春笋等，它们虽然也在描写程度的增加，但是突出的是形象性和模糊性。还可以用比较句式，如“因为此时此景，没有比这一行为更好的主动”。这句话虽然在描写程度的增加，也带有主观评价，但这是一个常规句子，没有语法分析障碍。如果我们读到“A了去了”这样的句子，就会发现其中鲜明的主观性：

（21）他嘿嘿一笑，说差别大了去了。

（22）现在北京的出租车海了去了，仅“面的”就有上万辆。

（23）留学生不学无术欺世盗名的也多了去了。

例句中“A了去了”里的A多由表示程度的词语填充，表达一种夸张式的描绘。

第二，饱满的情绪色彩。每一个情感构式往往不只表达一种情绪，而且饱含着丰富的感情。这些丰富的感情中，在不同的语境里，有的是几种感情的糅合，有的是一种以感情为主兼含其他，还有的是兼容两种对立的感情。试比较上述构式“A了去了”的几个例句：例（21）原是赞美漳州的水仙花在圆山脚下奇特土壤里长出的非凡品质，兼有赞美与神秘的情感色彩。例（22）是说明北京公共交通工具的迅疾发展，其中“海”字因表示海洋的宽广，又转义为“极多”，后面一般带“了、啦”等语气词，表示气势，如“仗着他有个当副省长的干爹，捞钱捞海了！”可见，例（22）兼有夸张与赞美。例（23）“多了去了”是构式“A了去了”的原型式，表示“多极了，随处都是”的意思，有人认为是地道的北京话。在例（23）的语境里，由于主体是负面的，表示的则是鄙视和厌恶的情绪。

第三，别致的选择性。感情虽然是人类普遍存在的心理结构，但是它们对人类表达的语言手段却很挑剔，或者说，并不是所有的语言手段都可以用来表达感情。每一种情感都有与其相适应的语言表达手段，构成该情感的固有表达方式。试比较：①“羡慕、爱慕、歆慕、称羡、眼馋、眼红”与“妒忌、忌妒、嫉妒、吃醋、酸溜溜”；②“赞成、赞同、倾向、支持”与“反对、非议、腹诽、持异议”。从上述例词里，很容易分辨①中前者是褒义，表示羡慕之情，而后者是否定，表示嫉妒之意。②中前者是褒义，表示赞成之义，而后者是否定，表示反对之心。因为这是它们与生俱有的情感标记。

交际实践和语料表明，表达情感的构式往往缺乏固有的标签，它们是日常交际过程中的生活选择。换句话说，几乎每一个构式都是人们为了表达某种感情而被创造出来的，可以说，不表达某种情感的构式是不存在的。只有在交际中经历大浪淘沙，那些有表现力和能产性的构式被广泛接受，得以保留下来，流行开去，成为人们喜闻乐见的感情语言。比如以构式“VP＋得＋X”的表情功能为例，我们填入动词“打”，试比较：①“打得赢/好/真爽/漂亮/火热”；②“打得稳、准、狠/凶”；③“打得惨烈而悲壮”；④“打得（敌人）落花流水/面目全非/屁滚尿流/晕头转向/头破血流”；⑤“打得乌青/满头包/满地找牙”；⑥“打得很差/有多臭/真是糟糕透了”；⑦“打得趴地上苦苦哀求/一屁股蹲在了地上”。以上语料表明，构式“VP＋得＋X”依托语境，可以表达具有否定倾向的各种情感，其中，①是褒义，表达赞扬之意；②是中性，描写被打的结果和状态；③含有褒义，表达称赞之情；④是贬义，否定中含有赞美；⑤是贬义，否定中含有赞美，形象鲜明；⑥是贬义，直接表达否定之情；⑦含有贬义，否定中含有同情，形象逼真。这既表现出构式语法对情感构式的解释力，也说明了本书选题的理论意义和实践价值。

在构式语法里，与构式有关的几个关键词是：①形式与意义的配对体，它独立于具体动词而存在；②基本论元结构，它基于体验的完形，与动态的情景（人类的生活经验）相连；③语义和句法之间的映射，它是通过构式整体而非构成成分完成的。如果与动词相连的参与者角色与构式的论元角色同时受到语义限制，则两者融合，其融合原则为语义一致原则和对应原则。

依据构式语法原理，我们认为，情感构式的分析维度可以这样建构：①从形式上，梳理构式的成形程序；②从意义上，观察构式的获义过程；③从用法上，描写构式出现的语境条件，解释影响构式表现力程度的制约因素。以构式“VP＋得＋X”为例：从形式上将其划分为模标“VP＋得”和填充词“X”两个部分，以观察其成句机制和入句条件；从意义上分析构式构成成分的本义、入句后的词义变化，以及情感含义的走向；从用法上研究构式与语境的关系，以确定构式的情感倾向。试比较：

(24) 把朱温率领的五十万大军打得晕头转向，狼狈逃窜。

(25) 在全球市场上，被富士打得晕头转向的“黄色巨人”终于在中国找回了尊严。

(26) 思嘉像只被打得晕头转向的动物在屋里走来走去。

在构式“VP＋得＋X”里，一样的模标，一样的填充词“晕头转向”，一样的动结式“X 致使 Y 变成 Z”，但是因语境的差别，各例所承载的情感却有不同。其中：例（24）是否定，张扬其失败后的惨状；例（25）却是肯定，先抑后扬，赞扬柯达胶卷起死回生的胜利；例（26）是描绘手段，主人公“思嘉”并没有被打的实际，只是带有夸张的比喻。可见，这种分析框架有利于揭示和解释情感构式的基本特点，为情感语言的深入研究提供有力的观察点。

第三章　喜悦类情感构式考察

第一节　喜悦类情感与喜悦类情感构式

一、喜悦类情感及其表达

喜悦类情感是人类最重要的情感之一。所谓喜悦，是指一种愉快的情感，即高兴、快乐。喜悦之情古已有之，比如《鬼谷子》中提道："损悦者，机危之决也。事有适然，物有成败，机危之动，不可不察。"这里的"悦"即喜悦，文中引申为增益，增益言辞或事物能使人喜悦。再如《太平经》中所言："王者行道，天地喜悦；失道，天地为灾异。""喜悦"相当于英语的happy或joy（-ful），英语的释义为"feeling，showing，or causing pleasure or satisfaction"，可理解为：感到、显得或引发高兴、快乐、愉快、满意、满足、欣慰；或者令人满意（或欣慰）的事、玩乐、休闲、乐事、快事所引起的一种极大的心理满足和体验。唐诗《寒山寺》中的"顺情生喜悦，逆意多瞋恨"，也即喜悦的心情、满心的喜悦、成功的喜悦。

所谓喜悦类情感，是指以喜悦为原型的，符合或高于主体主观期望值的情感。这类情感是美好的，是人际关系的融合剂，能够让喜悦情感的主体充满欢乐、自信和友善，也是主体渴望表现、传递和分享的一种动人情绪。喜悦类情感有多种表现类型，其中典型的有：因表扬、夸奖而引起的欢心、鼓舞；或因称赞、感谢而引起的愉悦、欣慰、满足等。这些情感构成喜悦类情感范畴，喜悦是原型，相似性较强的可以称作典型成员，其他则为非典型成员。喜悦类情感能融洽关系，能够传染人，感染人，引起别人的共鸣，在与人分享中获得双倍的快乐。喜悦之情的传递与分享、感染与接受、愉悦和期待的方式有多种多样，可以用行为动作表达，也可以用符号说明，还可以用语言手段表现，如"I'm high on life"（我对生活充满激情）。随着网络语言的不断迭代，近年来，出现了不少表达喜悦类情感的语言表达式，且不能通过字面义推导出来，我们称之为喜悦类情感构式。

二、喜悦类情感构式的特点

情感的产生和形成是一种被人物或事件诱发的结果。喜悦类情感是被某些人物或事件唤起、引发、导致而形成的某种愉悦的心理体验。比如：事业的成功、美丽的景色、他乡遇故知等。这种喜悦情绪一旦成形，就能够感染身边人，也让他们感受到快乐。喜悦类情感有许多表现方式，如手舞足蹈、心旷神怡、眉开眼笑、欢呼雀跃等，因此，喜悦类情感构式也充满了欢声笑语。这类构式也多包含称赞、敬佩、认同、赞美、欣赏、夸奖等下位情感，能让情感双方共同感受到喜悦和欢乐。具体案例如下：

表达敬佩：

(1) 如果盛名可以让一个人骄傲，那么玛丽·居里是其中一个不受影响的！

表达赞美：

(2) 观众激动地说："太美啦！真是太美啦！舞台似仙境，演员像花朵，像蝴蝶。"

表达认同：

(3) 今天第一次观看的舞台剧演出，简直棒极了！

表达欣赏：

(4) 你是月亮，我是星星，我陪你一起数心情。

表达赞成：

(5) 其实诺诺说得对，我这种口是心非又固执又爱瞎想又长情得要死的人就应该藏起来。

这些都是表达喜悦类情感的基本语言形式。

三、喜悦类情感构式的类型

喜悦类情感构式近年来十分活跃，有些典型构式非常流行，这与此类构式的表现力有关。喜悦类情感是一种程度不一的愉快心情，一般用表达程度的语言形式来表现其性质差别，尤其是形容词，如欢畅、欢快、欢喜、欢乐等，形成特有的欢喜语义倾向。比如：

(6) 一个下午泡在图书馆，好似又回到了学生时代，……归家的路上，哼着小曲，心情无比的欢畅。

在表示这种欢喜语义倾向的句子中，谓语多由形容词充当，构成形容词谓语句。相关资料表明，在汉语中，表示高程度现象的词语丰富多样，同义词和近义词比较多，而表示低程度词相对少些。表示喜悦的词语，通过简要检索就可以找到典型的同义词，如欢喜、欢乐、开心、得意、欢欣、愉快等。而表示与喜悦相反现象的同义词则少些，如酸楚、心酸等。喜悦类情感构式也与此类似，也形成了许多表达积极评价的构式形式。比如：

(7) 哪里的话！你们能来，我高兴还来不及呢！

(8) 厉害了我的国。向白衣天使致敬，为武汉加油！为中国加油！

(9) 在我的朋友中，惠高峰一直在努力做着事，近几年他口袋虽然没有鼓起来，可精神世界比谁都丰富。

从形式上看，喜悦类情感构式是框架式结构，或称图式性构式，具有很强的表现力。这种框架式句式的核心一般由两个部分组成：不变成分＋可变成分。不变成分是模标（structural grooves），保持构式的基本形态，如例(7)中的“还来不及呢”，由此构成“X还来不及呢”构式，表示喜悦之情。可变成分是可被填充的，显示构式的活力和多彩，如例(9)中的“精神世界比谁都丰富”可以替换为：知识比谁都丰富、同情心比谁都丰富、知识比谁都扎实、男人的同情心比女人多，由此构成“X比Y都A”构式，表达赞美，其中“X”“Y”和“A”都是可被填充部分。在这类构式中，作为模标核心的形容词基本是表“主观大/高量”的，表达喜悦之情，呈压倒性势态，没有“主观中量”和“主观小量”形容词，这成为喜悦类情感构式的主要语义倾向。

喜悦类构式，类型丰富，示例变化多样，多由表示说话人内心的激动愉悦的词语句式激发和传递。本章的第二节和第三节，将着重选取两种典型构式“厉害了我的NP”和“我A，我B”分别加以探讨，力求找到喜悦类情感构式表达及产生的规律。

第二节　典型个案考察：构式“厉害了我的NP”

本节我们讨论喜悦类情感构式“厉害了我的NP”，首先，从形式分析了构式“厉害了我的NP”的各种形态。其次，讨论构式“厉害了我的NP”构式义的获得过程。最后，解释构式“厉害了我的NP”构式的用法及其表现力。

所谓喜悦，是指一种高兴而愉快的心情，是说话人的一种喜不自胜的情绪。对于喜悦，有许多语言表达手段，如成语：手舞足蹈、心旷神怡、春风得意等。喜悦类情感构式是言者由衷地表达对某个引起自身愉快的事物的赞美、感叹的语言方式。相关资料显示，“厉害了我的哥”早已成为网络流行用语，被评为当年的十大网络用语之一，由此构成并固化出一个时兴的快乐表达式“厉害了我的 NP”，我们称之为喜悦类情感构式。比如：

(10) 这小丫头，别看模样不错，说话挺厉害，有点“东北虎”风范。

(11) 我大声说：“儿子，你太厉害了！你将来必成大器！”儿子莫名其妙地瞪着我。

(12) “艾滋病？太厉害了！”外宾说，“也许远远地望上一眼也会传上。”

(13) 张伯礼称明年开春应该可以摘口罩，厉害了我的国！

(14) 厉害了，我的同学！

上述例子表明，从形容词“厉害”到新兴构式“厉害了我的 NP”在形式、意义和用法上有明显的改变。从形式上看，例（10）至例（14）正好勾画出来构式“厉害了我的 NP”从临时用法到构式固化的变化过程：正常用法（说话挺厉害）→感叹用法（中国功夫太厉害了！）→独立感叹（太厉害了！）→倒装用法（厉害了我的国！）→流行构式（厉害了，我的同学！）。构式定型后，在网络上受到热捧，由于高频率的作用，“厉害了我的 NP”中的填充词“NP”被泛化了，可以说，所有值得称赞对象，从具体的人、物，到抽象的事物，都可以进入该构式。整个构式便逐渐地固定下来，成为具有一定能产性的语法构式，即觉得对方十分厉害，称赞对方，以表敬佩之意。

一、形式分析

喜悦类情感构式“厉害了我的 NP”在形式上的变化非常符合构式成形的普遍规律：继承性和流行性。为了观察的便利，构式可以从形式上划分为三个部分：厉害了＋我的＋NP。

（一）核心词“厉害”引发的位移

在构式“厉害了我的 NP”中，核心词“厉害”引发的位移，或者说，其前面的主语后置，是构式成形的标志。可以说，没有核心词“厉害”引发的位移，就不可能有该构式的成立。比如：

(15) 南极洲的冬季，阳光斜射得很厉害，地面接收的阳光很少，气温极低，平均气温在－55℃以下。

(16) 你的逻辑太厉害了，好像一把磨得极其锋利的西班牙短剑。

(17) 厉害了，我的江西！这些“名片”叫响全国！你最喜欢哪一个？

在上述例子里，例（15）里“厉害”充当补语，不能位移。后两例可以位移，例（16）变成“太厉害了，你的逻辑”，例（17）变成“我的江西厉害了”。细读可以发现，后两例虽然可以位移，句意基本保留，但都失去了构式义，不是构式了。因为“太＋厉害”“太＋厉害了”是规范用法，焦点都在程度副词“太”字上。可见，只有“厉害了＋我的 NP”才具有构式特征。

构式中的核心词“厉害”引发主语后置，是一种典型的倒装现象。作为倒装句，它带有强调语气，以赞美其后的名词。同时，以它本身的高程度量，突出其后名词在状态或属性上的量级，如果核心词“厉害”前面加上程度副词，那么会还原为规范用法，如真厉害、可厉害、好生厉害等，还会增加比较义，削弱构式的赞美色彩，如有些厉害、最厉害、颇为厉害等。

（二）助词“了”的强化功能

助词“了”一般用在动词或形容词之后，表示动作或变化的完成，所谓“以言行事”，如受到了表扬、降低了两米。如果它用于句子的末尾或句中停顿的地方，可以表示认识、想法、主张、行动等有变化，如天快黑了、今天去不成了。

在构式“厉害了我的 NP”中，助词“了”只是表示一种言语行为，一种充满喜悦的赞美之情。比如：

（18）厉害了，我的怀化公安！厉害了，我的战友！

在构式中，“了”为语气助词，它表示：这句话一经说出，它的评赞行为就已经完成。在这里，它所表达的强烈的赞美情感，赋予构式喜悦的主观色彩，使感叹句更具赞美的语力，让对方强烈地感受到这种美好的评价，由衷地接受和分享这种喜悦。比如：

（19）颁奖典礼上，厉害了我的五位新人歌手！第 25 届十大中文金曲颁奖典礼上，有五位新人光芒四射，斩获新人大奖。

如果删去例（19）中的语气助词“了”，在形式上，就显得不规范，即“厉害我的五位新人歌手”。即使是规范的形式也应该是“我的五位新人歌手（真/好/何等）厉害”。而且，很显然，失去语气助词“了”，整个构式表达的就不是由衷地喜悦和赞美，也就失去了那种喜出望外的言外之意了。

在网络用语中，在“动词/形容词＋了”结构里的语气助词“了”逐渐成为一种话语标记。因此，可以说在构式“厉害了＋我的＋NP”中，语气助词“了”在表达动作或变化完成的意义的同时，又成为话语标记了，从句法上，完成了喜悦类情感构式“厉害了＋我的＋NP”的建构。比如：

（20）厉害了我的哥，这些学校都来自山东威海。

（21）“因为他们，才有‘厉害了我的国’！”

北大语料库显示，当以“厉害了我的”为检索单位时，还没有收录这样的例句。这说明，构式“厉害了＋我的＋NP”可能尚在定型的过程之中。

（三）物主代词“我的”的功能变化

在构式“厉害了我的 NP”中，物主代词“我的”的功能也因充当构式的模标而发生变化。这种变化首先出现在网络上。

第一，“我的”的变化从戏谑开始。在网络上，汉语的物主代词“我的”被人利用谐音翻译成为了英文单词“word”（“我的”），仍然起限定作用，修饰其后的名词（NP），赞美中带有戏谑，显得诙谐又新鲜。比如：

（22）厉害了 word 哥，看完惊呆了！

（23）厉害了，Word 近似法！求截止频率竟然这么快！

（24）厉害 word 萌柔姐，哲学课可以这样“搞”！

这里，“word”与“我的”形成谐音，这种中英文转换，形式上显得十分新潮，意义上又并非“洋泾浜”，增加了语言的可读性和趣味性，符合年轻人活泼的天性。

第二，“我的”的进入从限制开始。语言里，物主代词有我的、你的、他的等，为什么只有“我的”能够独领风骚，进入构式，成为构式的重要标志呢？

物主代词是由人称代词“我”加结构助词“的”组合而成，其句法作用是充当定语，语法意义是表示领属。比如：你的名字、你的意愿，你打你的、我打我的。由此可见，在交际中，第二人称物主代词显得人际关系很生疏，容易造成拒人千里之外的感觉。因此，相关资料显示，“厉害了你的 N”的说法非常罕见。以“厉害了你的”作为查找单位，在相关搜索引擎上检索，发现了两点：①只显示有“厉害了我的 NP”。②只有这样一句：老婆，你太厉害了！

“我的”作定语就不一样，在相关搜索引擎上检索，可找到许多可信的说法，如我的纪念、我的 50 年观影史、我的电视我做主。这是因为，作为叙事手法，第一人称“我”容易形成叙事中心，使所言说的事物真实可信，如在眼前、设身处地、身临其境、感同身受、增强感染力。因此，“我的”进入了构式，并成为构式的重要组成部分。

在构式中，“我的”形成的中心，使其后的名词部分也成为焦点，带入感强烈，能够拉近言说双方的距离，使构式“厉害了我的 NP”成为一种重要的抒情达意的手段。比如：

(25) 厉害了我的国！在“海上”建了一座城，如今景色优美，发展良好。

如果替换为：

(26) 厉害了我国！在“海上”建了一座城，如今景色优美，发展良好。

那么这种亲切感、表现力就大打折扣了。

第三，“我的”的固化以“的”字结束。助词被划归虚词，被认为独立性差，或者说，一般可以省略。这一点在结构助词“的”上表现得最为鲜明。比如：我的哥哥——我哥哥；我的车子——我车子。这两者都成立。原因是：①如果这种偏正结构里，中心词（NP）是由亲属称谓名词充当，则“的”字的隐现不改变结构的意义。②如果是普通名词充当中心词，当这种结构独立出现的时候，要用“的”，一旦入句成为句子的成分的时候，则既可以用“的”字，也可以不用“的”字，如“我的车子”既可以说“我的车子抛锚了”，也可以说“我车子抛锚了”。区别只在于：前者比较正式严谨，后者则有口语色彩。

进入构式“厉害了我的NP”后，“我的”被固化，不论其中心词是亲属称谓名词，还是普通名词，其后的“的”字都不能省略，这是因为句子韵律的需要，使构式在韵律上自然地构成“厉害了＋我的NP”，读起来显得成对又和谐。这时，“的”字如果省略了，虽然意义上没有太大改变，但在语气上则失去了调侃和俏皮的情调。比如：

(27) 在全国各地开通“厉害了我的国，厉害了我的社区，厉害了我的家”线上直播。

如果替换为：

(28) 在全国各地开通“厉害了我国，厉害了我社区，厉害了我家”线上直播。

那么这种俏皮的语气不仅失去了，还会引起歧义：“我的国”→“我国”，“我的社区”→“我社区”，“我的家”→“我家”，而且在结构上就成为一个粘着词，破坏了物主代词“我的”在构式的固化作用。在意义上，“的”字如果省略了，主观领属义就会被淡化，会影响构式的赞美义。比如：

(29) 厉害了我的宝！为你再辛苦都值得。

(30) 无可争辩！厉害了，我的风，我的光！

上述例子中，如果省略“的”字，例（29）里就变成为“我宝”，例（30）里就变成为“我风”“我光”，形式和意义都有所改变，更失去了领属意义。

通过百度搜索，我们发现了一个将“的”字戏用为“滴”字的例了，如：

（31）厉害了我滴星。它是一档网红养成类节目。

通过百度搜索，我们发现了一个句子省略了“我的”字的例子，如：

（32）厉害了 AI，灵魂画师随手画秒变印象派大作。

句子中 AI 是人工智能的缩写形式，英文全称是 Artificial Intelligence。构式省略“我的”，旨在削弱情感色彩，而突出专有名词的唯一性和主体的客观性，形成“怒赞”。比如：

（33）厉害了！AI 算法交易。

（34）AI 人工智能，厉害了我的中国科技。

（35）厉害了我的 AI 恋人。

在例（35）中，由于 AI 变成了“AI 恋人”，就可以添加物主代词“我的”，构成领属结构：“厉害了我的 AI 恋人”，这样就完全符合喜悦类情感构式“厉害了我的 NP”的形式了。

通过百度搜索，我们发现了有无“的”字的两可的例子，如：

（36）厉害了我的大武汉！就在昨天，武汉发生两件大事让全国人民羡慕不已！

（37）厉害了我大武汉，阿林带你看世界。

这说明，带“的”字的是标准用法，而不带“的”字的也偶见于文，关键在于说话人的角度。

第四，“NP”的选择以语义为准。上述分析表明，在构式“厉害了我的 NP”中，虽然“厉害了我的”固化为模标，十分重要，但是作为填充部分的“NP”也不可小觑。

资料显示，“厉害了我的哥”是来源构式，其填充词“NP”形成了自己的特点和身份。在音节上，它起初以单音节为主，占一多半的比例，在随后的传播中，慢慢向双音节、三音节及以上音节的词语发展。在词性上，名词或名词性结构为主，其中，名词多为具体的值得赞美的事物，名词性结构则以偏正短语居多。比如：

地名类：

（38）厉害了，我的昌都/城/南湖区/杭州湾/家乡！

人物类：

(39) 厉害了，我的兰花/“武林大妈”/警察叔叔/主播/同学！

机构类：

(40) 厉害了我的国/班/校！

物品类：

(41) 厉害了我的桥/井盖/中国铁路/我的环保/北斗！

科学类：

(42) 厉害了我的化学用语！

时间名词：

(43) 厉害了，我的春节/五月天！

事实表明，几乎所有能够充当谓语“厉害”的主语，都可以后置，构成构式“厉害了我的 NP”。比如：

(44) 中考高考这个指挥棒太厉害了，你要是不补到时考不上，后悔就来不及了。→厉害了，中考高考指挥棒。

(45) 现在中国的妇女太厉害了，我要当妇女主任！将来好好管管你们！→厉害了，中国妇女。

宏观上看，从“NP”进入构式的比例看，NP 可以划分为这样的等级序列：具体名词（称谓名词、专有名词、物品名词、事件名词）→抽象名词。其中，受传统上“我的天”的呼请表达习惯影响，“哥、姐、爷、奶、弟、妹”等亲属称谓名词最先进入构式，并使用频率最高，且多用单音节形式。比如：

(46) 厉害了，我的哥/姐/爷/奶/弟/妹！

正如司马迁所云：“人穷则反本，故劳苦倦极，未尝不呼天也；疾痛惨淡，未尝不呼父母也。”是因为“夫天者，人之始也；父母者，人之本也。”用表示亲朋好友的名词来评价某一特定的现象或事物，有利于增加喜悦评价色彩，拉近会话双方的交际距离，提高亲切感和熟悉度。

但是，这些亲属称谓名词进入构式后，有四点创新之处：①已经改换了身份，不再是具体的人物，而是被泛化为一种评价性表达。②已经附加了戏谐的成分。③有了同义形式。④有了合用形式。比如：

(47) 哈哈，厉害了我的奶奶/弟弟/姐姐/爷爷。

(48) 厉害了我的奶/弟/姐/爷！日本 88 岁老太搞怪拍照成网红。

(49) 厉害了我的老太太/老弟/姐姐们/大爷。

(50) 厉害了“我的爷爷奶奶”！洛阳这些老人学车一点都不含糊。

从例句来源上的说明看，这多是搞笑类视频、新闻报道或者小说作品的标题。

第五，标点符号也是构式的核心要素。在构式“厉害了我的 NP”中，标点符号的使用也与其他的构式有别。概括起来，一共有三种形式。

第一，标准的格式是使用逗号，即“厉害了，我的 NP”。这有利于表达喜悦的赞美之情，读起来也朗朗上口，符合韵律的特点。比如：

（51）厉害了，我的老师。

（52）厉害了，我的朝阳群众。

第二，变体 1，即不用逗号，这有利于一气呵成，表达丰沛的情感。比如：

（53）厉害了我的艺协！

（54）厉害了我的大周口。

（55）海军节特别节目《厉害了我的海军》，在多个直播平台进行线上直播。

第三，变体 2，即使用感叹号，这有利于突出被赞美的事物，使喜悦之情溢于言表。比如：

（56）万众期待的《厉害了！我的歌》上周五 21:08 在北京卫视强势开播！

二、语义获取

作为一种形式和意义的结合体，构式义的获义是需要一个过程的。这个过程表明，构式义的获得有两个特点：①不能从构式的构成成分上预测，也即，它不是其构成成分的意义之和。②它必须是在高频使用中逐步浮现出来的。

构式“厉害了我的 NP”的构式义可以概括为一种充满喜悦的赞美之义。构式“厉害了我的 NP”的获义也经历了一个发展过程。

我们知道，传统上，表示喜悦和赞美的语言形式很多。比如：

（57）初见伊人，静仪内敛，后细致良善弥出。似娇花不盈一握，实虽风摧叶散根不倒。纵使疾风起，人生不言弃。

（58）小两口恩爱异常，马汝龙看在眼里，喜在心头，一天到晚，乐得合不拢嘴儿。

（59）村长激动地说：“你们真不愧英雄部队的一代新人。”

（60）那努尔哈赤也真够厉害，怪道人常说：一人拼命，十人难挡啊！俺算服了。

上述四例都表示喜悦和赞美，但是句法形式各不一样。在例（57）的“静仪内敛”中，是形容词形式，表示一种见到佳人的喜悦心情，难以用言语形容。例（58）用“乐得合不拢嘴儿”传统结构表示马汝龙的幸福心情和喜悦的程度。例（59）中用“真不愧”的已有格式表示极度的赞美和喜悦。例（60）中用“真够厉害”的感叹格式赞美努尔哈赤的勇敢和顽强。

由此可以看出，上述四例虽然都表示喜悦和赞美，但是却难以推导出构式“厉害了我的NP”的构式义，即充满喜悦的赞美之义。这种正面的评价义必须在新型构式里才能浮现出来。比如：

（61）厉害了我的哥，你的奋斗终将伟大！

（62）“厉害了”我的哥！男子闯红灯将交警打昏迷。

在上述两例中同为“厉害了我的哥”，但是例（61）源自一个视频，赞美的是一个小伙子的舞姿，充满了喜悦，构成积极性评赞，而例（62）是一则新闻报道，说的是一个男子袭警和闯红灯的违法行为，并且把核心词“厉害了”加上了引号，充满了讽刺和否定。像例（62）这种表示负面评价的句子占比很小，其语言环境多为消极的，且主要用于修辞目的。也就是说，它并不影响将“厉害了我的NP”的构式义为充满喜悦的赞美之情。

（一）通过核心词“厉害”的特征变化获义

核心词“厉害”，从词性上看，属于形容词，从语义上看，重心在“厉”字上。“厉”的释义为：严格，严肃，猛烈。而“害”的释义却是：祸害，害处，有害的。“厉害”合用后，其义项为：①难以对付或忍受，如肚子痛得厉害；②剧烈，如够厉害的；③凶猛，如物价上涨得厉害。从修辞色彩看，褒义、贬义和中性色彩俱全，多取决于所限定的词语和语境。比如：

（63）马天龙元戎已到，他是有名的第一口名刀，何等厉害，季芳如何抵敌得住？

（64）努尔哈赤心想：“要教这老家伙尝尝俺的厉害，他才服气哩！”

（65）你有了面子我剜了肉。你这小囡太厉害，今天把我绕糊涂了。我可不愿意再见你啦。

例（63）的“厉害”是褒义，喜评他的武艺高强。例（64）的“厉害”是中性色彩，是努尔哈赤在炫耀自己的手段。而例（65）的“厉害”就含有明显的贬义，说明小囡机智过人又不讲情面。

上述三例表明，这时的“厉害”尚属于规范用法。而进入构式后，由于其构式义是充满喜悦的赞美，即表示“了不起”，是一种具有高程度义的喜评，成为独立成分，不受其他词语的修饰。比如：

(66) 人们对张欣的画技感叹万分：“多么厉害的观察力！多么厉害的描绘力！”

当直接用“厉害”形式充当句子成分时，可以各种程度副词的修饰，可以说：“多么（多/好/真/挺/很/最/特别/好生/十分/甚是/尤其/何等/实在/真个/这般/果然/好不/最是/颇为）厉害的观察力！”

(67) 几乎所有参与过“万里行”的人都会说：“唉，太难了，地方保护主义这东西太厉害了！”

当“厉害了”充当普通句式的谓语时，可以接受少量程度副词的修饰，一般可见这样的说法：“地方保护主义这东西太（够/更/很/可/更加/越发/越来越）厉害了。”

(68) 厉害了，我的黑龙江卫视！

当“厉害了”独立充当构式的模标时，构成倒装形式时，不能接受程度副词的修饰，如果接受了这些词语的修饰，那么其充满喜悦的赞美构式义就会丧失。这种由衷的赞美就会变成充满其他情绪的复杂评价了。比如：

(69) ×（够/更/很/可/更加/越发/越来越）厉害了，我的黑龙江卫视！

核心词“厉害”的这种特征变化取决于它的词义的程度。从释义看，它的含义具有程度高的特点。现列举如下：

难以对付：[人物、事件] ＋高程度；

忍受：[状态] ＋高程度；

剧烈：[形势] ＋高程度；

凶猛：[动作] ＋高程度；

赞美：[让人惊喜的事物] ＋高程度。

由此可见，构式“厉害了我的 NP”的获义虽然有继承性，但更是新型的浮现义，是不能从原来的词义直接沿用的。

（二）通过核心词“厉害”的词序变化获义

从对核心词“厉害”的特征变化情况的考察可见，当直接用“厉害”形式充当句子成分时，即使是置于感叹句中，它表示的是其自身的客观量性特征，而当“厉害了”独立充当构式的模标，构成倒装形式时，已经是具有喜悦之情的主观量性评价了。比如：

(70) 气势汹汹的闹事者被制服了，店里员工和顾客啧啧夸奖：“中国功夫太厉害了!”

在例（70）的感叹句“中国功夫太厉害了!”里，“厉害”依然是客观量性，是程度副词“太”加强了量度提升。如果改变为：“太厉害了，中国功夫!”这样，它就具有喜悦之情的主观量性评价了，可以称作主观增量。

核心词“厉害”在表示客观量性的时候，是一个十分活跃的词，句法位置相当灵活，可以出现在各个句法位置上，充当相应的句法成分。比如：

（71）大李的退休凝聚着万般无奈，他有一身技艺，拳术厉害，在全国都有些名气，参加国家级的比赛拿过奖牌。

（72）她的轻功奇佳，更厉害的是她手上有一面镜子，对任何向她而来的攻击她都可以立即照映过去，反攻对方。

（73）南极洲的冬季，阳光斜射得很厉害，地面接收的阳光很少，气温极低。

（74）你可真是个厉害的角色。

（75）直到此时，他才算领教了蓝小姐的厉害。

在例（71）里，“拳术厉害”充当谓语；在例（72）里，“更厉害的是”充当主语；在例（73）里，“斜射得很厉害”充当补语；在例（74）里，“厉害”充当定语；在例（75）里，“领教了蓝小姐的厉害”充当名词性宾语的中心语。

当“厉害”表达主观评价量性的时候，受程度副词的影响，一般出现在感叹句或陈述句里。比如：

（76）他哈哈大笑起来：“水静，你好厉害呀!”

（77）其实李小龙不单功夫好，跳舞都好厉害。

（78）他那无名火从胆边生起：“小丫头片子好厉害！咱也叫你尝尝铁拳的滋味。”

上述例句中，例（76）和例（78）是感叹句，而例（77）是陈述句。在评价色彩上，例（76）如果没有具体语境，既可判定为褒义，也可判定为贬义；例（77）显然是褒义，说话人在赞美李小龙的全面；而例（78）根据语境，可以认为是贬义，表示对小丫头的武功的蔑视。

构式“厉害了我的NP”是一个十分能产的格式，一些含有积极评价意义的形容词也可以依据它构成类似的喜评形式，比如：威武了我的哥/国；霸气了我的姐/村；甜蜜了我的心/情/整个世界；等等。

三、语用表现

喜悦类情感构式“厉害了我的 NP”在形式上源于句式的倒装，在语义上取决于构式义的浮现，在用法上鲜明的特点和极强的表现力，多见于用做文章标题。

（一）句法上的倒装

句子的倒装是指句中词序的变化，将原本规范的词序（S＋V＋O）根据情感表达的需要而做出的改变。倒装的结果一般是前后顺序的位移，比如：

$$
\begin{aligned}
S+V+O &= V+S+O \\
&= V+O+S \\
&= S+O+V \\
&= O+S+V \\
&= O+V+S
\end{aligned}
$$

上述词序变化样态一般出现在像印欧语系这样形态丰富的语言里，而在汉语里则很少见，在现代汉语里常见的有两种：主谓倒装、定语状语后置。而喜悦类情感构式“厉害了我的 NP”就是利用了这种倒装方法，将“S＋V（此处为形容词 A）”句式改变为“A＋S”格式，使主语（S）后置。这样可强调或突出谓语，使之成为语用焦点，使全句充满喜悦的赞美之义，增强句子的语力。比如：

（79）冀中妇女就更厉害了，特别坚决勇敢，机智多谋。

如果改变为：

（80）厉害了，我的冀中妇女。特别坚决勇敢，机智多谋。

说话人把“厉害了”前置，利用“厉害”的高程度和结构助词“了”对结果的强调，使对方能够首先感受到说话人对所言事物充满喜悦的赞美，让对方关注并分享这份对美好事物的喜悦，实现主观评价。由此可见，“冀中妇女就更厉害了”这种赞赏性的陈述，就跃升为“厉害了，我的冀中妇女”这种赞美性的感叹。这种感叹得益于构式的新颖与简洁。新颖在于它的倒装，而简洁在于构式“厉害了我的 NP”舍弃了陈述句“冀中妇女就更厉害了”里的副词“就”“更”，犹如意象派倡导的意象并置手法一样，使“厉害了，我的冀中妇女”只突出核心部分，充满喜悦和赞美。

词源学方法表明，一个成语或习语的形成和普及，直至被收录进辞典，都有这样一个过程：个人创造→大众接受→时间检验→成为规范→收入辞书。比如：成语“人杰地灵”，就出自王勃《滕王阁序》：“人杰地灵，徐孺下陈蕃之榻。”构式“厉害了我的NP”，据百度资料，始于2016年小释放的一首原创歌曲，歌名即为《厉害了我的哥》，突出了对大哥的顶礼膜拜和欣喜赞美。由此被人借用、模仿，定形为一个表达惊喜和赞美的习语构式“厉害了我的NP”。而这里的“NP”也遵循由近及远的原则，先出现的是与“哥”一样的亲属称谓词语，如厉害了我的爸/老妈/姐/爷/奶/妹子，随后是各种可被称赞的人、物、事件等。比如：

(81) 这怕是最牛的小学生了，厉害了我的弟弟。

(82) 妹子，你们是要干吗，厉害了我的妹子。

(83) 厉害了，我的记者！一言不合就说真话！

(84)“厉害了，我的《人民日报》!”请听“融记者”讲述“融故事”。

(85) 厉害了我的大武汉，再一次崛起！

在上述例子里，构式“厉害了我的NP”里出现了“我的弟弟/妹子/记者/人民日报/大武汉”等被表示喜悦和赞美的人物和事物时，其主要形式为“我的NP”，也偶见有“你的NP”或“他的NP”，如“厉害了，你的哥/锅”“厉害了他的鸟/熊”。这些人物和事物如果放置于普通的句式里，就鲜有这种充满惊喜的赞美，尤其是对其出人意料的状态和表现。这种充满惊讶的喜评，会给人深刻和引领性的印象。试比较：

(86) 厉害了我的大武汉，再一次崛起！

(87) 大武汉厉害了，再一次崛起！

虽然两个句子都是对武汉新貌的赞扬，但是其细腻的情感差别仍然十分鲜明，“厉害了我的大武汉”显得亲切又自豪，具有主人翁的意识，好像是说话人在夸奖自己的城市、自己的故土一样，而“大武汉厉害了”显露出旁观者的立场，情感不是很鲜明。

(二) 填充词的推导

由于构式“厉害了我的NP”表达的是对事物出人意料的状态和充满惊喜的赞美，那么填充词“NP”也是其表现力的主要环节，也就是说，要正确理解构式，需要一定的推导和判断。

我们知道，构式“厉害了我的NP”里的填充词一般是表示具体事物的名词，但又必须是发生了出人意料的状态和表现的名词，因为只有这样的事物才能够引发充满惊喜的赞美，才可以用到喜悦类情感构式“厉害了我的NP”。

1. 普通名词表示有定事物

从语义学上看，普通名词一般表示某类事物，在具体语境里或者带有限定语时方可表示特定的某个事物，比如：书→图书→我的书→桌子上的书。在构式里，填充词“NP”的指称意义也是这样，需要依据语境和限定语进行必要的推导。比如：

(88) 厉害了，我的国！

(89) 厉害了，我的叔。

(90) 厉害了我的华强教师！多项殊荣犇过来！

例（88）中，我们肯定不用推导就知道“我的国”指的是我们中国，是对祖国的赞美。例（89）则没有这么容易推导，因为“叔”是一个单字性的词语，可特指，亦可泛指，这就需要一定的背景知识作为推导基础。《厉害了我的叔》是一部励志的喜剧电影，由王成俊导演，那么推导可知，他也是一个有定事物。例（90）虽然有限定语“华强”，但是并没有说明“华强”的具体含义，是谁，什么单位。通过背景知识推导，才知道这是指深圳市福田区华强职校。

2. 所述事物值得惊喜

这些填充词所叙述的事物都有令人惊喜的表现，要么成就辉煌，要么焕然一新，要么出其不意，总之都能够让人喜出望外，充满被积极评价的潜质和可能性。比如：

(91) 厉害了我的国！奥运会夺冠震撼瞬间，我为是中国人而感到骄傲！

(92) 回顾 2008 年北京奥运会——北京欢迎你，厉害了我的国！

(93) 厉害了我的国：连续参加六届奥运会，五次登上领奖台，奥运老将王义夫。

(94) 厉害了我的姐！奥运激动时刻之高敏，蝉联两届奥运会冠军！

在这四例里，填充词所叙述的事物有一个共性：奥运会！这个令世界为之振奋的名字，而且我们的选手都有出色的表现，充分彰显了我们伟大祖国的繁荣富强。要表达这种由衷的喜悦和赞美，当然只能使用“厉害了我的NP”这一喜庆又阳光的构式了。例（91）表达的是对夺冠瞬间的骄傲，例（92）表达的是对成功举办奥运会的骄傲，例（93）表达的是对奥运老将王义夫的夸赞，例（94）表达的是对奥运名将高敏的赞美。

3. 语力保鲜基于情感变化

“厉害”原本是一个常见的形容词。据《辞源》释义，“厉害”一词的重心在“厉”字上。“厉”原指磨刀石，有振奋、飞扬、疾飞、危险之义。比如《周易》中所言：“君子终日乾乾，夕惕若厉，无咎。”在现代汉语里，

“厉害”多描写人或物的客观程度高，以中性呈现，并没有过多的褒贬评价。当“厉害”进入构式后，情感色彩就基本上定格在充满喜悦的赞美之情上了。比如：

(95)“我尽我的力量跑，”它说着，坐起来，打着呵欠，“但是花的香气毒得我太厉害了。”

(96) 厉害了！世界最大，中国万米级潜水器获突破，地球深海不再有禁区。

(97) 鸟粪居然还能改变世界？厉害了我的天！

(98) 真是硬！厉害了，我的爷！一支没有教练的球队！

在这里，例（95）虽然有副词“太”加强程度表述，但可以说依然是基于客观事实的呈现，例（96）也是一种充满赞美的客观呈现，例（97）和例（98）里添加了物主代词“我的”，才使这种客观的赞美和言外之意都充满了喜悦之情，成为网络上的流行色。

一般而言，一个语言现象的存留与否，取决于它的表现力，而这种表现力又有赖于它的保鲜度。句中情感的变化是使句型保鲜的有效手段。网络里有许多语言新的表达法随着时间的流逝而被淘汰，是因为它的情感面过于狭窄。比如基于“范跑跑”现象所出现的词语缺乏能产性，是因为它只限于负面现象，如“从全民英雄到‘刘跑跑’，他用12年明白了世态炎凉！”

喜悦类情感构式“厉害了我的NP”的保鲜奥秘在于它多面的情感用途，即既有客观的赞美，又充满喜悦的赞美，还可以用于讽刺性的批评和调侃。比如：

(99) 厉害了，我的国学少年，第七季重磅来袭。

(100) 厉害了，中国高铁！中国高铁创造世界奇迹。

(101) 厉害了我的姐！女子选手暴打女孩这力气我先跪为敬！

例（99）是一种广告推送式的客观赞美，例（100）是一种充满喜悦的赞美，而例（101）则是一种讽刺性的批评和调侃。

喜悦类情感构式“厉害了我的NP”的保鲜奥秘在于它适度的改头换面。比如：

(102) 太厉害了我的姐，不服不行！

(103) 酷！帅！炫！厉害了，我的特警兄弟！

(104) 厉害了我的哥，承让了我的弟！这三蹦子的走位是个王者！

这里，例（102）在原构式前添加了副词“太”，加强了程度，例（103）在原构式前添加了三个形容词“酷”“帅”“炫”，使赞美充满了喜悦，而例

（104）构成对仗形式，更突出了喜悦和赞美的理由。

总之，喜悦类情感构式“厉害了我的 NP”是一个极具活力和表现力的语言表达式，对它的使用、总结和研究有助于揭示网络语言新生、发展和蜕变的轨迹和规律，创建语言研究的范式，丰富普遍语法研究。

四、小结

本节举例分析了喜悦类情感构式“厉害了我的 NP”在形式、意义和用法上的主要特点。可以得出如下结论：①在形式上，构式“厉害了我的 NP”是在高频率使用过程中固化而成的，即 NP＋厉害→NP＋厉害了→我的 NP＋厉害了→厉害了＋我的 NP。②在意义上，“厉害”既可以修饰中性义、积极义，也可用于消极义，但构式为了凸显充满喜悦的赞美义，利用倒装句式，使喜悦性的积极评价浮现并固定下来，这又使构式成为形式和意义的结合体。③在用法上，构式利用谓语“厉害了”的前置，使“厉害”所表示的高程度义更加鲜明，利用物主代词“我的”突出被评价事物的归属，使读者身临其境，拉近了与对方的距离，使句意更具有表现力。当然，事物总是在推陈出新的过程中向前发展的。喜悦类情感构式“厉害了我的 NP”也是在不断拓展自己的表现领域的努力中前行的。这种发展的图景可以描述为：原本的中性义→构式的充满喜悦的赞美义→略带讽刺的否定义。但是，它依然以充满喜悦的赞美义为主体，充当我们表情达意的有效手段。

第三节　非典型个案考察：构式“我 A，我 B”

构式“我 A，我 B”是一个以宣示自豪感、感召力为主兼有喜悦之情的情感构式。因此，根据原型范畴理论，我们将其列入喜悦类情感构式的非典型个案作为讨论对象。比如：

（105）我奋斗，我光荣！

（106）我阳光，我快乐，我成长！

（107）我勤奋，我自豪！我创新，我快乐！

这三个例子都情感丰富，在宣示自豪感和感召力的同时，表达一种喜悦心情。例（105）是对习近平总书记 2018 年新年贺词“幸福都是奋斗出来的”精神的诠释，充满了自豪和喜悦，与此相关的表达法还有：“我承诺、我担当、我奋斗、我光荣”“我脱贫、我光荣、我奋斗、我幸福”。例（106）是学生用于表达自己在学校和谐环境里的快乐生活，自豪和喜悦之情溢于言表。例（107）是写年轻人在改革和创新大潮中的青春焕发，与此相近的表达还有“我思考、我快乐、我奋斗、我自豪”“我努力！我自豪!”。

综上，构式“我A，我B”有自己鲜明的特色。

一、形式变化

二元对称结构是构式“我A，我B”的本质形式。如“我自信、我美丽”“我阅读、我快乐”“我运动、我健康”“我快乐、我成长”“我计划、我快乐”。根据构式语法原理，“我A，我B”是一个形式-意义配对体，其构式义不能从其构成成分推导出来。这首先表现在其形式的独特性上。

（一）结构特征

构式“我A，我B”是一个无连词复句，或者说是一个紧缩句。从语料上看，它多用于文章标题，或者标语口号。在当今的读题时代，它在形式上就必须简洁明快、新颖大气、吸人眼球，让人过目难忘。如“我骄傲、我努力”“我运动、我健康”“我自豪！我光荣！我用实干成就工作事业”。

（1）对称型。所谓对称，是指一种有规律的重复。语料分析表明，构式“我A，我B”以对称型为主，也就是说，它的典型形式是双项并列式，是一种同样结构的有规律重复，因为，同一性是事物存在和发展的前提。比如：

（108）2021全民健身日宣传口号大全：我精彩，我运动。

（109）单曲《我穿越我自豪》的作曲由十方和绕永恒两位老师完成，邪让多杰作词。

（110）它给了我心酸的泪水，但是——我哭泣，我成长……

（111）国旗下讲话稿：我努力，我自豪！

（112）我青春，我奋斗。生死攸关时的“最美逆行者”。

对称中的两种状态在形式上结构相同，字数相等，只是在词性上显出差异。例（108）中一个形容词，一个动词。例（109）中一个动词，一个形容词。例（110）中前后都是动词。例（111）中前后都是形容词。例（112）中前半部分是名词，而后半部分却是形容词。

在语料库里也偶然遇见非完全对称的例子，如：

（113）特写：《多哥：我穷，我快乐》。

（114）我歌，我青春。

（115）我思，我创，我快乐。

例（113）至例（115）的前半部分为“我＋单音节词”，后半部分为

“我＋双音节词”。

（2）排比型。所谓排比，是一种修辞方式，它一般用三个或三个以上内容相关、结构类似的语言单位，如短语结构、句子成分或句子连用，来表示强调或意思的逐步深化。在构式“我A，我B”里，正是排比手法的运用，加深了它的表现力，得以广泛流行。

（116）我幸福，我自豪，我骄傲，我是中国人！

（117）我学习，我成长，我快乐！演讲稿。

（118）我单身我单身我单身，重要的事情说三遍。

这是构式“我A，我B”里最典型的三项式，比其标准格式“我A，我B”的表意更完整，更具感召力。例（116）里三项都是形容词，显得非常有气势。例（117）前面两项是动词，最后是形容词，强调结果的美好。例（118）则以逗号的缺失来一气呵成地表示自己的急切心情，或广而告之时的微妙，如加逗号，则达不到原本的效果，如：“我单身，我单身，我真的单身啊！”

（119）2021全民健身日宣传口号大全：我运动，我健康，我锻炼，我提高。

（120）说到群众体育健身，南京市爱敬文老人的话非常精辟：“我运动，我健康，我快乐，我长寿。”

（121）我劳动，我快乐，我坚守，我成长。劳动最光荣。

在排比型的“我A，我B”构式里，更见的是四项式，有时也有六项式的。这种格式的构式有一个鲜明的特点：形式上是四项或六项，但在意思上却是两两对应的，也就是前后两组的意思各有侧重。例（119）中的运动→健康＋锻炼→提高。例（120）中的运动→健康＋快乐→长寿。例（121）中的劳动→快乐＋坚守→成长。

（3）扩展型。所谓扩展，是指向外伸展、扩大。按照构式“我A，我B”的格式，我们发现了一些表面上类似的语料，暂且称作扩展型。比如：

（122）防臭袜：我穿我知道，我穿我信赖！

（123）我们为你骄傲，我们为你自豪，我们奋发为你，我们开拓为你，亲爱的祖国。

（124）我热爱中国人民，我离不开你们！

（125）当我把我的一切情感和思考注入稿纸，我发现我正在成熟，我发现我正在变得更有力量。

在构式“我A，我B”的标准格式里，A和B必须是光杆词，构式才能成立，而这些扩展性句子里，都有冗余成分。例（122）里如果删除“我穿”，变成“我知道，我信赖!”，则是标准的构式形式了。例（123）将模标中的“我”变为“我们”，成为复数形式，中间又添加了“为你”，稀释了构式形式。例（124）模标虽然是“我”，没有改变，但是A部分里带有宾语，B部分又是否定形式，前后不对称。例（125）如果改成“我成熟，我有力”，方可。

（二）组合规律

从句法原理上看，每一个句子格式都有自己的组合方式和入句条件。据此，构式“我A，我B”也有自己的框架结构，即“模标＋填充词”。这个框架结构犹如一道关卡，以组合方式为条件，给希望入句的填充词以准入机会，完成构式赋形。

（1）模标“我”的稳定性。一个语言结构的稳固，依赖于其相对固定的部分，即模标。比如汉语里的“千X万Y”与“万X千Y”，因其模标有差异，按其构成的词语就各有千秋了，如“千秋万代、千刀万剐、千军万马、千辛万苦、千差万别、千丝万缕、千头万绪”与“万紫千红、万水千山”，然而有些词序两可，如“万语千言”与“千言万语”。

构式“我A，我B”的模标“我”也是稳定的，如果有变动，则构式不能够成立，也就是说，由于模标的稳定性，只要填充适当的词语，符合这个框架的语法形式，能够应用于相应的语境里，构式就会成立，就能够表达相应的构式意义。比如：

（126）我成长，我快乐！

（127）我体验，我成长，我快乐。短暂的军训，印象深刻。

（128）我动手，我实践，我创新，我快乐。儿童手工制作。

这里的例子都是标准的“我A，我B”构式，因为它们都以“我”为模标，或者说模标“我”成为它们的标志物，并且这个模标必须由两个“我”并列而成，如果只有一个“我”，则构式不能成立。因为构式“我A，我B”里必须至少有两个“我”构成模标，成为两个小句的主语和构式标记词。只有这两个“我”的稳定，才能使构式的结构定型，构式义浮现。

如果模标“我”被调换了，构式也不能够成立，那就成为另外一种修辞用法了。比如：

（129）我们实践，我们快乐。大学生实践创新自我评价。

（130）文明格言：你动手，我动手，添砖加瓦建社区。

（131）我单身，你单身，他单身，她也单身！

这里的例子已经失去了“我A，我B”构式的初衷：宣传、鼓动，吸引眼球。例（129）模标“我”被调换成为复数“我们”后，重在陈述事实，带有一些收获的喜悦，没有炫耀之意了。例（130）里有一个模标“我”被调换成为第二人称“你”，句子也就成为一个单纯的宣传性的顺口溜了。例（131）模标“我”则被调换成为四种人称代词，句子也就成为一种情况说明了。

模标“我A，我B”如果中间添加连接词或者系词“是”，那么它将被破坏，构式也就随之解体了。比如：

（132）我也乐意，我也开心。

（133）我很开心，我很满足了。

（134）我很穷，但我很快乐。

这里，例（132）模标“我A，我B”与填充词之间添加了副词“也”，属叠用形式，强调的是两件事情的并列，而不是夸耀式的自我感觉。例（133）添加了副词“很”和语气助词“了”，表示的是一种已经出现了的情感状态，是一种事实陈述，而不是一种口号式的夸耀。例（134）除了添加副词“很”，还使用了连词“但”，表示转折，更说明这是一种事实陈述。

（2）填充词A，B。填充词是构式成形的砖和瓦，没有它们，构式就只是一个空架子。构式“我A，我B”对填充词设置的门槛很高，并不是所有词语都能够有进入的机会。

语料显示，进入构式“我A，我B”的词语在词性上，多为形容词、动词，其次是名词，如“我单身我贵族我舒服我得劲儿”。在结构上，一般只能是光杆词，词组、短语都被排除，如“我单身我贵族气质”“我单身狗我乐意”就不能算作构式“我A，我B”了；在词义上，一般是褒义词，其次是中性词，偶有贬义词，如“我单身我活该”，但这是在网络播出的搞笑视频，不是真正的贬义。可见，虽然构式“我A，我B”具有很强的能产性，能够及时反映不断变化的生活现象，但也表现出它对于填充词严格的句法限制。

第一，褒义的光杆词。语料显示，在构式“我A，我B”中出现频率比较高的具有褒义的光杆词有：①动词，如运动、劳动、学习、创新、成长等；②名词，如青春、雄心；③形容词数量最多，既有表示美好的性质、状态、特征的，如幸福、健康、阳光、光荣、自豪等，也有表示欠佳的性质、状态、特征的，如忧郁、悲伤、痛苦等。比如：

（135）“我自豪！我骄傲！我雄心，我立志，愿国强，愿国昌，愿国盛，愿国富！明日之众望，明日之期盼；我们担之，我们实现。”这是大学生观众发自内心的呐喊。

（136）当我沉浸在想象里，沉浸在那个只属于我自己的世界里，我激动，我快乐，我忧郁，我苦恼，我悲伤，我痛苦，当然我也思考。

例（135）表示的是大学生立志报国的誓言，真诚而有气魄，所以必须使用“我 A，我 B”构式，才能配得上这气魄，才能显得出这伟大的气势。而例（136）是一个作家在表现自己的创作状态和过程，因为创作是一个精骛八极、心游万仞的心理活动，作家在想象的世界里，各种思绪和情感交织、重叠，自然会形成这样的情感图景，也丰富构式“我 A，我 B”的表现力。

第二，核心填充词“快乐”。据统计，形容词“快乐”是构式“我 A，我 B”里出现频率最高的词，构式里几乎每一个句子里都有它的身影，或者只要有它的出现，构式几乎就可以成立了，而如果缺少它，则构式虽然成立，但是表现力则大为逊色。比如：

（137）我读书我快乐。

（138）我成长，我进步，我快乐。

（139）我健康，我快乐，我成长。

（140）我阳光，我创造，我快乐。

（141）我青春，我精彩，我奋斗，我快乐。

例（137）至例（141）中，每一个句子都有核心词“快乐”，不论是以动词起首的例（137）和例（138），还是以形容词起首的例（139）和例（140），抑或是以名词起首的例（141），即使是含有复杂情感的例（136），也得有“快乐”来压舱。

第三，汉语的韵律要求。汉语在构词和成句时，往往讲求词句的韵律和谐，比如造词时一般以双音节为标准音步，以三音节为超音步，按照这种韵律节奏构成的词，既经济省力，又稳固自然。在造句上，韵律则经历了四字格、五言诗和七言诗的格式。构式“我 A，我 B”里的两个单独部分，两两相对，既符合汉语造词的韵律节奏，又体现了汉语文化中的耦合思维特征。比如：

（142）我参与，我快乐。全校运动会。

（143）我安全，我成长，我快乐。安全教育主题。

（144）我安全，我健康，我成长，我快乐。青春期关于“爱情”等敏感问题的讲座。

例（142）是构式“我A，我B”的标准格式，是一个二元对称结构，充满自豪感。例（143）是一个三段论式（“我A，我B，我C”）结构，其中，前面两项是原因，第三项是结果（“快乐”），意思完整，理由透彻。例（144）是一个复式二元对称（“我A，我B，我C，我D”）结构，是“原因+结果”的重复，突出了讲座的主题内容。尚未发现四元以上（“我A，我B，我C，我D，……”）的结构。

（145）我勤劳我勤奋我骄傲我自豪。我见天儿更新!!

这个同义组合句子是豪华的复式二元对称结构式。其中，四个填充词全是形容词，且两两同义，不用逗号，表情丰满。

（146）我乐意！我乐意！

（147）我阳光我快乐我阳光我快乐。

这两个例子是一种别样的重复，也很有表现力。例（146）是同一个词的重复，显示决绝坚定。例（147）是同一个结构的重复，显得自信和满足。

第四，“大模标”概念。通过对语料观察，可以发现，当按照构式“我A，我B”构成的某一个句子出现频率高，逐渐定型的时候，它的分句会保持自己的形式，而在不同的句子和场合里只是变换一下位置，成为构式的合格成分。这样的情况我们称为“大模标”格式。如“我劳动 我光荣 我快乐”就是一个大模标，即使它们变换一下位置，或者其中添加一些新的分句，构式依然成立。比如：

（148）我劳动　我光荣　我快乐

（149）我劳动　我快乐　我光荣

（150）我劳动　我光荣　我阅读　我快乐

（151）我劳动　我光荣　我参与　我快乐

（152）我劳动　我光荣　我运动　我快乐

（153）我劳动　我光荣　我奉献　我快乐

（154）我劳动　我光荣　我快乐　我幸福

（155）我劳动　我光荣　我分享　我快乐

例（148）至例（155）都是在网络上搜集到的，虽然被用于不同的场合，但是都符合构式“我A，我B”的句法要求，都是成立的。如以“我创新”为大模标的情况下，则有“我创新，我成功”“我创新，我快乐”“我创新，我自豪”“我勇敢，我创新！”“我建构，我创新，我成长”“我创新，我快乐，我强大！”“我勤奋，我自豪！我创新，我快乐”等。

二、获义过程

根据构式语法原理，构式义的浮现是构式整体自身产生的。构式作为形式-意义配对体，它的重心不在其构成成分的指称意义上，不是其构成成分意义之和，而在于它所表达的抽象格式意义及其蕴含的说话人的态度、情感或评价，正如Goldberg所言："构式本身具有意义，该意义独立于句子中的词语而存在。"（Goldberg，2007：1）在《运作中的构式：语言概括的本质》一书中，Goldberg分析说：双及物构式不是及物动词句型，而是由不及物动词构成的新的论元结构，其构式义是"X致使Y收到Z"→ Subj＋V＋Obj＋Obj_2。而她给出的例证是：Pat faxed Bill the letter（帕特传真给比尔一封信）。这个构式义就不是各个构成成分意义的简单相加，而是从它们所呈现出来的整个构式里抽象而来的整体意义。

构式义的获得也是如此。分析表明，构式"我A，我B"多用于文章、活动、广告等方面的标题，因此其构式义可归纳为：通过对构式成分所呈现的状态的说明，传达重要观念，表达提示、鼓动、激励和鞭策之义。比如：

（156）"我践行，我快乐，我成长。"参加实践活动。

（157）"我参与，我体验，我成长，我快乐。"争当劳动小能手。

（158）"我实践，我思考，我创新，我快乐。"校园科技节为主题。

这里的三个例子表明，构式"我A，我B"多用于积极向上的活动和场合，它们都具有构式义的特征，都在传达重要观念，表达提示、鼓动、激励和鞭策之义。

（一）构式义的获义基础

按照构式语法理论，构式义虽然不是各个构成成分意义的简单相加，而是其整体意义，那么，作为构式成立的外在要素的构成成分及其相互关系就成为构式义获取的基础。构式"我A，我B"＝"我A"＋"我B"显然是一种无连接手段的并列复句，因此，并列框架结构就是它获取意义的基础。

所谓并列关系，是指两种或两种以上的事物并排平列，不分主次。如"文化景观与自然景观""曹雪芹与吴承恩""武汉、长沙与南京"。根据传统语法，并列关系之间存在"顺承、递进、因果、并列、转折"等语义关系，它们成为构式"我A，我B"构式义的获义基础。也就是说，在构式"我A，我B"的丰富表达里，如果只是宏观上划分出它是并列结构意义，并不能恰当地析出其构式义的细微内涵，也无力证明构式“我 A，我 B”的活力。

第一，顺承。即顺接。在语言中，是指两个及两个以上分句逻辑事理上先后相承，完成交际。如“我参与，我进步”“我参与，我收获”“我参与，我体验，我快乐”。

第二，递进。是指在意义上上进一层。如“小积分大能量！我快乐，我成长！”“我风度我信赖”。

第三，因果。是指原因和结果及其相互关系。如“我拼搏，我努力，我自豪。花季少年用美丽装扮靓丽青春”“运动标语：我参与，我锻炼，我健康，我快乐”。这是因为付出了，所以会有收获。但构式里不能添加连词，如“我创新所以我生存”里添加了连词“所以”，就不成立了。而英语中需要连词，如“我单身我贵族”被译为“I'm single，and I am noble”。因为按照英语语法规范，这个连词不能省略。

第四，并列。是指两个及两个以上的事物不相上下，不分先后，不相伯仲，如“公共生活靠大家：我参与我奉献”“我参与，我成长，我分享，我快乐——记小学生‘分享快乐’活动”。

第五，转折。是指语意由一个方向转向另一个方向。如“我狂，我青春。库落梅辛的连载都市小说”“一位大龄剩女的心声：我单身我乐意，你们凭什么指责我?”“《我贫穷我快乐》。李异鸣的图书”“我单身我骄傲，我为祖国省塑料”。

按照对称原理，意义上并列的两个成分最容易构成对称，即对仗、对偶。在辞章学上，刘勰称“反对”为上品，即“言对为易，事对为难，反对为优，正对为劣。”（《文心雕龙·丽辞》）如“你单身我单身不如咱俩去结婚”。

（二）构式义的浮现机制

上述分析只是说明了构式“我 A，我 B”的构式义与并列结构之间的语义关系，但构式的整体意义的浮现还受制于两个条件：结构提炼上的句法限制与语义抽象上的构式压制。如在生活里，危险与安全、危急与平安、危机与平稳是对立的，难以相容的。但是，由于成语四字格的压制，就形成了成语“转危为安”。类似的还有“起死回生”“反败为胜”等。

第一，结构提炼上的句法限制。我们知道，在构式“我 A，我 B”里，首先，最严格的句法限制是：模标“我，我”是必须固定不变的，否则，就失去了构式基石。如“那时的兴隆庄矿，我们很穷，但我们很快乐!”，必须改为“我穷，我快乐”方能成立。其次，是填充词的限制。构式“我A，我B”里的填充词一般限制为形容词、动词、名词等，其中最大的限制是这些填充词必须是光杆形式，也就是说，它们必须剪除自己原有的语法特征和语法功能：形容词不能添加副词，不论是程度副词，还是方式副词；动词不能添加时、式、态；及物动词不能带宾语；名词不能变为复数，而且多是抽象名词。比如：

(159) 我运动，我成长！

(160) 我参与，我安全，我成长，我快乐。

(161) 我信赖，我使用，我推荐！我为艺术玻璃代言。

例(159)不及物动词是光杆形式，剪除了原有的语法附件。例(160)的形容词也没有带修饰的副词或表示判断的系动词“是”。例(159)中及物动词既没有带宾语，也没有添加语法附件。它们受到构式“我A，我B”的句法限制，干净利落，成为构式成立的必要成分。

最后，如果改变句型，构式“我A，我B”也不能成立，因为它只能是陈述句。比如：

(162) 我伤心，我悲伤。

(163) 我爱着，我悲伤。

(164) 我悲伤啊，我痛苦。

(165) 我舞蹈，因为我悲伤。

(166) 我快乐吗？我悲伤吗??

例(162)是构式“我A，我B”的标准格式，即最简陈述句，没有多余的成分，而例(163)虽然是陈述句，但是第一个句子里有时态助词“着”，不能归入此构式。例(164)同理，其第一部分为感叹句。例(165)同理，其第二部分开头有连词“因为”。例(166)同理，前后句子同为疑问句。可见，构式“我A，我B”有着严格的句法限制。只有这样的紧缩的并列小句形式，才能保证构式义的完整浮现，成为构式义的外在标志和语义承载物。

第二，语义抽象上的构式压制。标语口号、文章标题、读书心得、讲座题目、广告用语和公益活动主题，一般需显得高大上，大气、美好，充满正能量，促人上进，虽然也有一些作文、日记和读书心得体会里出现了表达负面情感的词语，但是依然蕴含了快乐的成分。比如：

(167) 我忧伤，我快乐。我习惯用书写来表达自己。

(168) 我痛苦，我感伤，我站在布满往事和身影的生命河流旁。

（169）我单身，我贵族，我快乐。

在模标固定的情况下，语义的构式压制主要体现在对填充词的选择上。比如：

（170）我思考，我生活。

（171）我阅读，我思考。

（172）我思考，我存在。

（173）我思考，我痛苦。

（174）我思考，我感动。

例（170）至例（174）以“我思考”为大模标，选取的填充词都是意思相近，且色彩正向的动词，多侧面地表现了“思考”的重要性。但是，与例（172）相比较，像“我思故我在”“我创新，故我在（创新思维课让我受益匪浅）”这样的结构，如果压制成“我思，我在”就具有相应的构式义，可以归入构式“我A，我B”了。

第三，模标“我”的意义泛化。语料显示，模标“我”除了用于表露个人心迹的文章、视频之外，在标语口号、集体活动与广告词里，由于构式压制，其意义一般泛化，表示在场的相关人群，或不在场的潜在人群，以体现构式“我A，我B”的构式义，形成模标“我”的结构张力——形式上的唯一性与意义上的群体性。比如：

（175）我参与我奉献我快乐。

（176）我风度，我信赖。商品品牌信赖度调查。

（177）我参与，我服务，我幸福。志愿活动。

（178）我健康、我阳光、我快乐、我成长。振兴乡村幼儿教育。

每一个例子都对应一个群体活动，都面向数量不等的人群，导致模标“我”意义的泛化，表达提示、鼓动和号召的构式义。例（175）是演讲稿的标题，面向的是一群听众，而不是某一个人，即“我参与，我热爱”。例（176）面向的是不在场的潜在人群，商品的购买者和使用者。例（177）是对志愿者的动员报告，面向的是在场的众人。例（178）是乡村幼儿教育的振兴计划，面向的也不只个别人或少数人。

上述例子证明了模标“我”在构式义浮现过程中的重要作用：它虽然面对或面向的是众人，如果将“我”扩展为“我们”，那么表面上虽然包括了众人，而实际上却失去了模标“我”所含有的号召人人行动起来的鼓动作用。作为一种“号召”，应该努力把号召里所包含的观念落实到每一个人，而“我”作为第一人称叙事方式，有拉近交际双方的距离，使交际更具真实感、亲切感和亲和力，更容易使每一个人都能够感觉到每一个“我”的责任和分量，这种号召就能够起到很好的效果。比如：

(179) 我健康，我成长，我快乐。

(180) 我喜欢我信赖我相信。

(181) 我创新、我改善、我骄傲。

上述每一个例子都让人觉得只是针对自身而言的。因为，“我们健康、我们成长、我们快乐”按照常理是一种大众化表达，在心理距离上似乎不如“我健康、我成长、我快乐”更让人上心和关切。

当模标“我”被听众和读者感同身受的时候，这时的任何填充词所表示的行为、计划和目标都会很快被理解、接受和实施。比如：

(182) 我美丽我信赖。年度化妆品品牌信赖度调查评选活动。

(183) 我居家，我成长，我快乐。抗击疫情。

(184) 我创新，我快乐，我强大！

在模标“我”旁填充的每一个词都那么动人心弦，如例（182）的因美丽而信赖。例（183）的居家带来成长、快乐。例（184）的由创新引发的快乐和强大。

第四，填充词的意义收缩。填充词是构式成立的重要构件。一个构式如果缺少填充词，那么它就只剩下“模标”这个空壳，构式义也无法凭空而出。但是由于构式的压制，填充词不能原生态地走进构式，它必须有所改变，适当地“削足适履”，才能成为构式不可或缺的部分。在构式“我A，我B”中，填充词一般都需要一些改变，不以原来的原型句法功能进入构式，或者说进入构式后，原来的原型句法功能被抑制，而被赋予了新的句法功能，如动词原来的行为功能、形容词原来的性质功能和名词原来的事件功能都由于构式的压制而获得表示状态的句法功能，并由此与模标一起促成了构式义的形成。比如：

(185) 巾帼脱贫先锋赵世红：我勤奋，我脱贫，我自豪。

(186) 我运动，我健康，我快乐，我阳光。亲子趣味运动会。

(187) 我青春，我完美。青春期教育。

这里的动词、名词、形容词都做了适当的改变，以适应构式的要求。例（185）的动词“脱贫”是实现乡村振兴、奔向小康的重要步骤，巾帼脱贫先锋赵世红不仅自己勤奋脱贫，还带领群众一起成功脱贫。从事实上看，这里的“脱贫”已由一个计划、行为、行动转变成为一种生活状态了，而从构式压制后的句法功能看，它是“摆脱贫穷”的缩略词，充当动词，却失去了动词的句法功能，获取了指称状态的名词性功能。虽然“脱贫”也用作名词，如“制定和落实脱贫方案”。例（185）的形容词“勤奋”和“自豪”也适度做了改变，如不带修饰性的副词、起连接用的连词、不强调事物的性质等，在构式里也只是呈现所表示的状态，也就是说，它们不表示“我很勤奋，我是勤奋的”“我很自豪，我是自豪的”，而只是表示“我”目前的状态。例（186）同理。例（187）的“青春”是抽象名词，则有着自己的特点，如不带修饰语、没有数量区别、直接呈现事物的状态等。意思是：我目前正处于青春期，我很完美，也必须完美。由此增加构式义的浮现和整个构式的宣传效果。

三、语用表现

我们知道，构式“我A，我B”是具有鼓动、宣告、号召意义的语言单位，它以对应、对等、平衡等对称性质的本质属性，是让人感到优美、庄重、比例与和谐，这种语言构式，非常适合于用作标题和标语口号。比如：

（188）我读书、我实践、我快乐、我成长。就业指导中心。

（189）创客：我进取，我创新，我成才。

（190）我实践、我创新、我快乐。科技节主题。

上述每一个例子都以其形式的对称或意义的完整而具有鼓动效果。例（188）作为就业指导中心需要鼓励学生学以致用，在实践中成长，通过读书获得知识，知行合一，找到求学的快乐和生活的快乐。例（189）作为创客，创新是首要任务，只有具有了进取的意识和劲头，创新才会落实在行动上，才能成才。例（190）作为科技节活动，需要鼓励更多人的参与，或者说鼓励大家积极实践，通过实践检验自己，并获得快乐。

构式“我A，我B”具有自己使用的特定语境，显示其独特的语用效果。根据语料分析，它经常用于标语口号文章标题、讲座题目、广告用语、公益活动主题，以及作文、日记和读书心得体会里。我们略举几例。

（一）用于标语口号

标语口号的特点是面向广泛的大众，或者特定的人群，因此必须简洁、明快，朗朗上口，具有生动性和感染力。构式“我A，我B”正好具备这些特点。比如：

（191）我运动、我健康、我快乐、我长寿。北京市民健身乐园活动口号。

（192）我自信、我快乐、我成长、我适应。新生心理拓展训练口号。

(193) 我实践，我体验，我成长，我快乐。中学生社会实践活动动员。

这些口号都很好地显示了标语口号的基本特点。例(191)是面向北京市全体市民的，所以“我运动”之后有“健康”“快乐”“长寿”三个吸引人的词语，分别概括不同的人群，鼓励每一个人都来参与，具有感染力和吸引力。例(192)很好地抓住了大学新生的心理，这个口号既是一个目标，又是需要达到的状态。例(193)点明了社会实践的本质，前面两个动词表明实践的过程，只有经历这些过程，才能收获成长和快乐。

(二) 用于文章标题，讲座题目

由于标题的特点是面对特定的观众或听众，所以应该知道他们的喜好，懂得他们的心理，有针对性，符合他们的接受能力和审美期待。构式“我A，我B”正好符合这些要求，可以广泛用作文章、讲座、公益活动、公众号、视频制作、读书心得、影视观后感等方面的标题。比如：

(194) 第八届大学生创新创业成果展示交流会主题“我创新 我分享”。

(195)《我梦想，我奋斗，我奔向》。一部创意微电影的标题。

(196) 我安全，我快乐，我健康，我成长。小学生安全教育专题。

(197) 电影《厉害了我的国》观后感：我自豪我骄傲我奋斗。

(198) 我劳动我快乐 我坚守我成长。成都市双流新闻中心官方账号：劳动者最美丽。

这些标题很有针对性。例(194)是针对交流会的标题，主讲的人介绍创新的成果，参与的人分享他们成功的喜悦。例(195)针对创意微电影，内容是致敬改革开放四十年，标题很好地显示了四十年来中国人民从编织梦想、追逐梦想，艰苦奋斗、团结奋斗，到共同奔向美好未来的改革历程。例(196)针对的是小学生安全教育，标题恰当地点明了主题：安全才能快乐，健康才能茁壮成长。例(197)针对的是电影观后感，标题很好地说明作者通过观看《厉害了我的国》，了解了我们伟大祖国的新成果、新变化后，由衷地为祖国的突飞猛进、日新月异、蒸蒸日上而自豪，也为自己作为其中的一分子而感到骄傲。例(198)是对劳动的讴歌和倡导，标题告诉人们劳动是快乐的，劳动果实是甜美的，但是劳动也是一个长期坚持的过程，坚持即是胜利。

（三）用于广告宣传

广告的目的是广而告之，以推广产品，招揽顾客，招引商机，吸引投资，因此十分注意措辞的健康，格调的高雅。构式“我A，我B”正好十分符合这些因素，实现广告的目的。比如：

（199）平面广告作品主题：我成长我快乐。

（200）我拍我秀我践行。公益广告随手拍。

（201）我阅读，我快乐，我成长！喜马拉雅FM。

（202）我喜欢，我购买。D90PRO完美诠释硬派越野车。

这些例子都具有广告的特质。例（199）用于小朋友们开展活动，如“六一”儿童节制作绘画、视频等作品。例（200）用于鼓励人们走出家门，拍摄一路上的美好风景、好人好事，也积极曝光不好的行为。例（201）这则广告是把自己作为一个高颜值的专业的音频分享平台广而告之，以吸引听众。例（202）是上汽大通公司推介自己的新车而做的宣传，以激起客户的越野之心，进而购买它。

四、小结

构式“我A，我B”是一个有活力的新兴构式，体现了喜悦类情感构式的主要特点。在形式上，以“我”为模标，成为构式的结构标记；在构式的构成上，以光杆形容词、动词、名词为填充词，通过构式压制，使其不能附带原有的修饰语或连接手段；在意义上，将并列结构作为原有的基本语义关系，并以顺承、递进、因果、联合、转折等为基础，通过句法限制和语义机制的制约，形成表达号召、鼓动和激励意义的构式义；在语用环境上，通过语境依赖，一般用于标语口号、文章标题、讲座题目、广告用语、公益活动主题，以及作文、日记和读书心得体会里，也就是说，只有在上述特定的语境里，构式义才会被激活，构式才能成立。由于它在喜悦类情感范畴序列里不是典型情感，而是处于边缘位置，因此，本书将其视作非典型个案。

第四章　愤怒类情感构式考察

第一节　愤怒类情感与愤怒类情感构式

一、愤怒类情感及其表达

所谓愤怒类情感，实际上就是指说话人的愿望或者意愿得不到满足，而引起的一种紧张、不愉快的情感。这种情感的重心在“怒”上，它指生气、气愤或盛大，如恼怒、怒潮、山花怒放。“愤”因不满而忿怒或怨恨。典型的愤怒类情感有愤恨、愤懑、愤慨、愤激、震怒、大怒、生气、盛怒、怫郁、发怒、气愤等。无论是否典型，只要具备与以上各类词语所描绘的相同或相近的情感，那么我们都可以把它们视为愤怒类情感。一方面，愤怒类情感所要表达的是一种消极意义的情感，更多地表现为横眉冷对、怒目而视等让人暂时失控的情感。另一方面，愤怒类情感的主要承受者会感到异常的难受，并且愤怒类情感的传染力会非常大，不仅对愤怒的人本身而言，也会波及与他要好或亲近的朋友。因此，最好用间接手段来表达愤怒的情感，比如启用愤怒类情感构式：

(1) 你这个进化不完全的生命体，基因突变的外星人，幼儿园程度的高中生，先天的青蛙头。

(2) 我讲英语的时候你还没有出世呢！我过的桥也比你走的路长。你给我滚，免得我看见你生气！

(3) 贺世贤接到来信，没有拆开，也没有看，便撕了，并且大骂不止，将送信人也当场杀了。

在例（1）中，故事的主人公曹冷元以一连串的谩骂排比句，对受事人江任保的所作所为表达了一种极度不满和愤怒，显然是一种怒火的宣泄。无论是愤怒的发出者，还是愤怒的承担者，都同样感受到了他们对事件的选择和立场，因为例（1）中原文末尾的话是：“反正横竖一句话：别让我再看见你，要是见着了你，我一定要把你灭了。”在例（2）中，“你给我滚”很明显是一个偏于表达愤怒情感的构式“你给我 X”，它表达了老师对宋查理在课堂上纠正自己的英语错误的极端不满，最后不欢而散。例（3）里的一连串细节，细致地描写了主人公贺世贤心中怒火的逐步升级，最后愤怒至极，不顾战争礼节，将来使给杀了。

可见，愤怒是一种常见的人类情感，其表达手段十分丰富，有语言手段，也有身体动作，而语言构式是这些手段的集中表现，既可以描写，更宜于表达。

二、愤怒类情感构式及其表达特点

通过第一章对四大类情感构式的简单梳理得出，愤怒类情感构式多半是由固定或半固定的模标所组成，而模标所使用的词语或小句，一般具有消极或贬抑色彩，通过对愤怒情绪宣泄的细节描写和话语记录，最终形成完整的表达愤怒含义的构式义。比如：

（4）“放你妈的屁！”前面那个后生已经破口了。“把嘴放干净！骂谁哩？”加林浑身的肌肉绷紧了。

（5）老赖，你再不还钱，你不仅失信，还会失去整个人生！更会祸害到你的后代！

（6）依娜恨得脸都变形了，“你怎么还有心情喝酒?!”文浩突然吼道：“你不要管我行不行?!”

例（4）所使用的语言，侮辱性极强，粗俗污秽，不堪入耳，由愤怒演变成为一种咒骂，使对方气得肌肉绷紧。例（5）是用威胁的言语表达说话人对拖欠农民工工资行为的愤慨。例（6）是一种反问句的形式，鲜明地表现出了对话双方的愤怒程度：恨得脸都变形→突然吼起来。这里的三例都是用普通的句子对愤怒情感的精确表达，只有“放你妈的屁”可以被视为一种典型的愤怒构式“放 X 屁”。

由此可见，任何情感的产生与发展、表达与承受，都不只是单方的行为，更是一个由说话人和听话人双方协同完成的交际连续统（continuum）。在情感性质上，喜悦类和愤怒类构式是由交际双方的情感共鸣互相影响的，在构式使用上，我们要区分的是构式所要表达的情感和构式所具有的构式义本身之间的差距。如我们可以在构式的模标中放入一些特殊的词汇，如“点名批评”“极端鄙视”“恶语相向”等，而这些词语的情感含义非常微妙，并不一定是表达愤怒语义。比如：

（7）王士范毫不客气地在会上点名批评得女儿泪水滚滚。

(8)《科技日报·经济特刊》敢讲真话，点名批评，勇气可嘉！

这里，例（7）里的“点名批评”是消极行为，而例（8）里的却含有褒奖色彩。

再比如“我批评他的所作所为”，其中“批评”这个动作所指向的人物是“我”而非“他”。所以说，第一人称“我”具有高度的主观性，对于情感的判定和表达也多取决于其心理刺激的状态激活。因此，“批评”本身并不会带来愤怒义，而必须借助主观评价才能做到。这就可以证明，任何词语进入特定的构式后，会使构式产生以某种情感为主的不同的构式义，愤怒类构式亦是如此。如“你这么做像什么话!”，该构式的说话人和听话人都是一种消极的态度在处理彼此的矛盾，这就是一种非常典型的愤怒类构式义。在汉语中除了“把字句”，还有“被字句”这种受事主语句，虽然大多被字句都具有“遭受”“忍受”“接受”的含义，但是是多义的，不能简单地断定具有愤怒义。此外，无论中文还是英文，从形式或意义来划分构式的类型时，可以确定的是，并不是所有的构式都具有情感义，因为必须具备主观情感的表达并用于相应的情感语境才行。

三、愤怒类情感构式的类型

由前面两节我们基本梳理了愤怒类情感的主要表达形式，那么它的情感含义如何体现和表达，将是我们本节所要探讨的重点。其实，最为直观的情感表达来自人的面部表情，从广义上来说也包含肢体语言，而语言的使用则成为人们表达自身情感的重要手段。相比肢体语言来说，人们更愿意根据面部表情去分析情感的流露，例如喜悦的面部表情：嘴角微微上扬、眼睛弯成了月亮。愤怒的面部表情：满脸通红、怒目圆睁、睚眦迸裂。悲伤无助的面部表情：五官都皱在了一起、眼里饱含泪水。惊恐的面部表情：嘴巴张大成了“O”字形、身体紧绷往后倾斜退缩。语言的巧妙运用，是各类情感意义表达的关键方式。愤怒类情感构式就是传递愤怒情感的最好方式之一。本章所涉及的愤怒类情感构式在模槽的语料选择上，也采用由小到大的顺序依次独立分割开来，最终形成系统的整合。

下面，我们由小到大，由表及里地分析和梳理愤怒类情感构式的模槽选择，从最小的语素词素入手，直到厘清全部的句法结构。

（一）愤怒类构式的语素词素要求

愤怒义是如何从语素和词素中体现出来的呢？这就要看愤怒义分布在实词和虚词中的比例来具体说明了。例如在实词中，我们多借助名词、动词、形容词，以及语气词来表达愤怒义。正如上节所说的，愤怒义的体现不能仅仅依靠语素或词素原本的含义来理解。情感的语言表达本来就是一个错综复杂的连续统，内涵和外延的差别很大。情感范畴的划分也进一步弱化了我们对构式词素选取中的客观张力，使其更具有主观性。比如：

(9) 他愤然说："这人怎好用"，就把这名纸撕了，掷在地。

(10)"嗨，得啦，"那个人生气地说，"这次又是你吗?"

(11) 他开始对儿子吼叫："你这个笨蛋，什么时候能不干这种让人笑话的蠢事。"

例（9）使用了形容词，并用暗含愤怒意思的"撕"和"掷"两个动词，证实其愤怒。例（10）语气结构"得啦"，表示生气和不耐烦。例（11）中的消极和责骂词语"笨蛋"在吼叫的背景下，更突出了爱子心切的责骂和怒其不争的愤怒。这些词语把说话人的愤怒情绪表现得淋漓尽致。

愤怒类构式的情感含义也不单单只能通过词素或语素来传达，我们同样也可以运用映射来隐喻和转喻它们。比如：

(12) 他是一条咬人的狗！吃人的狼！喝人血的恶鬼！早该下地狱的魔王！

这里的名词都是隐喻映射，其中，"X 鬼"是一个很有趣的短构式，不同的前缀或后缀也会影响它的情感界定。从词典的释义看，"鬼"是指迷信的人所说的人死后的灵魂，转指有不良嗜好或行为的人（含厌恶意）。可以映射出含有愤怒情感的名词，如"馋鬼""小气鬼""酒鬼""恶（饿）鬼""吸血鬼"等，以上名词都可以表达一些咒骂的愤怒义。还可以用一些比较极端的动词和形容词来表达愤怒含义，如怒目（而视）、横眉（冷对）、勃然（变色）等，还能够以"傻不拉叽""黑不溜秋"等词表达一丝不喜爱之情。

从愤怒类构式的句法结构来看，虽然我们研究发现一些特定的句式具有明显的愤怒义，但是无法涵盖所有的构式义。因此，我们会按照所捕捉到的构式例句的数量来具体把握。由于这种表达式已经触及此类构式的盲区，本书只能按照积累的经验和所搜集到的例句及不完全归纳法来定夺。要划分此类构式是否具有典型的专项情感构式义，我们将进行以下裁定：一般来说高于百分之七十的，我们可以把它定位为典型的愤怒义构式；其余不到百分之三十的且不仅仅表达单一愤怒情感的构式，我们可以把它归咎于复合类情感构式中去。一些相似或相对的情感，我们可以采取添加否定词的形式来表达积极或消极的情感。比如：

(13) 许多父母和教师并没有意识到这是情绪障碍的表现，反而以为是孩子不听话、与自己作对。

(14) 他只要有人敢来兴师问罪，你们只管给我狠狠地打，打得连他妈都不认识。

通过前文所述，我们可以根据词素对（13）（14）两例进行较为容易且直观的判断。因为在例（13）中我们直接使用否定词“不”来修饰具有积极义的词语，来表达父母和子女之间的互相不满和愤懑，从一个侧面证明了愤怒是双方情感波动的结果。并且情感意义都直接来源于模槽词语原本的字面义，区分和识别起来更加容易。例（14）中除了用否定词“不”，还加入了强调语气的“就是”，使得原本否定消极的语气更加强烈，因而愤怒义就更加凸显出来。

不过并非所有的构式都是如此的直白，有很多的构式不能单独从使用的模槽语素中直接得出情感含义，而需要依赖语境。我们在日常生活中可能经常使用，但是这些口语不容易被记录下来，因而很少有研究者会涉猎。此类构式具有较强的不可推导性，特别是一些实体性较强的成语习语，根本无法通过肉眼来判断，可以直接从形式排列和语序方面直接断定其具有很强的愤怒意义，如X看X、真是X、X呀、美得X等。本章详细研判的构式：整(个)一个X、好你个X等，也属于此类构式。由此可见，此类构式的模标中往往会选取具有愤怒情感的词素来填充，如“你X什么X”，模槽则必须由表示消极评价意义的词语填充。那么这种构式是如何产生和发展的呢？这一切都离不开人们在日常生活中的使用频率。比如：

(15) 这剧整个一个四不像，偏要copy美剧的扯样，演员又没那气派。

(16) 戴蓬莱怒道：“好你个姓花的，上次让你赚了便宜，这次又想来趁火打劫，真是白日做梦。”

在例（15）中，“整个一个四不像”是一种轻蔑不懈的消极评价，表达对人们追捧偶像剧的一种不满。例（16）中“好你个X”所使用的是一种愤怒的挖苦和讽刺。以上的众多语言结构类型都包含愤怒类情感，而许多类似于习语的固定格式也成为我们进一步研究的突破口。

(二) 愤怒类情感构式的表达特点

首先，本书绝大多数案例，都取材于人们在网络或是书面或是口语中的语言表达，具有极强的口语性，因此，我们可以按照人们平常使用的频率来划分什么是典型构式，什么是复合型构式。在人们不断使用此类语言表达的同时，会具备一些流行语的特点，频次的增减也导致人们对于这些固化结构的不断揣摩，进而形成一些拥有特定格式的词、词组和句型。由于此类构式的含义不是各个部分的简单相加，大多具有很强的引申义，并且不能从字面含义推测出来。此类构式的表现形式往往依赖跳跃的音节和协调的韵律，生动形象，言简意赅，给人留下深刻印象。如“你这个 NP”“（瞧）你那 X 样”“X 什么 X”和“一群 NP”等。这些有趣的结构，由于人们使用频率的逐渐提高，而且结构和语义相对统一，只要不做过大的变动，不会对构式的话语功能产生根本影响。当然，还有少量一部分构式必须在特定的语境才能成立，如“我叫（让）你 X”，这就说明构式也具有一定的语境依赖性。

（17）一直以来让你受累了，我将要离开，希望你一切都好。

（18）“我让你叫！”一口气给了他十几棍子。

在例（17）中，主人公“我”在自觉羞愧难当的情况下，对父亲说了伤心无助的言语，由于父亲对自己的期望值很高，我的所作所为使父亲蒙羞，表达的是一种内疚和自责，而不是愤怒的含义。而在例（18）中，“我”和“你”分别作为动作的发出者和受事者，并配合用棍棒击打等动作，表示一种不满、责备和愤怒的情绪。

其次，除了上面列举的一些典型构式之外，我们陆续对那些具有固定的结构和明确的语用特征的语法结构，进行构式划分，能够表达人们对特定事物的愤怒类评价和态度，我们把此类结构归为具有愤怒含义的愤怒类情感构式中去。人们在实际的日常交流中，虽然有不同的语言环境，但是根据前文所提到的语境依赖性和固定的语法结构，只要稍加分析，就能立即分辨出这就是愤怒类情感构式，因此，它们所具有的构式义就不言而喻了。比如：

（19）哼，这算什么话？要不是这小子惹出是非，段姐姐绝不会死，事由他起，你竟说跟他无干，简直强词夺理。

例（19）中的“这算什么话”，已经超越了字面意思，是一种转义，表达听话人对说话人这种表达方式的强烈愤慨。那么这些超越了字面含义的固定或半固定的结构，我们就把它当作愤怒类情感构式的一个缩影。

再次，我们在第一章对构式划分的时候就明确提出，所谓的不可推导性也是具有个体差异的。简单来说，就是整体大于部分之和，而且整体语义也不是各个部分的直接加和而成。我们以“不 A 不 B”这个构式为例，该构式的字面意义如果只是简单相加，那么应该理解为“不具备 A 的特征，同时也不具备B的特征”。不过，就人们实际的用例表明，“不男不女”“不干不净”“不三不四”等构式非常直观地体现出说话人对所指事物的消极评价，这就具备了愤怒义的初衷。比如：

(20) 老师经常告诫我们，交朋友要慎重，不要和那些不三不四的人来往。

例（20）中的“不三不四”是我们经常听到和见到的一个成语。出自《水浒传》第七回：“这伙人不三不四，又不肯近前来，莫不要攧洒家。”该成语与数字“三”和“四”并无瓜葛，所取的是其引申义，形容人的品行不好，作风不正派，或是不务正业，因此，含有消极愤怒的情感。

很显然，通过分析得知，这类结构的意义，并不是模标之间意义的简单加和，而是具有很强的不可推导性和语境依赖性。因此，这种典型的构式语境可以说明此类句法结构的独特之处，是一种完全体，无法任意拆分和组合。就比如我们之后所要研究的构式——“好你个X”。

最后，此类结构具有构式的承继性，虽然数量有限，但也足以说明此类构式在句法结构上的特异性。正如例（20）所提到的“不X不Y”构式，“不三不四”能够表达愤怒类的情感义，但是相同句式“不一不二”或“不五不六”，就与我们所要说的构式含义相去甚远。所以说承继性也是有一些特殊要求的，必须在人们长时间的交流和使用中达到最终的稳定，除了几个可变模槽之外，构式本身所要求的搭配是不允许随意更改的。

综上所述，愤怒类情感构式，具有普遍构式的能产性和承继性。我们不光要明确模槽中是否需要愤怒类语义，也要考虑到构式的整体性。此外，相对独立的形式也是我们整理和补足愤怒类情感构式空白的必经之路。在形式固化的同时，此类构式的整体意义是否趋于稳定，也是划分的重要依据，我们将会在今后的观察和研究中不断关注并进一步地研究和挖掘。

第二节　典型个案考察：构式“整个一个X”

“整个一个X”是一种典型的愤怒构式。在形式上，它可以切分为两个部分：“整个”＋“一个X”。在句意上，该构式是一种否定的评价表达，且愤怒义居多。在用法上，该构式多以“整个一个X”的完整构式形式出现。在语用倾向上，该构式主要表达一种愤怒的、非称赞性的消极情感。在X位置填充词的选择上，多要求与该构式语用情态相吻合并含有愤怒的、非称赞性的消极词语。根据北大语料库106条“整个一个X”构式例子，可见表愤怒义的 X 有 96 个，占比达 90.5%，比如：

(21) 在父母面前老实听话，在爷爷奶奶面前却整个一个“小霸王”，说一不二。

“整个一个 X”的愤怒构式义语用倾向的获得，取决于填充词 X 自身的语义属性，其中有时也表示中性，甚至调侃，比如：

(22)“吃醋了?”“我才不吃醋呢，”我笑着把报纸放下，从床上坐好，“谁像你呀? 整个一个阎锡山的老乡。”

“整个一个 X”结构的构式化过程需要从多个方面观察和说明：“整个一个 X”在形式上的成型梳理；“整个一个 X”构式义的获得过程；“整个一个 X”构式的用法及其表现力。

一、形式变化

“整个一个 X”构式作为一个表达结构，经历了一个成型过程。我们试做这样的切分分析，即“整个”＋“一个”＋“X”。

(一)“整个”的成型情况

“整个”＝整＋个。从词源上看，“整”作为形容词，其词义为“完整，全部在内，没有剩余或残缺”，相当于英语单词 whole，当它用作形容词时，词义为：全部的；整体的；完全的；所有的；或（强调大小或重要性）整个的；完整的；完好无损的。在用法上，它一般不单独使用，依附于名词，且多为量词，如整天、整套、整年，或表示数量的终结，如一年整、十二点整。在成语里可以独立使用，如化整为零。

从词源上看，“个”主要用作量词，一般与没有专用量词的名词搭配，如一个石头、两个生命、三个阶段。

根据北大语料库，“整个”合用始于宋代。“整个”合用后，视其融合程度，用法主要有三种情况。

第一，“整”“个”各自保留一定的意义，融合程度较低。这时，它们仍然是“形＋量”形式的偏正结构。比如：

(23) 你不但手扶地，整个的身子都躺下啦，还有什么话说吗?

(24) 就算官司输了，我也不能甘心情愿输给她整个儿的丈夫。

这类用法多出现在两者组合的早期，尚未成为一个完全的词，在现代汉语中并不常见。

第二，“整”“个”完全融合为一个词，意为“全部（的、地）”“完整（的、地）”。这时，主要起修饰作用和说明作用。如果修饰名词，则用于形容词，意为“全部（的）”“完整（的）”，充当NP的定语。比如：

（25）整个语言就依靠各层单位的聚合关系和组合关系在那里运转。

（26）那种震撼，那种就是，把整个良心翻过来，所以这下他就彻底地好了。

（27）不远的地方就横着大山青黛的脊梁，但对于我们梨花屯的男男女女来说，这仿佛就是整个的人世。

英语里也是如此，如 whole incident、whole board、whole body 等。

第三，如果修饰动词，则用于副词，相当于统括副词“都”，意为“全部（地）”“完整（地）”，充当VP的状语。比如：

（28）可是我还清楚记得，亲爱的，我整个地爱上你，永远迷上你的那一天，那个时刻。

（二）“整个＋数量结构”格式

在现代汉语里，“整（个）”常常与数量结构搭配使用，形成一个极具表现力的短语。但是，它有一个逐步固定的渐进过程。

第一步是“整”＋“数量结构”，比如：

（29）至10月18日，北京保真商城开业整两月。

（30）自1994年夏天出国赴美，作家张洁小别文坛整两年。如今，她又回到了魂牵梦萦的北京故园。

第二步是“整整”＋“数量结构”。这时，“整整”表达“达到一个整数的”“十足的”。在意义上它应该划入形容词，而在语法功能上，有研究者将之归入副词。比如：

（31）一个却仅仅限于考据清楚了某些史实，另一个却向人们揭示出了我国殷周整整一个时代，穷通到了历史发展的规律。

（32）从东到西贯穿了整整一座山，是目前发现的国内最大的石室墓。

（33）自从腾兰二公入灭之后，至汉桓帝建和元年（公元147年）的整整八十年间，印度来华的僧侣，几乎像是绝了迹的一般。

第三步组合成为“整整＋一（个、位）”的形式。这是一个规范的常见用法，限定某个确数。比如：

（34）整整一个深冬，她都躲在自己的充满阳光的房间里，雪花或风沙敲在她的玻璃窗户上。

（35）在过去的三四年中，互联网催生了点击式间谍活动的整整一个行业。

第四步紧缩成为“整个”形式。这时，“整个”表示“全部”之意，划定事物的范围，表示总括。在长期使用中，由一个有偏正短语转化为单个词的发展过程。比如：

作为偏正短语：

(36) 恐怕便宜了主人的钱钞，哄得狄周回头转背，盛两三碗的整面，整盘的肉包，都倾掉在泔水桶内。

(37) 夏兆麟的船还在半路，便已整排儿地站在码头上迎接。

例（36）是明末清初的语料，而例（37）是民国时期的语料。从句子意义可以看出，这时的“整个”还不是表示“全部的”之意的形容词，而是“整＋量词”的表量形式，表总括范围。

作为“整＋量词”的紧缩词：

这时，“整＋量词”结构进一步发展，形成了大量“整＋量词”的紧缩词，“整”还是形容词。可以说，只要是量词，都可以与“整”搭配，构成“整＋量词”紧缩词。如整版、整支、整只、整篇、整片、整部、整把、整卷、整块、整幅、整桶、整间、整箱、整盒、整张、整幅、整排、整本、整颗、整棵、整段等。

作为固定的单个词“整个”：

其中，由于量词“个”的意义和功能是“用于没有专用量词的名词”，量词“个”具有天然的普适性，几乎能够成为所有表示事物的名词的指量单位，因此，“整个”脱颖而出，成为“整＋量词”的紧缩词中最具代表性的语言单位，这可以从北大语料库中的统计里量化出来，也就是说，单词“整个”与其他“整＋量词”的紧缩词的使用量的比例至少在10∶1之间。

(38) 要不然他要爆炒蚊子心跳蚤胆，一个饺子整个的盛三个碗。

(39) 15天里他不仅赶了上来，而且在整个三个月的学习期间，……铅笔屑就着冷馒头升腾起一个希望的太阳。

这时，“整个”已经完成了词汇化，完成了语法上的融合，成为一个语音上的韵律词和词性上的形容词，表示全称量化意义，获得了广泛运用，既可以限定名词，又可以说明其他复杂的名词性结构。比如：

(40) 1978年，中国对外开放的决定就像是打开中国的一扇门，现在，中国张开臂膀拥抱整个世界。

从汉语词汇化机制看，“整个”的词汇化过程受制于这样三个机制：双音化机制、高频机制和经济原则。第一，双音化机制是汉语词汇历时演变的重要规则。一般而言，在双音化机制的制约下，古汉语里的单音词在现代汉语里变成双音词，多音节的词组可以转变为双音词。因此，根据上述分析，我们认为，“整个”就是“整整＋一个”词组的凝缩形式。第二，高频机制是汉语词汇共时定型的重要规则。语言中，那些出现次数多，使用频繁的语言现象会逐渐被接受为一个固定的整体表征。这种频繁的共现会使其形式简洁、意义完整、功能定型，形成一个独立的单词。第三，经济原则。一个语言现象在被高频率使用的过程中，在经济原则的作用下，逐渐变得简洁、简短，形义结合更为紧凑，以适应人类快捷、省力的交际的需要。词组“整整＋一个”就逐渐凝缩成了“整个”这一形式。

第五步组合成“整个＋一”形式。比如：

(41) 我要走的时候他们每一个人都给我献哈达，最后我成了整个一雪人。

(42) 大学里的同学都讥笑这是“小农经济，自给自足，整个一‘近亲结婚’”。

(43) 散文集《美丽家园》，整个一女性大聚会：女人写、女人任责任编辑、女人插图、写的是关于女人的故事。

第六步组合成“整个＋一＋量词”形式。这时，它是一个规范的词组，表达的是直义现象。比如：

(44) 作为中国第一代藏族歌唱家，才旦卓玛的歌声影响了整个一代藏族人。

(45) 在12平方英尺的房间里，整个一堵墙上安置了层层搁架，整齐地堆放着一包包婴儿服……

第七步固定成“整个＋一个”形式。它是一个规范的词组，表达的是直义现象，尚未转变成为一个新型构式。比如：

(46) 其实他就告诉我们就是整个一个国家，它实际上它有一个……共同的核心的东西在里边。

第八步在长期使用过程中，“整个＋一个”形式产生新义，出现了与原来基本义不一样的意思，从原来的客观描述转变为情感表达，凝固成“整个一个X”构式。比如：

(47) 岂止是黑点儿，整个一位非洲婴儿！

(48) 不去说市面上常常兜售的假冒伪劣的物质产品，看着挺花哨，一撕包装，整个一个糠馅儿！

(49) 对该剧编舞的新手法，有的说从现代舞角度看很成功，也有的观众说："整个一群精神病！"

也可以把"整个＋一＋量词"形式与"整一个 X"视作从基本格式"整个一个 X"简化而成的压缩格式。语言中，出于修辞意图和表达多样化的需要，常常是一个意思有多种表达形式，或者多个表达形式用于同一个意思的现象。这也是构式的演化的规律：从基式到变式。

二、语义获取

前文分析表明，"整个一个 X"构式在形式上的固定受到双音化机制、高频机制和经济原则的作用，而其构式义的获得则受制于"整个一个 X"构式中的填充词的影响。语料证实，"整个一个 X"结构既可以表示一般现象的客观描述，也可以表示一种否定性评价，具有愤怒义。比如：

第一，表示对一般现象的客观描述。这时，它是一个起限定作用的词组，不能单独使用：

(50) 我们是从整个一个时代的角度来看，来探讨，来衡量一位作家的价值。

(51) 整个一个半小时的航行过程中，转变了你原先所认同的，你开始看清你所认同的是整体。

第二，表示一种否定性评价。这时，它被单独使用，独立成句，成为典型的构式：

(52) 常有中国人嘲笑老美不会算数，连三七二十一、三八二十四都要愣喝喝地琢磨半天，整个一个傻瓜。

(53) 那个新上任的刑警队队长和他的上任作风大不一样，那是雷厉风行、敢作敢为，整个一个刺儿头。

填充词"X"对"整个一个 X"构式义获得的影响十分明显。一般而言，指称（designation）和陈述（assertion）是语言的两种主要功能，也是构式对填充词的选择标准。完成指称功能的语言材料一般是体词性单位，而完成陈述功能的语言材料一般是谓词性单位。"整个一个 X"构式中的填充词"X"也表现为这两类。比如：

(54) 现在头发剃了，你瞅见没有，整个一个干糙活的脑袋。

(55) 刘云笑了，"你呀，没一句正经的……"，"整个一个问题人儿"，女患者在疼痛的间歇插了一句嘴。

(56) 贾芸到后来看到宝玉的处境是这样的，完全是为了伏笔，这个伏笔不是重现、再现，是整个一个大对比。

整体上看，语言的构式化过程是一个综合性的结果。“整个一个 X”构式义的获得过程可以从三个方面观察。

（一）语法化作用

在“整个一个 X”构式中，形容词“整个”在语法功能上，通过移位充当状语，说明动词，又语法化为副词，导致其语义发生变化：由指称性转化为陈述性，由全量限定所指称事物的，转变极量总括对动作行为的。例如：

(57) 这也理所当然，被短刀从头颅砍到脸颊，连左眼都整个切断了。

(58) 水槽中正是怪鱼袭击猎物的地方，由于食欲旺盛，可怜的小鱼不断被整个吞下。

在以上两例中，“整个”从主观上对动作“切”和行为“吞”分别做了总体性概括，强调其极大范围或极高程度。

全量限定是针对体词结构，而极量总括针对的动词结构，两者是有区别的。全量限定是对后饰中心名词进行限制与规定，以突出其数量、范围、形状等方面的属性；极量总括是对后饰中心动词进行总体概括，以突出在范围、程度、情态等方面的特点。由于定语功能是“整个”的初始用法，表示全量义，因此，当它后移充当状语时，这一全量义就引发构式具有表达极性量度的总括性意义。

从词语语法化现象的临界环境与演化进程看，状位应该是“整个”语法化为副词的必要环境，实践表明，从定位移到状位是“整个”语法化为副词的开端。比如：

(59) 海莺小姐……是脚发软，心发颤，手发抖，眼发直，张着嘴说不出一句话来，人整个傻了，魂魄都不在身上。

(60) 方向不同的两道山脉在镇前汇合，仿佛为不让风吹灭火柴火苗而合拢的手掌，将镇子整个包拢起来。

在上两例中，“整个”居于状位，修饰谓语。这时，“整个”虽然充当状语，但依然保留有语义前指，与前面充当受事主语的名词仍然有内在的语义联系：不是“海莺小姐、两道山脉”整个地，而是“人、镇子”整个地“傻了、包拢起来”。这一环境的高频率出现，使得 VP 在事件中“整个”的状语作用日益突出，副词功能加强，限定功能减弱，减少了充当 NP 定语的作用。“整个”在新的句法环境里也就改变了自己的句法语义地位，发生了语义指向：由语义前指转移至语义后指。新的句法环境为它提供了发生语义演变的句法条件，其基本语义就以表极量总括为主，表全称量化为辅了。

在“整个”语法化成为副词的过程中，它的状位性的鲜明之处是其后加状语标记“的”。在现代汉语中，“的”是定语的专职标记，“地”是状语的专职标记，“得”是补语的专职标记。但“的”在其用法历史上充当过状语的标记，尤其是在近代翻译影响下的汉语欧化时期，如“慢慢的读，用心的读”（吕叔湘，1943），助词“的”在句中充当状语。这类“整个”＋“的”，或者“整个”＋“地”的用法在北大语料库中很多。比如：

（61）她整个地冻得翻脆的，可是非常新鲜。

现在也有状位上，“的”“地”不分的现象。

（二）隐喻作用

“整个”的隐喻用法旨在用一个熟悉的概念来表达另一个相对陌生的相似概念，或者指称性的全称量化功能在于描述事物的数量，说明事物的大小多少，强调客观事物或事件数量上的完整性，客观性较强；陈述性的总括极量功能在于推测与判断事件的数量，说明动作的极量，强调主观行为或事件在量度上的极限，主观性较强。由此可见，“整个”句法功能的转移是遵循隐喻机制的作用原理，由数量域转移至认识域，扩大了语法作用的范围。比如：

（62）小马儿把未吃完的一个包子整个地塞在口中。

从语义指向顺看，例（62）的“小马儿”是行为发出者，它在把剩下的半个包子塞入口中，等于吃完一个完完整整的包子。然而，从句意看，句子在述说小马儿的这个行为的时候，强调的是塞包子的动作过程，使之成为句子的焦点，而不是对包子的限定。通过隐喻机制，完成了“整个”语法功能的认知域的转换，使全句的叙事焦点发生了转变，也就是从突出指称性结构的客观量化转变为突出对述位性结构的主观强化。

（三）情绪上的构式化

词语的功能转化是遵循着人类中心论原则的，它的每一次变化都是说话人主观因素的反映，比如情绪的渗透、弱化或强化。“整个”从表述客观意义到表述主观意义的语法功能演化，是一个主观化过程。一般而言，语言的语法功能与说话人的情感程度成正比，说话人的情感越丰富，语言的语法功能越程式化，也就是说，语法化程度越高。“整个”这个词也是这样，在人际功能域里，句子的情态功能越强，它的语法功能越弱，成为一个话语标记，即指称的全量限定→述位的极量总括→判断或确认的整体说明，最终与“一个”搭配，新生“整个一个 X”构式，成为表达愤怒情绪的一种程式化形式。比如：

（63）我都看明白了，整个一个大骗局，寒千落这么单纯都明白了，你明白了。

（64）这狗庄，整个一个变态，昨天挂大卖单，今天挂大买单。

例（63）和例（64）中“整个”的语义并不表明骗局和变态是实实在在存在的，而是在表达说话人在陈述客观现象时所承载的主观情感，是一种主观标记词和辅助手段，表示主观性评价。这种显示说话人的主观认识的“语迹”，证实了构式形式和意义的紧密性。根据构式语法理论，“整个一个X”格式符合构式的基本条件，具有构式的基本要件，即结构上的定型性，语义上的整体性，在用法上的评价性，是一个合格的构式了。

在汉语里，“整个一个X”构式的成立具有可靠的理据性。汉语语法里，句式很丰富，既有以“是”为标志的体词性判断句，也有“动词”为谓语的陈述句。在判断句里，体词性句式比“是”句更具有表现力，如郭沫若在历史剧《屈原》中创作婵娟怒斥宋玉的台词时，将“你是没有骨气的文人”这句修改为“你这没有骨气的文人”，使愤怒之情更加深刻。这也类推地证明了“整个一个X”构式的变化和存在的合理性。细加分析可见，“整个一个X”构式之所以成立，还受这样两个因素制约：

第一，“整个”的副词化。状语修饰名词或多或少可以增强体词性词语的述位性和充当谓语的能力。如例（63）若删去“整个”，说成“我都看明白了，一个大骗局”，其客观度增强，而情感评价度就显然下降了，但是，如果把副词“整个”加上，那么其客观度降低，情感评价度就明显增强了。可见副词（尤其是描摹类副词、评价类副词）是增强名词短语述位性的有效手段，如很中国、很淑女等。

第二，量词“个”的功能拓展。“个”的功能在于指称事物的数量，表现为名词，扩大称物范围后，也可接非名词了，这时，“个”的作用不只是量化，更多的时候是用于范畴化，将其限定的名词进行范畴化归类，形成构式图式。这也表现在“整个一个X”构式中。

（四）分布特征

根据北大语料库，可以发现，与“整个”经常搭配的，并以“一（个、位）”为标志的数量结构很多，除了上述几例外，还有套、段、条、代、幢、层、种等，且多视数量结构后面的主导名词而定，比如：整个一方水土、整个一句话、整个一期工程。但是，“整个一个X”构式的述位性质取决于它在句子中的位置。一般而言，有三种情况，第一，紧跟着某个小句之后，对前面小句作出评价，构成“小句+整个一个X”的句链形式，起到补充、解释和说明作用。比如：

(65) 小乐，别生气，你瞧朱朱都变成啥人了，整个一个丑陋的小富婆，让她去那些大款面前扭屁股去吧！

(66) 简方宁气哼哼说，有你这么请人吃饭的吗？简直是绑架。也不问问别人有没有功夫，整个一个没商量。

例(65)的“整个一个丑陋的小富婆”具体解释前一小句的变化情况，例(66)的“整个一个没商量”总括性地说明前面小句的行为作风。

这种句链的成句条件是前面的小句必须是客体或客观场景，再引出“整个一个X”来进行评价说明，以解释和说明说话人态度，如或轻或重的愤怒，完成主观评价表达。

第二，“整个一个X”与主语（或话题）联合出现在一个简单句里，做出直接的主观评价。比如：

(67) 这小子现在可时尚了，整个一个自由职业人，收入可观着呢，小日子过得特惬意。

第三，独立成句，既然总结前句的内容，表明说话人的主观反应或主观感受，又开启后面的话题。比如：

(68) 整个一个假新闻！这条“新闻”一播出，小张庄即刻炸了营。

三、语用表现

作为构式的“整个一个X”在用法及其表现力方面的突出特点在于恰当的语境，换句话说，如果缺乏必要的语境，它表示愤怒的评价义就不易识别。比如：

(69) 皮鞋佬整个一个滥竽充数，每天就知道瞎嚯嚯。

(70) 妻子为老公选一件衣服，平时看来挺有主见的男人，在市场内整个一个手足无措，没了主意，只好听任夫人摆布。

这里的例子里，虽有愤怒之情，更多了一些调侃之意。

(一)“整个一个X”构式的语用分析

在“整个一个X”成为构式后，它的语用倾向主要由“X”的取值范围决定。总体上，在体词性句式里，“X”一般是描述性的实体名词或具有名词性成分，尤其表人物或事物的，由于“整个一个X”构式具有丰富的表现力，“X”也选取动词性成分和形容词成分，有时是成语或短语，以表达对行为事件或表示性状的评价，突出愤怒义。“X”的取值范围如表1所示。

表1　“X”的取值范围

“整个一个X”	名词性成分	动词性成分	形容词成分	成语或短语
X的取值范围	醉鬼	没商量	乱哄哄的	南辕北辙
	官僚主义	坐反了屁股	脏兮兮的	乱七八糟
	土匪恶霸	糊弄孩子	懵懵懂懂的	火上浇油

上述资料显示，名词性成分占绝大多数，且主要是既叙述实事，又表达愤怒的否定评价意义。如“X”：奴才、醉鬼、废物、小丑、大秤砣、马大哈、二百五、大骗子、花痴、王八相、奶油小生、土匪恶霸、问题人儿、流浪艺人、垃圾堆、丑陋的小富婆、猫玩老鼠的游戏、火山口、苦命人儿、骗人的鬼话、不可救药的患者、坐反了屁股的二五崽、社会败类、脏兮兮的老太婆、刺儿头、“无间道”、败家子、糠馅儿、“海枯石烂的架势、东北乱炖的脑袋、外强中干”的局面、日复一日的枯燥循环等。

构式“整个一个X”在表达评价时，主要是一种主观评价，是对情绪性的宣泄，含有夸大其词的成分，这是它用法上的第二个明显的特征。比如：

(71) 工资改革前，说惨点仅够吃饭的，自己整个一个经济滑坡。

(72) 竟排列开50多艘船舶开工兴建，整个一个“外强中干”的局面。

(73) 洗印店的师傅安慰我说：“你还算幸运，冲出来的卷有影，有的更倒霉，冲出来整个一个‘看不见的战线’!”

上述每一个例子里的普通现象都被人为夸大了。

填充词“X”本身的词典义并不是消极的，如果被置于有消极义的语境里，则会附加上否定的愤怒义。比如：

(74)“烙饼，”刘先生边吃边讲，“弟妹，像你这么烙，不行。这怎么能行呢？这叫什么饼呀？整个一个鞋垫儿。”

例(74)中，“鞋垫儿”是一个具体物件儿，无所谓褒贬，但是在句子里却被用于贬抑“烙饼”。这都得益于“整个一个X”的构式压制力，共现成分的联合作用，使填充词X临时附带了愤怒之义。

表示调侃式的愤怒情绪。这些填充词X本身的词典义表面上是表示事物的正面情况，但受语境的制约，也含有懊恼的否定评价。比如：

(75) 他除了正常教学外，……还撰写学术论文，著书立说，整个一个大忙人。

(76) 今日活动，上午9:30中国足球元老史万春为读者签名，下午

1：00观看现场直播中乌决赛。整个一个“足球大世界”。

(77) 虽说幽默这东西多点少点既不碍吃、也不碍穿、更不碍活着（似乎整个一个奢侈品），但有了它，你大抵便与社会与人群相处得更融洽更滋润。

这里的愤怒构式义是通过调侃方式体现出来的。上例中，“大忙人”“足球大世界”“奢侈品”虽然不是十足的褒义词，但至少不是贬义词，但是在“整个一个X”构式的压制下却浮现了淡淡的调侃式愤怒义，这时因为副词“整个”的本义是“全部（地）”，表示极性量。这种词义在描写事物时，会减弱对所表达的事物的客观性，而增强说话人对所描写的客观事物的主观性和否定性。在使用频繁的作用下，这种表达不满情绪话语逐渐在形式上被固定下来，在意义上渐渐成为习惯，使“整个一个X”具有了愤怒构式义，成为流行的构式。

另一方面，“整个一个X”构式的高频率使用使其表示愤怒的语用含义成为用法标志。由于填充词“X”都含有一定的评价力，在具体的使用时，副词“整个”自身也受到它的影响，不同程度地感染（infected）甚至吸收（absorbed）填充词“X”的情感色彩及其所承载的说话人的主观评价，形成“整个一个X”构式所固有的否定评价和否定用法，即责怪、不满、愤怒等情态，使副词“整个”发展成为一个语用标记，其消极性语用情态溢出程度范围义，表达一种消极的语用义和愤怒的主观情态义。

（二）“整个一个X”构式的语力分析

在表达愤怒情感时，“整个一个X”构式具有与众不同的表现力。这至少可以从四个方面观察。

1. 移情性

移情（empathy）是一种修辞方式，也是一种行为方式，有利于形象地表达某种强烈的感情，包括两个方面：①把人的主观感受转移到客观事物上；②用客观事物寄托或衬托人的主观感情。“整个一个X”构式具有移情作用，它能使说话人通过陈述客观命题，或描写客观现象，附带表达自己对该事物的主观情感或评价态度，赋予话语以特别的语力，使对方认清现象，或改变态度，使之回到正常、合理的状态。比如：

(78) 妻子整个一个“小女儿”态，家务上内外一塌糊涂，还得他低声下气地哄。

(79) 当医生唤我名字时，我整个一个撒手闭眼的感觉。

(80) 如果您有什么事不懂装懂，您听着，一准有人骂你，“猪鼻子插葱——装象，整个一个老外。”

从字面上看，例（78）“小女儿”态，例（79）“撒手闭眼的感觉”，例（80）“老外”都是正常、合理的客观现象，但说话人将自己的主观判定强加其上，使之含有消极的愤怒义，“整个一个X”构式就成为一种否定评价表达了。

2. 实体性

实体是抽象、虚化的对立面。在语言里，为了理解上的便利，往往将抽象的事物变得具体可感，使无形的事物变得具体实在，使空泛的概念变得内容丰富，使虚化的性状变得有界有形。根据对“整个一个X”构式中填充词“X”的取值范围的观察，填充词“X”所选取的大多是具有评价色彩的抽象词语，从其功能看，这些填充词一般没有确定的指称，也就是其所指对象无定，只存在于“整个一个X”构式所在的交际语境中，或一般没有特定的指称，也就是其所指对象无指，不存在于“整个一个X”构式所在的交际语境中，这就需要赋予它们以具体性、实在性。比如：

（81）我们俩的命，迟早得送在她手上！胡丽鹃，这名字听着就晦气，整个一个狐狸精！

（82）而今，甭说是展销会，即便再好的精品荟萃，对消费者来讲都一样。许多消费者都说，“整个一个瞎耽误工夫”。

例（81）里的“狐狸精”原本是想象的概念，例（82）里的“瞎耽误工夫”原本是空泛的行为，在现实语境中是没有的，但是它们被放入构式“整个一个X”后，一下子就获得了现实性和有界性，变成了具体可感的实体：狐狸精是胡丽鹃，展销会是瞎耽误工夫。这里的具体化和有界化是构式“整个一个X”和所处语境共同作用形成的，即副词“整个”的极性描述＋量词“一个”的计量功能＋语境的评价倾向。

3. 凸显性

凸显是指清晰地显露，使原本一般的事物变得鲜明突出。构式“整个一个X”就是一个凸显愤怒评价的有效手段。在构式里，“整个”既是表示焦点的极量手段，又是指明句子逻辑焦点的语用标记。数量结构“一个”在此突出其特指，而填充词“X”又是带有愤怒情绪的词语。构式“整个一个X”中三者合一，使构式的愤怒义获得多层次的凸显，既有客观描写性，又有强烈的主观夸张性。比如：

（83）我买了一张草席，在地上躺了两天两夜，台风过后回到海口，整个一个盲流形象。总算是领教了海的脾气。

（84）我能研究出来的东西也都出来了，现在整个一个废物了。

这里的“整个一个盲流形象”和“整个一个废物”，就比通常所见到的“盲流”和“废物”更具有夸张色彩，程度更深，情绪更浓。

4. 通俗性

通俗是指浅显易懂，符合一般人的水准，是高雅晦涩的对立面。反映在语言上，通俗是指口语化，用亲切、自然、易懂的方式说话。构式“整个一个X”就属于这样的语体特征，通常使用于口语中，情感丰沛，语言直白。相关资料显示，构式“整个一个X”在会话或对话中的直接使用率超过85％，而且整个“整个一个X”句以表达愤怒义为主，又伴随了亲昵与谐谑。比如：

（85）常说有本事的人有脾气，这位倒好，整个一个又笨脾气又大的主。

（86）回了家，又满嘴仁义道德，整个一个封建家长，指挥上演种种草菅人命的丑剧。

例（85）中“整个一个又笨脾气又大的主”表达的是一种又气愤又怜爱的情绪，例（86）中“整个一个封建家长”表达的是一种又气愤又谴责的情绪，它们在愤怒里稍显俏皮和诙谐。

四、小结

上述分析表明，“整个一个X”结构在形式、意义和用法上符合构式语法的基本原理。从共时侧面看，“整个”是结构关键词，既可用于形容词、副词，又充当构式的语用标记。从历时侧面看，“整个”的功能定型经历了一个清晰的演化过程：在语法属性上，偏正数量结构→形容词→副词→语用标记；在表达能力上，范围限定→全称量修饰→极量统括→极性焦点，最后定型于构式“整个一个X”；在构式义获得上，“整个一个X”的构式义是在特定的语境中浮现的，以愤怒义为主，通过移情性、实体性、凸显性和通俗性四种手法，兼有亲昵和调侃色彩。

构式“整个一个X”是一个语法构式，具有程序性（procedural）特点和述位性质。这些特征使它一般紧跟在被评价的小句或现象之后，组成复句，以便于形成评价义，表达说话人的情感和情绪。从情绪发生的逻辑顺序看，应物斯感，一般应该先有引起愤怒评价的事物或现象，说话人受到刺激后，再发生相应的情感反应。构式“整个一个X”的内部结构正是如此：评价客体（人、事物、事件）→评价主体（说话人）→评价反映（愤怒、亲昵和调侃)。这也证明了构式语法对句法特征的一个说明:程序性材料及其抽象意义的作用是为语言规定关系、视角与方向。

第三节 非典型个案考察:构式“好你个X”

通过对愤怒类情感构式的总体探讨,得知愤怒构式的产生是由于用来表达不满情绪的言语行为的构式被赋予了愤怒类的情感语义,由此可见,要解析“好你个X”构式的语义内涵,我们需要从构式语法理论出发,来明确其作为一个愤怒类构式的身份。以此为基准,再来分析构式的形式和意义特征。在本节,我们将基于构式语法中对构式的定义和形式意义的匹配条件,对构式“好你个X”进行构式界定,分析“好你个X”构式作为愤怒类情感构式的组成条件和相对应的理据性。

构式语法认为,一个典型的构式应具有典型的“非组构性意义”(non-compositional meaning)(Fried and Ostman,2004)——构式的意义不能被看作组成构式的每个成分(constituent)的意义简单加和。“好你个X”之所以被界定为一个典型构式,是因为其作为一个形义配对体,整体意义大于部分之和。从语表形式来看,构成该构式的固定项包括“好”“你”和“个”,可变项为“X”,属于形式上半开放的图式构式;从语里内涵来看,如果不考虑构式的非组构性意义,通过变换分析法,该表达式的字面意思与“X(是)好(的)”语义内涵等值。其中“好”作形容词,“你”作代词,“个”作量词,“X”作名词性成分。构式的字面意义是表达对听话者的褒扬和肯定性评价。然而在实际语境中,“好你个X”构式的语义内涵并非如此。比如:

(87)“好你个有眼不识泰山的浑小子。”

(88)接着便是那吓人的嗓门:“好你个道貌岸然的卫道士!”

由此可见,构式的实际意义与字面意思相反,并不是表示对听话人的褒扬,而是表达说话人对听话人的贬抑、否定或不以为然的评价态度,其构式义不能理解为各项成分语义的简单加和。

例(87)构式“好你个有眼不识泰山的浑小子”中,“有眼不识泰山”为谓词性评价成分,“混小子”为体词性评价成分,二者都属于拂意评价,表达出说话人对听话人的轻蔑、指责、不满等,充满负面情绪。例(88)构式“好你个道貌岸然的卫道士”中,“道貌岸然”谓词性评价成分,“卫道士”为体词性评价成分,二者也都属于拂意评价,表达出说话人对听话人行为表里不一、说话句句针对自己的行为的愤怒和指责。然而上述构式中的拂意评价成分的语义蕴都与“好”字所赋予的“称心”评价义在字面意思上形成语义冲突。如果只按照字面意思理解，将构式义等同于每个构式成分的简单加和，则整个表达式在语义上自相矛盾，解释不通。由此可见，构式的评价义是由可变项“X”的语义蕴决定的，“X”为褒义，则整个构式义为褒义，“X”为贬义，则整个构式义为贬义。“好”作为构式标志，其语法功能已经被语法化为表程度的副词，用来加强说话人的语气和构式的主观性，整个构式的语义具有不可预测性，需要根据可变项“X”和具体语境加以判断。

一、构件分析

构式义与组成构式的各个构件义有密切联系。构式义是基于构件义的语法化整合后，所产生的整体意义。因此，构式的每个构件成分都是构式义产生的基础，分析构式的语法表现和语义内涵，首先要厘清每个构件的语法功能和语义。

构式“好你个X”包括固定项“好你个”和可变项“X”两部分。其中可变项“X”是构式模槽中的“空位”（slot），具有一定的开放性，可以由语法功能和语义倾向相似的一组成分嵌入，从而实现构式的整体语法功能和语义内涵。本节着重分析该构式的主要构件，分析固定项“好你个”在构式压制影响下的语法功能，以及可变项“X”的语法特点、准入条件和语义内涵。

（一）“好”的相关研究

在《现代汉语八百词》中，吕叔湘（1982）将“好”与“多”、“多么”、“这么”等词语定义为“含有指示程度的指称词或限制词”。在现代汉语中人们通常会用“好”来修饰固定的感叹句结构“好”＋“一＋数量名”；除此之外，“好”可以放在数量词之前，表示品种繁多或者数量庞大。

由此可见，在历时上，“好”字已经逐渐完成从形容词到副词的语法化。“好”做程度副词时，表示对评价对象的评价程度的修饰。张谊生、杜道流则认为，当“好”作为程度副词出现的时候会表达更加强烈的情感信息。而从语用交际层面来看，“好”所传递出来的语用信息是说话人对某一客观事物的主观态度和情感宣泄，可以作为主观量标记。

余芳（2008）指出，在感叹句中，“好”除了作为感叹标记之外，还具有语义功能，通过对“好＋数量名”结构中“好”进行分类分析，得出

“好”在语法上作为感叹标记，在语义上作为主观量标记的双重功能。潘晓柒（2008）指出，构式“好＋（一）个＋XP”从语法结构来看属于非主谓句，其中“好”应被认定为一个副词，位于句首，表达某种强调语气，用来修饰限定整个句子。

（二）“好”的特征

下面我们来具体判断“好你个X”构式的词性，构式中的“好”是副词，和“你个X”形成半固定结构，用来表达主体所传递的一种强烈的情感状态。从语义指向来看，“好”指向可变项“X”，对“X”的语义特征进行强化。由于副词“好”受到构式压制，前面不能插入其他修饰限制成分。如“好你个张三”不能说成“很好你个张三”，或者“非常好你个张三”，“好”作为程度副词，本身具有程度义。由此可见，构式“好你个X”在语法形式上趋于模块化，前面不再附加其他的语法修饰成分。

从语义上来看，构式“好你个X”中的“好”是构式的主观量语法标记，具有主观义，表达说话人对听话人的主观评价和情感态度。比如：

（89）朝鲜战场发来电报，战士没饭吃，彭德怀：好你个洪学智，咋回事？

（90）孙悟空气急败坏！好你个如来老儿，别落到俺老孙手中！

例（89）构式“好你个洪学智”中，可变项“X”为语义倾向为贬义的“洪学智”，“好”对“洪学智”进行主观标记，传递出说话人对听话人行为的谴责意味和愤怒情绪，其后可以继续添加表示主观评价的其他分句。例（90）中，构式“好你个如来老儿”后面附加了另一个评价表达式“算你狠”，与构式“好你个X”前后呼应，共同表达说话人的主观情感。比如：

（91）又逼着赵连荣进去：“好你个老东西！你说没有八路军，我要进去你为什么拦住我？”

（92）“好你个花花公子！”柳摇金喷着酒气，醉眼蒙胧，“想勾引我的女儿吗？”

例（91）中的“好你个老东西”表达出说话人因发现彭科长对爱好而产生的意外心理和窃喜情绪；例（92）“好你个花花公子”中的“好”表达说话人对听话人行为的感叹评价和嗔怪情绪，与下文中的醉酒状态形成呼应。

通过以上的例子分析，可以得出，“好”在构式“好你个X”中，由于构式压制，表现出两个方面的语义特征：其一，是极致程度义；其二是主观评价义。“好”的这两个语义特征，对构式义的“浮现”（emergence）起到了决定性的作用，可以看作是构式形成的语法标记。

"好"衍生出以上特殊用法的原因，可以从共时和历时两个层面来分析。从共时层面来看，现代汉语中的"好"在词性、语义及用法上种类繁多。"好"在《现代汉语词典》和《汉语大词典》中分别有十四种和十六种不同含义。在《现代汉语八百词》中，"好"可以作形容词、副词、助动词、名词等多种词性，其中作形容词的用法有七种，副词用法和名词用法各一种；在句法功能上，"好"可以作主语、谓语、宾语、定语、状语、补语等成分。从历时层面来看，"好"经历了一个语法化的过程，语义上由实变虚，从修饰人或具体事物的语义内涵，逐渐演化出抽象语义，作功能词，成为表达式的主观量语法标记。在"好你个X"构式中，"好"作为程度副词，表示程度深，表达说话人的主观评价和感叹。

（三）"好"的语音语调

在构式"好你个X"中的"好"是主观评价标记，表评价义和感叹义。在韵律上体现为"好"，在整个构式中往往被重读，在语调和气势上都有所加重。

现代汉语的语句重音通常有两种，分别是语法重音和逻辑重音。语法重音是指句子中所有的实词部分都需要重读，属于词重音，具有区分性。而逻辑重音则是句重音，具有主观性，以句子表达的主观情感为导向。在构式"好你个X"中，"好"由于受到构式压制，在声调上，相较普通用法有所改变，语调上扬，附加上了感叹义和评价义，成为整个构式中的重音部分。

（四）"你个"相关研究

从历时演变的角度，构式"好你个X"中的"你个"实际上是由"你这个NP"构式中的指示代词"这"与不同词性的"X"所组成的变体。"这个"就是对"你"的指称。"你"作为最常见的人称指示语，在语用层面具有移情的功能，在特殊语境下具有加强构式语力的作用，起到引起听话人注意、传递客观信息、表达主观情感的功能。

在语义上，"你这个NP"结构是对"NP"所具有的特定属性进行强调和感叹，具有很强的主观性。随着使用频率的增长，在语言经济原则的驱动下，"你这个NP"出现了两种简省形式："你这NP"和"你个NP"。

以下着重探讨分析第二种简省形式"你个NP"形成的原因。

首先，"你个NP"的形成与"个"的意义和用法的多样性有关。"个"语义为"身体或物体的高低大小""单独"，如"个子高""个体""个案"等。其词性在秦汉时期逐渐语法化为量词，具有统计功能。此后，"个"的适用范围进一步扩大，可直接跟在代词之后，用来表达主观情态义，主要包括“你个”和“他个”两种情况。不过“你个”中的“个”有指示作用，“他个”中的“个”没有这个功能。比如：

(93) 你个王八蛋！

(94) 你个“臭不要脸的”。

(95) 你个王小强！

在三个例句中，“你个”中的“你”不能被替换成其他人称代词，如例(93)中的“你个王八蛋”一般不说成“他个王八蛋”“你们个王八蛋”“他们个王八蛋”“我个王八蛋”等。

语用使用频率统计显示，由于受到构式语义压制，在“你个 NP”构式中，跟在“个”之后的“NP”在语义倾向上往往呈消极义，表达说话人讽刺、贬损、嗔怪等情绪和态度。即使在一些语境之下，“NP”在字面意义上属于中性表达，但由于受到构式压制，对构式意义的解读仍是贬抑语义。如“你个老王，尽出馊主意!”

此外，在“好你个 X”构式中“个”的存在也是必要条件，可以被认定为起指示作用的语法标记，用来加强“你”和后面消极义“NP”成分之间的同位语法关系，强调说话人的消极评价和情感态度。

(五)“好你个”语义组合

从语义上来看，“好你个 X”继承了“你个 NP”的主观评价性，在大多数情况之下都表达说话人的愤怒情感。“你个”在构式中的代词成分性突显，突出强调评价对象的消极语义特征，“好”字与“你个”共同作用在语用情景下，无论是外显的直接交流，还是表达主体的内心活动中，都传递出了很强的现场感，并有明确的语义指向，一方面突显了评价对象，引起听话人注意，另一方面具有情感发泄功能，成为典型的愤怒类构式。比如：

(96) 他狠歹歹地说：“好你个黄毛丫头啊，王八吃秤砣，你真铁了心啦!”

(97) 心里骂李四：“好你个李四！我跟你完不了……你怎么打的他，我怎么打你。”

例(96)属于外显的面对面交流，“好你个黄毛丫头啊!”附加了典型的感叹语气，表达出说话人对女孩的强烈愤怒和不满情绪，引起共鸣。例(97)属于内心独白，并非现场交流，但语感十足，让读者直接感受到主体对李四的责怪和不满情绪。

(六) 构件“X”的语法类型

从词性来看，“X”可分为谓词性成分和体词性成分。

1. 谓词性成分

虽然“X”作谓词性成分的案例不多，但其语法类别却相对复杂。

“X”为状中结构：

(98) 好你个“适当放大”。

“X”为主谓结构：

(99)“好你个身不由己呀”。

“X”为动宾结构：

(100)“好你个一一发酸？可省酱油！酱油比醋贵得多！”

上述几例中“X”都是谓词性成分，但是从使用频率上来看，“X”作为谓词性成分所占的比重很小，因此，此种情况下的“X”可被归入动态情状的名物化。

2. 体词性成分

构式“好你个X”中“X”作体词性成分可以分为两种情况：“X”指人类“NP”和“X”指物类“NP”。

(1)“X”为指人类“NP”。构式“好你个X”中的人称代词“你”的语义在一定程度上将“X”的范围限制在指人类的“NP”范围之内，“X”受到构式压制，成为修饰人情绪宣泄的承载体。因此，“X”主要用于指人，包括普通名词、专有名词及名词短语三种类型。

普通名词。能进入“好你个X”的普通名词，由于受到构式语义压制，通常带有贬抑语义，主要体现说话人对听话人的负面主观评价。比如：

(101) 疼得龇着牙：“好你个狗东西，真狠啊，快放手，胳膊都断了!”

(102) 顺子心中暗喜：好你个小杂种，今天不给我跪下叫爷爷，你就别想活着下去。

在例(101)和(102)中，“狗东西”“小杂种”都是普通名词，表达说话人对听话人的不满情绪和指责态度。

专有名词。当“X”为专有名词时，主要包括姓名、绰号、职称等几种情况。比如：

(103) 常少乐大笑起来，“好你个朱海鹏，你该早给我说说，省得我少睡多少觉。”

(104) 谭天也笑起来：“好你个蒋寒，分明是将我的军嘛!”

上述例子中的专有名词在“好你个X”构式中，都是表人名词，是说话人宣泄愤怒情绪和表达责备态度的对象。

名词短语。能进入“好你个X”的名词短语，主要是指与人的某种特征、性质有关的“的字短语”。比如：

（105）“好你个油腔滑调的小子，有本事再和爷爷打一场!”

小句。某些类型的小句也可以充当“X”的填充词。比如：

（106）“好你个恶人先告状!”

（2）“X”为指物类“NP”。随着人们对“好你个X”构式的日渐熟悉，“X”作为“NP”的范围逐渐从指人的用法扩大到指物的用法。通常情况下，“X”为指物名词时，多数都属于具有普遍社会认知度的事物。并且多出现在网络语言中，具有高度的隐秘性和情感宣泄的自由性。指物类“X”一般可以分为以下几类：

“X”由名词充当。比如：

（107）好你个二次元。

（108）好你个日本!

上述例子中，“二次元”是指二维空间下的幻想世界及其各种要素的集合体；“日本”是地名。它们都是单纯地指物名词，但也存在一定的转喻义。

“X”由短语充当，如数量结构和定心结构：

（109）好你个一瓶王老吉，让我无法忍受。

（110）好你个“不影响卖车就不用改动”的屁话!

“X”由句子形式组成。比如：

（111）好你个顺其自然、随遇而安。

从语法形式上来看，“X”的词性或是句法构成，并不影响其表达和承载构式的愤怒情感义。

二、语义特征

在前面一小节，我们从“X”的语法特征方面对“X”进行了分类分析。在本小节，我们将从“X”的语义特征来分析本构式的语里内涵。在构式“好你个X”中，副词“好”表示强调和感叹，强化了“X”的指称功能，凸显其高程度属性特征功能。

通过语义特征分析法，构式“好你个X”中的“X”可归纳为［+属性］语义特征，因为其包含了许多典型的特征。

其一，“X”为指人的指称性名词时，包括人名、专有名词、职称等，属于［+特指］类的语义特征。进入“好你个X”构式的“X”所指代对象的特定属性被激活。比如：

(112) 常少乐说：“好你个江月蓉，搞厚此薄彼，你不是说不会跳舞吗?”

(113) 赵壮士：“好你个疤脸，敢骂我……”

例（112）中的“X”指代江月蓉这个特定的人，例子（113）中“X”指代疤脸这个特定的人，强调说话人对特指对象的愤怒和不满情绪。

从上面两个例子可以看出，此类指人类型的专有名词“X”，只有在特定的语言环境下才能激活对愤怒情感的表达和评价。

其二，“X”为普通名词时，在构式“好你个X”中，普通名词也具有[＋特指]的语义特征。比如：

(114) 今天下午非去练习不可！好你个老滑头，装病！

例（114）中的“老滑头”指代具有共性特征的某一类人，是说话人对听话人某一特征的贬抑性评价，表达对听话人的不满情绪。

其三，“X”为“的”字短语时，具有[＋指别]特征。“的”字短语具有名词化语义特征，因此从指称意义上看，主要用来表达差异类别的功能。比如：

(115) 好你个不要脸的（老道)!

例（115）中，“不要脸的”属于“的”字短语，评价语义蕴更加直接和凸显，相较典型的名词成分，更能传达说话人的贬抑和愤怒情绪。

其四，“X”为指物名词时，具有[＋典型性]特征。当指物名词不是用来区别事物，而是表达主体对事物的主观愤怒情感评价时，具有[＋典型性]特征。比如：

(116) 好你个百度搜索引擎，首页永远是广告网站。

例（116）中“百度搜索引擎”的语义并不强调其所具有的某种特征或是类别。由此可见，在“好你个X”构式中，“X”在语义特征上，具有[＋属性]特征，所表达的是说话人对“X”所指事物的消极情感评价。

（一）“好你个X”对“X”的选择

1. “X”的预期差值

从对构式“好你个X”中“X”的语法类型分析可知，愤怒义的产生，有一些特定条件。若评价的某些言语行为（当评价对象为人时），或某种特质（评价对象为人或者事物）引起说话人的某种异样感受，便会触发构式义，表现为“X”的预期差值。比如：

(117)“好你个大学生!”

(118) 好你个阴险奸诈、歹毒异常的小人，这回定要送你回据点。

例（117）中，虽然“好你个大学生”在语表形式上是“听话人是大学生”的正向评价，然而实际上反映了“X”的预期差值，实际构式义与字面的期望值相反，表达受话人认为听话人不具备大学生应有的诚实善良、积极乐观的精神，是一种消极评价。例（118）中，说话人本能的带有主观性地批评这个“小人”，表达了人们对于他的所作所为的高度愤慨。

能进入“X”的指人名词具有很大的灵活性，一旦进入该构式格式，该人名所指代的对象便被赋予负面评价的语义内涵。比如：

(119) 好你个李鸣斋，今儿个我要好好地摔打摔打他。

当“X”为指物名词时，由于指物名词收到构式语义压制，因此必须是引起说话人的负面愤怒情绪的名词，才能进入该构式，一般情况下，能进入构式可变项“X”位置的指物名词，都是具有一定知名度的名词，从而能引起听者在构式语义解读上的共鸣。比如：

(120) 好你个秋天，……我对秋天独有钟情，衷心赞美。

2. “X”的消极倾向

从语义倾向来看，“好你个X”构式一般用来表达负面评价和愤怒情绪。受构式义的压制，进入“X”格式的名词更倾向于非褒义名词。当然，褒义成分的名词也有个别能进入“X”空槽的情况。由于受到构式压制，这些褒义名词在构式中表达说话人不以为然，不认同，或者讽刺的评价语气。比如：

(121) 好你个安分守己！

例（121）中“安分守己”原本是个褒义词，但是进入构式格局之后，被压制为消极评价，表达说话人对评价对象的斥责、反讽和轻蔑。

（二）“好你个”与“X”

在构式“好你个X”中，常项“好你个”和可变项“X”通过构式整合，生成构式义。二者之间形成复指强调关系，“你个”与“X”所指成分相同，“好”字进一步强化，形成强态表述格式，凸显了构式的极性主观评价意和愤怒情感，增加构式语势，强化构式的语用现场感。

从语法成分来看，“好你个X”为定心结构，中心语是模槽“X”。比如：

(122) 皇上一听，心说：好你个和珅，你两头出主意，从中搞一万两。

从语体来看，“好你X”构式表示复指和强化，多数用于口语语体和直接引语中，具有强烈的主观性。

(三)"好你个 X"的构式义

"好你个 X"的基础语义是表达说话人的对评价对象"X"所具有的某特性或预期差值的愤怒评价。其中可变量"X"属于未知量，但对于交际双方来说，"X"所指称的对象属于已知信息，是说话人对"X"某种特性的负向评价。

(123)刘方宇的鼻子都快气歪了：好你个庄顺，居然这样卖我?哼，等着瞧，广场工程我就是要实行公开招标，你们想使歪门邪道，没门!

在例(123)中，对说话人来说，庄顺是熟人，属于评价对象，同时也是构式"好你个 X"的信息焦点。

因此，"好你个 X"构式义可以总结为：主体对客体的消极评价和不满情绪义的表达。下文将具体分析该构式的评价义和评价重点。

1."好你个 X"的评价义

根据评价语义倾向，主观评价类表达可以分为积极评价和消极评价两类。"好你个 X"构式的评价义包含表达积极评价和消极评价两种情况。比如：

(124)金一趟大笑："好你个杨妈，在这儿等着我哪!放心吧，你疼秀儿，疼枝儿，我就不疼?过去，我对不起她们……"

(125)宋世平夸："好你个余雄，你没醉啊，我真是崇拜死你了。你手不痛?"

例(124)中，根据语境可以得出，"好你个杨妈"属于积极评价，例(125)"好你个余雄"反映出说话人认为听话人好酒量，也属于夸奖类积极评价。又如：

(126)只是重复着说："你竟敢扮演父亲骗老师，好你个刘洋，好你个刘洋……"

例(126)选自韩仁均于2006年在《故事大王》中发表的《临时爸爸》，结合原文语境，很明显，例(126)中的构式表达属于消极评价。

由此可见，构式"好你个 X"的评价意义对构式形式具有一定的制约性，在语用层面，根据语用经济原则，构式"好你个 X"能用语形上最简洁的形式来传递说话人的态度评价和情感语义。

2."好你个 X"的评价重点

构式"好你个 X"表达说话人对指称对象"X"所具备的某种特性或针对预期差量进行的主观评价。在大多数情况之下，该构式表达消极评价，在语势和语气上表达出明显的愤怒类情感。在分析构式“好你个X”的语义褒贬倾向和情绪表达时，我们往往可以通过说话人的语气和语调变化看出，如“好”字的语调变化、“X”自身在语义上的褒贬倾向等。但该构式还未完全实现语法化，其构式义的解读还未能完全脱离语境，在某些情况下，我们还需要结合上下文背景信息，来作出具体的判断和分析。

构式“好你个X”是说话人认知视角和情感态度的体现，传达说话人对指称对象“X”的某种特征所表达的愤怒、斥责或者肯定、欣赏等情绪，主要可以分为消极情感和积极情感两类。

综上所述，根据对语料的数据统计和分析结果，在搜集的200条语料中，表达消极情感的用例（共186例）远多于表达积极情感（14例）的用例。在日常语言交际中，“好你个X”构式主要作为表达消极语义和愤怒类情感的构式，当然也有少量积极语义，因此我们应将其划归到复合类情感构式当中。

三、语用功能

“一个词的意义在于它在语言中的使用”（维特根斯坦，2000：31）。根据小三角理论，构式“好你个X”是形式、意义和语用（表、里、值）的高度整合统一体，分析构式的形式和语义之间的关系，离不开对其语用功能的探讨。

从语用功能上来看，构式“好你个X”言简意赅，具有典型口语语体特征，主要具有发表主观评价、宣泄感叹情感、突显语用焦点等语用功能。本节主要探讨其最主要的三大功能：感叹、评价和语篇。

（一）感叹功能

构式“好你个X”是一个感叹句型，在句法结构和语用功能上都具备典型感叹句的特征。

从句法结构上来看，“好你个X”句法结构简单明了，大多数情况下可以单独成句，且语义相对集中，言简意赅。构式“好你个X”的具体含义需要根据具体语境才能判断出作者的主观评价态度和实际语义。

根据实际语料统计，构式“好你个X”较多出现在报纸、小说、网络论坛中，使用语境丰富多彩，能模糊地传递出很多想要表达的情感语义，其具体含义和评价情感态度需要结合具体语境来加以判断。比如：

（127）好你个神经病！这东西也是你能碰的?!

例（127）的结构可变换为“你好个神经病!”，比直接用“你真是个神经病!”更委婉，又略带责备。

从语用功能上来看，构式“好你个X”具有超符号性、内省性和抒情性等语用特点。超符号性是从构式的整体性而言的。构式的整体意义包括构式语法结构、语义内涵及语用功能等方面，不能孤立地去看或去解释。构式的自足性是指“好你个X”可以独立成句，不需要过分依赖语境。此外，从情感表达功能来看，构式“好你个X”的抒情性很强，可以表达说话人的多种主观态度和情绪。

（二）评价功能

构式“好你个X”具有典型的评价功能，有时可以转化成判断动词“是”，为谓词中心的一般表达式结构提供褒贬评价的依据。其评价功能主要分为正向肯定评价、负向否定评价，以及反讽评价功能等。比如：

（128）好你个戴建业，不愧是桂苑名师!

（129）好你个李大麻子，竟敢放走劫匪！军饷分明就是你派人劫的！来呀，把他给我拉下去毙了!

（130）好你个姜子牙，你就是这样拯救苍生的!?

很明显，通过这三例的比较可以看出，例（128）属于正向肯定评价，例（129）属于负向否定评价，例（130）属于反讽评价。

该构式常用的使用范围，应该是对有违预期的主观消极类情感表达，多表现为愤怒讽刺评价。首先，构式“好你个X”具有典型的口语特色和现场感。根据语料统计结果显示，大多数的“好你个X”构式都用于交际双方面对面的交流会话中，是表示说话人的心理活动或直接引语的叙述性话语中，而较少出现在书面语体中。其次，说话人对指称对象“X”的某种言行举止的主观评价和感叹，其褒贬值主要是由预期差值造成的。“X”作为构式的可变项，属于信息焦点，不仅包括所指的概括性抽象意义，还包括具体、联想和暗示意义。“X”的某种特性是构式强调的评介对象，即说话人所评价的指向。

（三）语篇功能

语篇的衔接与连贯主要包括情景上的连贯和上下文的连贯两种类型。情景上的连贯与语用情景相关，而上下文的连贯主要是指语篇内部各个句子之间存在前后照应关系。帮助语篇实现前后照应的显性语言单位，就是语篇连贯的语法手段，在整个语篇的语义统一和衔接上起到重要的联系作用。

根据语料库中的用例分析，构式“好你个X”的语义解读具有一定的语境依赖性，在语篇衔接和连贯上具有较强的连接功能。由于构式中的“X”

具有指称功能，因此在语篇衔接上，可以照应前后文，进行前指和回指。这种上下文的照应通常是以显性手段实现的，首先是引述，然后通过语义衔接，最后进行补充或解释说明进行复指强化。

1. 引述

根据前文针对构式中可变项“X”的语法性质进行的分类，当“X”是谓词性成分时，“X”通常是对上文中某些成分的复述。

2. 语义衔接

语义衔接主要分为三种类型：承上衔接、启下衔接、归总衔接。

语料库的统计结果显示，构式“好你个 X”在很多情况下都是以标题形式出现的，而这些标题对整篇文章起到了归纳总结的作用，在语篇角度上，也属于形式和语义上的衔接手段。

3. 补充或解释说明

通过观察上下文语境可以发现，许多文中出现的各类信息，是对构式“好你个 X”的进一步补充和解释，补足了语境信息之后，我们对构式评价义和情感义的解读就会更加清晰明了。

四、小结

本节选取构式“好你个 X”作为研究对象，基于构式语法理论，以“自下而上”的思路，对构式的形式、语义和语用功能进行了系统描述和解释分析。

第一，基于构式语法理论分析构式“好你个 X”的语里内涵。构式“好你个 X”的构式义是：指称对象“X”的某种高程度性质或预期差值引起说话人的感叹性评价。因此构式义包含说话人的主观评价和主观情感表达两个层面。

第二，根据构式语法中构式对构式成分的压制理论，采用部分与整体讨论相结合的方式，全面剖析二者的相互作用关系。从语法成分分类来看，可变项“X”可以分为两种情况：“X”为谓词性成分和“X”为体词性成分。构式中的副词“好”具有评价义和程度义。

第三，根据构式在语料库中的语用表现，构式“好你个 X”属于强态语势，具有反预期语用效果。在语篇上，该构式具有很强的语篇衔接功能和归总性，在口语语体中使用广泛，具有很强的能产性。

第五章　悲伤类情感构式考察

第一节　悲伤类情感与悲伤类情感构式

一、悲伤类情感及其表达

悲伤类情感是人类最重要的情感之一。在此，我们只做简要描述。

所谓悲伤，是由“悲”与“伤”二者合一而成的。《说文解字》：“悲，痛也，从心非声。”本义指伤心，哀痛，有声无泪曰悲，如“未见君子，我心伤悲”（《诗经·召南·草虫》）；引申指同情、怜悯，如“悲余生之无欢兮，愁倥偬于山陆”（《楚辞》）；又引申指眷恋、思念，如悲悯。在现代汉语里，“悲”的本义是心里悲痛、伤心，也就是常说的悲伤，如“面对茫茫大草原，心怀深沉的悲痛驰骋在回忆中”（艾特玛托夫《一日长于百年》）。心中悲伤，往往会和惨痛、愁苦、凄凉、心酸，以及愤怒、凄戚等感情相联系，所以就有了悲惨、悲愁、悲凉、悲酸、悲愤、悲戚等词汇。

《说文解字》：“煬，伤也。从人，每声文甫切”。“伤”本义指皮肤被利器刺破或划破的地方，由受伤的意思引申为伤害、损害，用作动词，如“信其情者伤其神，美其质者伤其文”（《管子》）；又用于被动，表示被某物或某人所伤害，因此受伤；后引申为精神受到伤害，即悲哀、痛苦，由此再引申为诋毁，损害他人的名声，如“恐托付不效，以伤先帝之明”（《出师表》）；还引申出妨碍之义，如“天地节而四时成，节以制度，不伤财，不害民”（《周易》）。

“悲伤”合用，是指伤心难过，如“臣嘉幸得备位，窃内悲伤不能通愚忠之信”（《汉书》）；强调哀痛忧伤，极度伤感，如“一个人的欢喜跟悲伤是一比一的，这个比例如果出现误差的话你就会生病”（《鲁豫有约》）。

因此，悲伤情绪情感一般有以下特点。

（一）生理特点

所谓“悲伤”，其实是人类最早出现的四大情感之一，也是古今中外文人墨客抒发伤春悲秋的主要情感。悲伤是一种典型的消极情感，在生理上，会有很强的饥饿感，心痛到无法呼吸，或是口干舌燥，全身乏力。悲伤时候经常伴随着痛哭流涕、号啕大哭，它们是缓解悲痛情感的良药。而且人在悲伤抑郁的时候反而能够激发潜能，特别是创作灵感，所谓“悲愤出诗人”。因此，许多哲学家都认为，悲伤才是人们感知世界的最佳途径，也是人类的一种难以捉摸的天赋。

（二）心理特点

悲伤之情溢于言表，难以名状。人类在进化发展的过程中不断刷新对悲伤抑郁的体验。无论从历时还是共时的角度，我们都不难发现其兴旺的痕迹。西方各国文学作品中对悲伤的描绘令人震撼，从荷马史诗到莎士比亚的四大悲剧，无一不是称颂传唱的经典。中国古典文学源远流长，仿佛也有着一条悲观的主线。“问君能有几多愁，恰似一江春水向东流。”我们感受到的是诗人的一种豪迈的悲壮，与自然的融合。在“侯门一入深似海，从此萧郎是路人”中，我们想到的画面是离人的眼泪，哭的梨花带雨。在“十年生死两茫茫”中，我们体会到的是一种无处诉说的悲凉。“出师未捷身先死，长使英雄泪满襟”中，我们仿佛看到杜工部笔下人物的苦楚；在“枯藤老树昏鸦”“古道西风瘦马”中，我们想到的是贫瘠的土地和凉薄的人心。

二、悲伤类情感构式的特点

那么日常生活中人们会遇到哪些令人悲伤的事情呢？例如：挚爱亲朋好友的离去、失业、失恋或生病。除此之外，人们悲伤所产生的生理反应，也会因人们的年龄、性别、生活环境和工作状态而产生差异。悲伤的外在表现是落泪与沉默。持续性的悲伤，我们称之为抑郁。所以，悲伤的时候人们更多的是一种无声的呐喊，因此，本书选取的诸多情感构式中，悲伤的案例在四种基本构式中的数量最少，这也就能更好地说明悲伤类的情感多是一种自我暗示的行为，不与他人交流，更愿意选择关上房门安安静静地独自承受这一切。

悲伤是人类四大基本情感中最难解开的局面。在化解悲伤之情的过程中，人们会失去耐心，腿脚无力。也会因为感到无助而哭泣，感觉空虚的生活没有奋斗的方向。以前能让你感到欢愉的事物，现在对你来说索然无味。极致的悲伤，会让人们对生存丧失渴望。

三、悲伤类情感构式的类型

如果我们从词汇层面入手，将会发现一个有趣的现象，汉语对悲伤的描述方式有很多种，而且侧重点各不相同，如心酸、痛心、伤感、悲哀、伤心、酸楚、哀伤、难过、哀痛、痛苦、颓废、辛酸、沮丧。英语中我们也会经常使用一些典型的表示悲伤情感的词语，除了我们经常用到的“sad”，还有 melancholy、grief、grieved、heart-broken、heavy hearted、dejected、depressed、sadness、sorrow 等。表达悲伤类情感的语汇十分丰富，且使用频率高。比如：

（1）表达悲伤。悲伤是指伤心难过。

（1）妻子看到原先那么心爱的大男人痛哭流涕撕心裂肺骂自己无权（不能调动老婆工作）无钱无能无用时，心都碎了。

（2）表达心酸/心痛。心酸，心理悲痛；辛酸表义辣和酸，转喻痛苦悲伤。

（2）那种心酸、心痛、不舍的情感定然是难以言表的。

（3）表达伤感。伤感是指因感触而悲伤。

（3）为了面子问题，互相折磨，互相受苦，想想又何必呢！

（4）表达伤心。伤心是指由于遭受不幸或不如意的事而心理痛苦。

（4）剩下的，便是对生活的眷恋与深爱。

（5）表达悲哀。悲哀是指伤心。

（5）在她的心头刻下了一道永不愈合的伤痕。

由此可见，悲伤是一种具有特异性和持续性的基本情感，并伴随着时间的推移，受事者本身的身体变化，导致悲伤情感会分成一系列不同的阶段。所用来表达悲伤情感的语言手段也多种多样，如成语：肝肠寸断、黯然销魂、长歌当哭、五内俱焚、兔死狐悲等，而表达此类悲伤之情的新兴构式也有很多，本书拟重点分析悲伤类情感的典型构式“有一种 X 叫 Y”和非典型构式“S 可能 V 了假 N”。

第二节　典型个案考察：构式“有一种 X 叫 Y”

随着时代的发展和互联网的普及，各种新产品新现象层出不穷，语言也在随着世界的变化而日新月异。当今网络已经成为一种主流媒体，这就导致许多有趣的网络用语如雨后春笋般地涌现出来，如本节所要考察的悲伤类情感构式——“有一种 X 叫 Y”，就和它原本的意义相去甚远。

根据我们在各大媒体中的搜索，构式“有一种 X 叫 Y”的例句十分丰富，如：

（6）有一种甜蜜叫艰辛。

（7）有一种再见叫后会无期。

（8）有一种毒药叫成功。

（9）IPAD2 全球发售：有一种传染病叫苹果。

新产生的句式结构和意义都与原本的不同，无论是在语义搭配还是语义关系上都发生了显著变化，如例（6）“甜蜜”和“艰辛”本就不在一个范畴之内，就好比我们之前经常听人说起的“爱是一种甜蜜的负担”一语，看似矛盾的组合，其实是一种更加独特的修辞视角。例（7）“再见”和“后会无期”那就更不沾边了，通常来说根本无法放在一个层面上类比，只有借助语境才能达到意想不到的语义，因为既然是“再见”，那么其本义就应该是说：相见的时间不会太遥远。例（8）“毒药”和“成功”，本就是两条平行线，永远也不会有交集，可是构式能将它们巧妙地联系在一起。例（9）就更加新颖了，把受众人追捧的高端电子产品比作传染病，在之前的语言结构中这么使用的话，简直是天方夜谭。而现在，放入构式中去，就显得那么自然。

因此，上述各例中的“X”和“Y”除了词语的种类不同之外，在语义理解上，均和原本的句法结构相左。如此看来，我们有理由把结构“有一种 X 叫 Y”归为一种新兴的构式，并且在接下来的讨论中，会对该构式的情感表达进行细致的分析。

一、构式形式

根据对构式理论的简要梳理得知，构式是语言中相对固定的形式与意义的配对体。那么“有一种 X 叫 Y”结构是否能归入构式体系呢？通过对近年来众多媒体使用“有一种 X 叫 Y”的数量情况进行筛查得出，在 1000 多条该构式的语料中，具有消极悲伤含义的构式 800 余条，占总数的百分之八十以上。

（一）“X”和“Y”的语法结构类别

经过我们对于语料的悉心收集，发现“X”和“Y”可以由很多语法结构充当，由出现的频率看，分别是名词、动词、形容词、词组、短句。

首先，我们找出“X”或“Y”为实词（名词、动词、形容词）。

“X”为名词，“Y”为名词，例如：

（10）有一种体面，叫“善意的谎言”。

“X”为名词，“Y”为动词，例如：

（11）有一种艺术叫放弃。

“X”为名词，“Y”为形容词，例如：

（12）有一种泪水叫坚强。

“X”为动词，“Y”为名词，例如：

（13）有一种欺骗叫真爱。

“X”为动词，“Y”为动词，例如：

（14）有一种伤害叫帮助。

“X”为动词，“Y”为形容词，例如：

（15）有一种折磨叫快乐。

“X”为形容词，“Y”为名词，例如：

（16）有一种开心叫死心。

“X”为形容词，“Y”为动词，例如：

（17）有一种累叫胡思乱想。

“X”为形容词，“Y”为形容词，例如：

（18）有一种华丽叫悲哀。

据不完全统计，由于构式对填充词“X”和“Y”入句的限制，就导致几乎所有的填充词“X”和“Y”都只能由词或词组进行填充，如例（10）至例（18）。其中，有许多词语的重复使用率很高，比如例（12）里的“泪水”就很常见，如“有一种感动叫泪流满面”“有一种泪水叫无奈”“有一种泪水叫爱”“有一种青春叫泪水”“有一种泪水叫坚强”“有一种眼泪叫难以割舍”“有一种泪水叫无助”等。

其次，我们来看看填充词“X”和“Y”由单词、短语，以及共同填充的结果，看看它们入句的情况。

“X”为单词，“Y”为短语：

（19）有一种再见，叫后会无期。

“X”为单词，“Y”为小句：

（20）有一种家风，叫遇事不责备。

“X”为短语，“Y”为单词：

（21）有一种刻骨铭心叫痛。

“X”“Y”均为短语：

(22) 这世上，有一种最痛的爱情叫自作多情。

“X”为短语，“Y”为小句：

(23) 有一种幸福叫父母在。

这些例子表明，构式“有一种X叫Y”是一个非常开放和有能产性的句型，具有表悲伤色彩的词汇、短语、小句几乎都可以进入其中，成为有表现力的语言单位。

从观察上列类别我们已经清楚地看到，填充词“X”和“Y”的语法结构分类所拥有的数量各不相同，最为明显的差异体现在填充词“X”由名词、动词、形容词充当的比例高达百分之八十二，其中名词最多。而填充词“Y”为单词和词组的比例大体一致，差别就在于实词中由大到小的排列依次是动词、名词、形容词。由此可见，“有一种X叫Y”的构式特征非常明显，那就是使用“X”和“Y”两种不在同一语义层面的两个概念，并使之巧妙联系起来，达到一种抒发无助、悲伤、矛盾的复杂心理状态，这也是构式“有一种X叫Y”能够一直延续下去的原因。而且在构式中，填充词“X”和“Y”多采用看似矛盾的对应语词来填充，并结合其在标题中出现的频率，进一步说明人们对其的接纳程度很高。

此外，结构的差异是否会对构式的情感意义产生影响，将是我们接下来要继续探讨的话题。

二、语义特征

(一) 预设机制与语义溢出

我们以“有一种深爱叫断联”这个经典例句，来研究构式中的“有”已经变成存在动词，而填充词“X”和“Y”也变成了一种边界模糊的范畴体系。由认知原理和情感体验可知，由“X”模槽“爱”无法直接推导出“Y”模槽“放手”，这是一种典型的语义溢出现象，也是一种修辞表达。这就需要借助我们在第二章所提到的隐喻和转喻机制来解答。

(二) 设疑功能与语境分布

通过对构式“有一种X叫Y”的形式和语义分析，我们可以清楚地发现，填充词“X”和“Y”的语义差别和跨度非常大，这就造成对构式的情感语义难以分辨的问题，这些都是语义溢出的原因。如果不通过上下文语境来判断的话，人们根本无法从字面意思理解“有一种矜持叫悲哀”“有一种靓丽叫孤独”“有一种专情叫伤痛”等消极语义的构建，填充词“X”和“Y”都无法捉摸，正常情况根本无法出现在同一小句中，但“有一种

X 叫 Y”构式将其串联，就一定会产生构式义与表层含义的激烈碰撞，导致说话人和听话人引发探索冲动，不断把构式义推向深层的情感概念范畴，以满足填充词“X”和“Y”的差额匹配。还有一类有趣的现象是利用了矛盾修辞，看似矛盾实则发人深思，如“有一种得到叫失去”“有一种美丽叫孤独”。这就是利用“X”和“Y”的矛盾来表达对当前处境的一种哀怨和无奈。通过“X”和“Y”的互动，以精炼的结构，看似矛盾的辞藻，来连接跨度巨大的语义沟壑，让人们在不断的语义探索中挑战自我，揣摩作者的写作意图和情感赋予，因此，“有一种 X 叫 Y”构式会一直延续下去。

（三）表达积极或消极的情感

“有一种 X 叫 Y”构式在我们日常生活中多半出现在书面语中，主要目的是为抒发人物的主观情感和传递客观存在的已知信息。那么目的是如何划分的呢？我们通过上一节的形式分析得知，构式义的产生离不开语境，说话人和听话人的互动，对于填充词“X”和“Y”的不同选择，都将会让构式具备不同的表达色彩。我们观察得知，“有一种 X 叫 Y”构式侧重点是表达说话人的主观情感。也就是说，如果我们在日常生活中使用该构式，就可以帮助说话人和听话人更好地表达和理解一些评价方式。根据上文我们对填充词“X”和“Y”的语义特征分析不难发现，名词、动词、形容词都可以入句，这就意味着，我们选取不同的填充词会改变构式的最终语义效果。试比较：“有一种境界叫沉默”与“有一种处世方式叫只求耕耘，不问收获”、“有一种累叫快乐”与“有一种活法叫向死而生”。前面两句的情感是中性的，述说一个道理，而后面两句却充满宽慰、挣扎和向上的复杂情感。

接下来，我们通过语料中消极和积极情感所占的比例，来揭示“有一种 X 叫 Y”作为典型悲伤类情感构式的原因。

第一，在“有一种 X 叫 Y”构式中，只要填充词“X”和“Y”有一方使用消极情感词汇时，我们就会清楚地发现，构式的整体意义就是消极的。比如：

（24）有一种无耻叫暗算。

（25）有一种伤害叫无微不至。

再如：“有一种爱叫放手。”那么这句话到底想表达怎么样的构式含义呢？其实，关于“有一种爱叫放手”这句话，想必很多人都听过，也有人在爱情中这样做了。我们常见的做法是：爱一个人但是得不到，不如选择退一步默默爱着她，祝福她，美其名曰“放手”，安慰自己说“只要她过得幸福”就行，不再去打扰她。这是一种悲剧的苦难，自然而然算得上悲伤情感，但如果我们用这种方式“放手”，还说成是一种爱，看似很伟大，但是有漏洞。但凡经历过这种事的人，把“放手”称为爱的人，内心其实并不想“放手”，只是很无奈地不得不“放手”。虽然“放手”了，但是还总是想着她，牵挂她，这是一种无形的痛苦。大多数这样做的人都不愿诉诸内心的痛苦，在外人看来，他好像真的“放手”了，但只有他自己知道还在念念不忘。因此，如果把“有一种爱叫放手”理解为被逼无奈的“放手”，不是不可以，只是那样“放手”之后，依然会痛苦，是一种无奈但又伟大的选择。这样的例子还有“有一种放下，叫此生不见”“有一种命中注定叫无可奈何”“婚姻有两种，一种叫将就，一种叫余生”“有一种爱情叫哭泣”等。

第二，在“有一种X叫Y”构式中，只要填充词“X”和“Y”两者均为积极，或者其中必须有一个积极情感，我们就把它算作具有积极情感义。比如：

(26) 有一种美丽叫善良。

(27) 有一种勇敢叫相信爱情。

上述例子中，“美丽”和“勇敢”表达了积极情感，“X”“Y”均为积极词。综上所述，“有一种X叫Y”构式如果用于积极色彩时，“X”“Y”所表现出来的语义特征均为积极情感。这样的例证还有这样一些，如“有一种成功叫坚持”“有一种感动叫分享”“有一种力量叫父爱如山”“有一种精神叫勇攀高峰”“有一种力量叫温暖”等。

第三，构式“有一种X叫Y”有时只是客观的说理，解释某个现象，无悲喜之分。比如：

(28) 有一种温暖叫感恩。

(29) 有一种诗歌叫崇高。

(30) 有一种免费叫Wi-Fi。

这里的三个例子都在解释某个现象，是一种简要的下定义。例（28）说明温暖与感恩之间的关系：因感恩而温暖。例（29）说明诗歌的种类，即有一类诗歌是崇高的。例（30）说明Wi-Fi的普及率，有的地方是免费的。

此类构式较难理解，所以，我们在搜集的数百种例子中发现，消极无助的悲观情感占据了上风，超过了之前我们划分基本和复合情感的比例界限，因此我们才把“有一种X叫Y”构式当作悲伤类情感构式的典型。

三、演化动因

（一）演化路径与构式形成

悲伤类情感构式——“有一种X叫Y”的用法，其实是由原本的按照字面意义组合的形式而演变来的，“X”“Y”的词性选择也最终固化下来，成为一种固定匹配的构式。在高频使用、类推机制的促发下，随着常规句式“有一种X叫Y”在近现代的凝固化和定型化，最终为人们所接受和传播开来。这为构式“有一种X叫Y”现代汉语中形成并流行奠定了基础。在仿拟作用的推动下，21世纪初已经出现了“有一种X叫Y”的超常规用法，但用例较少。

（二）范畴扩大与结构重组

那么看似矛盾，且不相关的“X”和“Y”应该如何判定和解释呢？仔细观察可以发现，构式“有一种X叫Y”也是一种“强加式临时范畴化现象”，其实就是指用一种非正常的手段扩大概念域的范畴，把填充词“X”和“Y”串联到一起。

悲伤类情感构式“有一种X叫Y”产生的重要原因，是一种对两种范畴的扩大合并和结构的重新组建。由于范畴化随着时代发展不断扩大加深，这本身就是一个动态过程。特别能够不断将不同类型的词语筛选并组合到一起。模标“X”和“Y”之间的语义关联，是在不断变化发展的，类似于概念整合理论中的原域和概念域的映射，由于内推力的自我演化，最终在原本不相关的范畴之间，产生限时的重叠。这也就是为什么普通的句式会由于范畴的改变，而产生新的构式类型。比如：

（31）每一个孩子都是贾晓玲，有一种母爱叫李焕英。

2021年的贺岁片，我们发现很多爸爸妈妈在网上热议，说看了电影《你好，李焕英》被深深地感动了。截至2021年12月，《你好，李焕英》成为2021年全球票房榜第三名，累计票房54.13亿元人民币，好评如潮！无数宝爸宝妈在欢笑和泪水中，感悟着母爱，体会着为人子女、为人父母的深切情感。“母爱”和“李焕英”，原本不是一个范畴里的事物，却被联系到了一起，其根本原因就是语义关系的加强和范畴化的临时扩大，最终促成“有一种母爱叫李焕英”构式义的产生。因此，原本的概念形式，经过范畴扩大与结构重组，为了适应语言交际的需要而产生情感构式“有一种X叫Y”。

（三）隐喻作用与转喻作用

任何语言现象的出现，都是有迹可循。从最早的利用不同的意象表达各种单一类型的情感隐喻模式，再到采用概念整合理论将原本互不相干的范畴与情感表达联系在一起。这就说明，在悲伤类情感构式——“有一种X叫Y”的诸多案例中，人们将很多表面看似不合乎语法规范和语义搭配的语句变得广为流传，就是修辞手段的灵活运用，将模标进行加工创造的结果，目的就是为了更好地传递人们对客观事物的主观态度和情感。

我们从北大语料库检索结果得知，情感构式“有一种X叫Y”的语义外延比传统结构所包含的意义丰富得多，也抽象得多。而这一切的基础都是一种概念整合。其实该构式最原本的内涵为“Y”是“X”（类似于下定义），是“有”字连动句或兼语句中的一类，可以拆分为两个部分：前项“有一种X”，后项“叫Y”。其用法也可大体分为两类：

（1）对某种事物的称呼，把“Y”当作事物“X”的名称，相当于换一种说法，所指的事物“X”和名称“Y”之间，必须有很强的关联性，不然会让听话人无法理解。比如：

（32）有一种水果叫“黑美人”。

（2）对事物进行具体的分类。“X”是上位，“Y”是“X”的下位类型，二者是一种形式和意义上的包含关系，而二者的所属关系较为清晰。比如：

（33）有一种生活叫低调的奢华。

通过考察我们得知，悲伤类情感构式“有一种X叫Y”形式上有很强的继承性，而且模标“X”最初只能由名词充当，后来扩大为可由动词、形容词和少量短语来填充，使得构式变得更加灵活多变。虽然从内涵上看，“X”和“Y”的语义范畴之间存在相似性。但是从外延上看，二者的差异性也不小。因此，往往从字面意思无法解读的时候，人们就得依靠自己的认知理解，来完成从概念空间到心智空间的跨越，并最终理解创新义的表达。比如：

（34）有一种离婚叫美丽。

（35）有一种完美叫遗憾。

（36）有一种变态，叫投票。

例（34）中，初看字面意义很难让人接受和理解这句话的含义，看似非常矛盾晦涩。就“X”的填充词“离婚”来说，对于普通人都是一种苦难，甚至痛不欲生的抉择，而这里却出人意料地把它与模槽“Y”的填充词“美丽”联系在一起，这就必须借助例句所在的语境了。我们再来看例（35），这就更是“夸张”的组合了！很多人在读这句话的时候就会纳闷，“完美”

的事物，怎么会留有“遗憾”呢？而这一切都要从电影《爱在黎明破晓前》来解释：旅行的意义在于看到不同的风景，享受不同的心境，遇到不同的人，而最重要的是发现不同的自己。男女主角的相遇便是一种人生的惊喜，他们的敌人是时间，但又是这短短的时间才让两人珍惜和紧紧地拥抱。这一短暂的爱情诠释着一种完美——遗憾。如果男女主角真正地生活在一起，柴米油盐和彼此的缺点，都会令他们的爱情变质。所以只有这种没有目的，没有世俗干扰下的爱情更令人心醉。而这种美好注定只是短暂的，因为正是这种短暂成就了它的美好。也正是因为这种短暂的完美不能持久，才令人惋惜留下遗憾。例（36）是一个拆分式的变体，而“变态”也正是表明对投票这种形式的愤怒和悲哀。因此，不同的“X”与“Y”之间的联系都会在内涵和外延中得到体现，这也是隐喻映射关系成立的主观表现。

当然，除了隐喻机制，我们在悲伤类情感构式“有一种X叫Y”的演变中，也逐渐接受了转喻所起到的作用，相比隐喻的相似性来说，转喻最大的特点在于不同范畴和不同概念域的联想关系。比如：

（37）有一种情结叫宫崎骏。

（38）有一种电影叫香港。

在例（37）中，但凡喜欢动漫的朋友都不能不知道宫崎骏这一号大家，而宫崎骏宣布隐退引发网友追忆潮，给动漫爱好者带来无限的伤感和惋惜，这正是因为宫崎骏所创作的诸多家喻户晓的优秀作品，例如《天空之城》《龙猫》和《风之谷》等。而用宫崎骏之名转喻他所有的作品和观众对他的肯定，其作品张扬人性光辉，传递正能量，这不正是一种对美好事物不断追求的情节吗？例（38）是近年来人们常说的一句话，表达着广大影迷对香港电影的喜爱与热情。香港是功夫电影的先驱，香港曾经是“东方好莱坞”的代名词。因此，模标的填充词“香港”已经不再是一个地名，而转喻成为功夫电影的一个标杆。

四、小结

也许有人会问到，悲伤这种消极情感在人类的发展进化过程中为什么没有消亡？原因是根据生物演化的普遍规律：在特定阶段，对于种群存活有益的特征会保留，反之会被淘汰。悲伤情绪的强度和频率和物种大脑的高级程度成正比，也就是说物种在演化过程中，悲伤这种情绪不仅没有被淘汰，反而不断增强。人只有在悲伤的时候才会更深刻地思考、归纳、总结。艺术、哲学、文学等人类创造的文明成果都离不开悲伤情感。

那么，本章所研究的悲伤类情感构式“有一种 X 叫 Y”，继承了人类情感发展的历程，并结合人类语言自身的特点，在使用过程中不只满足于命名和分类的作用，更是为了适应时代发展和情感多样化的表达。而人们对于表达自身主观心理的渴望，以及对客观事物表达评价意义的缺失，都成为悲伤类情感构式的一种助推力。因此，一些看似违反语法规则、打破传统的使用案例才会更加迷人，而现在的大数据时代，也成为语言快速发展并不断创新的助燃剂。

第三节　非典型个案考察：构式“S 可能 V 了假 N”

汉语中原本的“假 N”一般用于指陈、判定人或事物的身份或性质真伪时表示“非真正的、假冒的 N”之义。比如：

(39) 一个假公司竟然堂而皇之地存在了二三年。

(40) 原来这是个假头套。

近年来“假 N”大量涌现，用法翻转，形成了一个新的构式。我们利用搜索引擎进行检索，得到大量的多样性用例。而且复合情感构式中的“假”也有别于本意对真正价值的探讨，而是一种发自内心的复杂情感表现，特别是可以用于自我解嘲或缓解尴尬的情境。比如：

(41) 我可能读了个假大学，该怎么办?

(42) 因妻生娃解散公司。职员：我可能供职了一家假公司。

(43) 我可能有一个假脑子，还可能是个智障。

例 (41)、例 (42)、例 (43) 显然不是客观的真值否定，而是一种带有失望、懊恼、无奈的主观评判。这类句子用来表示某人对某人、某事或某物的评判，而评判的依据是：行为结果或状况与事实不符，或与说话人的预期相差甚远，而“N”的真假存在或发生过，因而这种评判是一种假性评价。对无须评判的客观事物进行于真假评判，从事理来说没有必要，可见说话人的语用意图其实不在于真假评判，而是为了达到某种特殊的语用效果。因此，本书拟从三个方面来讨论这一新兴构式：构式的形式构造、构式的语义基础、构式化动因。

一、形式构造

构式“S可能V了假N”表示一种假性推断和评价。形式上，“可能”“了”和“假”是相对固定的成分，是模标；“S/V/N”是可变成分，是模槽。模标通过模槽接纳可变成分，使整个构式具有较强的能产性和变化性。

（一）模标成分

模标“可能”表示主观推测，有怀疑和不确定义，类似地，“也许”“或许”“一定”“可能”等表示主观评价的副词也可以进入这种构式。比如：

（44）我可能过了个假年。

（45）我一定是关注了一个假中国。

“可能”用来表示不确定性推断，“一定”表示确定性推断。

模标“假”通常表示客观评价，也可表主观评判。表示客观评价时，“假+N”就是说话人对“N”的真假的一种合乎事理的逻辑判断；表主观评判时，“假”看起来是对“N”的真值评判，实际上是说话人对“V+N”事件的一种假性否定或质疑性评判。比如：

（46）我可能喝了假酒。

例（46）既可能表示说话人怀疑酒是假的，即劣质酒，也可能表示说话人并不怀疑酒的真假，而是对喝酒这一行为本身产生怀疑。“假”一般直接用在“N”前面做定语，偶尔也可以带定语标记“的”。比如：

（47）我可能关注了假的公众号！

（48）毁童年！你们可能看了假的动画片。

上述构式中，模标“假”和“可能”两者的紧密配合使用是构式成立的语义基础，即假性评价。如果没有“可能”的推断性，那么就可能是一种真实的否定。如例（46）“我可能喝了假酒”中，如果缺少模标词“可能”，则构式不成立。在构式中，“假”主要用来定性，“可能”“一定”等主要用来表达说话人评价的非真实性。

（二）模槽成分

1. 模槽“S”

模槽“S”一般是由人称代词充当，而且第一人称代词以单数形式“我”居多。在极少数情况下也能由表人的名词充当。比如：

(49) 我可能看了一部假《射雕英雄传》。

(50) 小 Q 可能做了个假调查!

第二人称“你”和“你们”次之，偶见第三人称“他”和“他们”的用例。比如：

(51) 你可能看到了假《射雕英雄传》。

(52) 他可能是个假俘虏，最硬骨头的俘虏皇帝，孙皓。

我们随机统计了 1000 条例句，发现第一人称数量为 914 例，远远超过第二人称的 59 例和第三人称的 27 例，且单数形式“我”占主体。模槽“S”为名词的情况则属凤毛麟角。

2. 模槽“V”

模槽“V”可由具体行为动词、少数双音节行为动词、系动词“是”和存在动词“有”、心理动词“爱”和“喜欢”等充当。

具体行为动词，这类动词多为与“N”组合的动宾结构的拆分形式，如“睡”“看”“做”“交”“谈”“买”“玩”“来”“去”等。比如：

(53) 我可能睡了假觉。

(54) 我可能看了篇假论文。

(55) 我可能做了份假试卷。

(56) 对不起，我可能买了个假华为。

少数双音节行为动词也可以出现，如“遇到（见）”“看到（见）”“翻阅”“经历”等。比如：

(57) 我可能翻阅了假文献。

(58) 我可能遇到了假客服。

(59) 我可能经历了一个假春运。

系动词“是”和存在动词“有”。比如：

(60) 我可能是个假东北人。

(61) 我可能回了一个假家，我可能有一个假妈。

心理动词“爱”和“喜欢”。比如：

(62) 我可能爱上了假水浒。

(63) 我可能喜欢了假文学。

3. 模槽“N”

模槽“N”表示人物时的概念性名词居多，偶尔有名词性成分。

"N"为表人普通名词。比如：

（64）看了美国高中中文试卷，我可能是个假中国人。

（65）他可能是个假俘虏。

"N"为表物名词，所表示的事物一般是具体事物或事件。比如：

（66）我可能谈了个假恋爱。

（67）我可能在朋友圈里看到的是一个假图片！

"N"为表示时间的名词，且多为表时段的名词。这时，"假 N"前可带名量结构限定语，比如：

（68）我可能过了（一个）假周末。

（69）我可能放了（一个）假假期。

（70）我可能过了（一个）假寒假（周末、春天、冬天、春节）。

"N"为处所名词，可带动量结构限定语。比如：

（71）我可能去了假美国（洛杉矶）。

（72）我可能去了个假南方。

（73）据说意大利有个地方，会让你怀疑去了个假欧洲。

由此可知，从逻辑属性看，"N"包括两类：存在真假值的名词（"N_1"，如文献、恋爱、学生）与不存在真假值的名词（"N_2"，如天、地、美国）。"N_1"进入构式"S 可能 V 了假 N"，有可能是对人或物的真假来进行客观判断，这种句子中说话人没有特殊的语用目的和言外之意，不是我们所要讨论的构式；如果说话人并非对人或物的真假进行客观判断，而是有其特殊的语用目的，就会产生特殊的构式意义和新构式，如例（66）。"N_2"因其没有实质上的真假之分，说话人只是为了某种语用目的才使其进入这种构式，如例（71）。再如时间和处所名词，本身不存在真假，进入构式就是为了达到某种语用效果。如例（68）中的时间名词"周末"是客观存在的，无所谓真假，说话人这样表述是对其虚度光阴的一种调侃或自嘲，表达一种与心理预期相差甚远的语用含义。

二、语义基础

（一）构式的基本义核"假"

构式"S 可能 V 了假 N"的构式义可以简括为：对具体事物或具体事件的怀疑与调侃，即假性否定。

存在真假值的名词“N_1”，构式范例：我可能喝了假药。

在客观真值评价中，产生不完全肯定义“A”：假药。经过构式压制，构式“S可能V了假N”在继承了“A”的语义基础之上，又涌现出新的语义内涵——对情境的调侃“B”：“N”不假，而心情假。

不存在真假值的名词“N_2”，构式范例：我可能去了假美国。

“美国”作为方所名词，本身并不存在真假值，只是在该语境下存在一个仿照美国标准所设计的拍摄场地。这时构式义关注的焦点已经不再是“美国”的真假本身，而是由此产生的语用效果。

由此可见，构式“S可能V了假N”表示一种情绪性的推测，一种假性评价。即使“N”所代表的事物真是假的，但说话者的语用意图并不在此。比如：

(74) 小麦叶片黄可能购了假种。

(75) 一般受伤流血的情况下，大多数人都会用创可贴来止血。然而，有的人买到的创可贴却非但不能止血，还造成了伤口的感染。知道吗？你可能买到了假创可贴！

显然，例（74）是说购买的小麦种子有可能是假的，例（75）是说购买的创可贴有可能是假的。这种构式义的产生是以人们对“N”所持有的概念结构为基础的，在实际效果与原有预期存在差距时所产生的贬真为假的情绪宣泄。比如：

(76) 看了美国高中中文试卷，我可能是个假中国人。

(77) 我可能买了一辆假车，这些功能我居然从没体验过！

例（76）是为了表达“我作为一个土生土长的中国人，竟然连考外国人的汉语试题都觉得困难”；例（77）是“我买了一辆车，开了很长时间却不知道里面还有如此多的功能”。“我”与“中国人”、“我”与“车”，在此构式中被“假”建立起非常规语义链接，即“那些看不懂汉语试题的竟然是地道的中国人（自嘲）”“那些车上的功能我作为车主竟然都不知道（抱怨）”，在“S可能V了假N”构式压制下，最终构建出言外之意：“我的中文水平有待提高”“多看看说明书”的真挚表达。

“假NP”结构在唐代语料中已可见到，不过那不是本节想要探讨的内容，我们想要重点解释的那些用例，是由于构式和语境的共同限定下的那些早已偏离了原来“真假”本意的“假”。如“我可能看了一场假电影”“我可能吃了一顿假饭”等。更有趣的创新之处来自构式中的“假”可以与一些根本不存在的所谓真价值的事物连用，并且这也是人们关注和使用该构式的原因。

（二）构式的语义指向

从语里关系看，构式“S可能V了假N”并非从逻辑上否定“N”，构成真的“假N”，如“假药”“假酒”之类，而是一种侧重表达感受的假性评价。因此，存在句内的语义指向问题：①“可能”的语义指向是“假”；②“假”的语义指向不是N，而是S的感受；③全句的中心是“假”。

1. 指向自己

当模槽“S”用来指向自己的时候，采用第一人称作为切入和传递信息以表达情感的媒介，体现了一种主观判断。只是由于未能达到预期效果，于是通过调侃的态度来表达自己的感受，即表达与主观经验不符之后的失望和疑惑。比如：

（78）我可能是个假演员！

（79）我可能是去当了一回假演员。

2. 指向对方

当模槽“S”用来指向他人的时候，主语的归属产生差异。单凭客观经验和主观臆断，根本无法完成“假”字原本所暗含的真价值判断。因此，自然无法确认“S”的真假与否，且无法对“S”进行常规标准的判断，言者只好通过调侃的态度来表达对“S”不符合常规标准的怀疑，并提醒听话者对目前的情况多加注意。

而下例（80）以事物名词“东北人”为侧重点，评价主体是第一人称“我”，描述了与主观经验不相符的东北人的特征，形成自我调侃的语义表达。早期构式中的“S”也仅限于对自身的调侃，慢慢地随着该构式的广泛应用以及能产性，使用者渐渐接受了这种形式和调侃方式。因而我们也可以将例（80）中的评价对象从评价自身“我”换成评价他身“你”。

（80）我可能是个假东北人。

（81）你可能是一个假的广东人。

例（81）的语义呈现手段则是由于“你”的表现不符合大众心理对“广东人”的评判标准，这时，句子并非称宾语名词的指涉对象是“假”的，而是通过怀疑主语名词身份之“假”，体现出“与事实不符或与预期相差甚远”的评价。因此，评价主体和客体的范围也在实际应用中有所扩大。

3. 指向他者

当模槽“S”的第二人称变为第三人称时，话语交际已由交际双方转向第三方。比如：

(82) 传言真的很可怕，她可能是个假校花。

这句话的意思实际上有一个背景：“都说某校花，温柔又漂亮，善良又迷人，可爱又清纯。我好奇了很久，直到我遇见了她才发现，传言真的很可怕。”并且就所描述的主体而言，在人们心中对于“校花”一定有一个预设，那就是必须是学校中公认最受欢迎的女学生。当然除了长相清纯可人之外，还必须性格好、交际能力强、受人爱慕等。但是，当我们用“假 N”来讨论第三方的时候，关注的焦点已经不再是“N”所包含的一些自然属性，而更多的是集中在对“N”主观看法的分享。上升到复杂情感的表征，将会体现出说话人的一种惊讶、失望、难以接受的情感状态。

通过对比，我们发现真值评价句“假 N”和假性评价构式在语义表现上至少存在四点区别：认知模式不同、指称性质不同、此类搭配不同和推论功能不同。

三、动因分析

一个构式的新生是有前提条件和生成动因的。语料库分析表明，构式“S 可能 V 了假 N”诞生的先决条件是表情包，而生成动因是说话者意图。

(一) 语境促发

“S 可能 V 了假 N”具有“假性+评价”的抽象构式义，但由于具体构式的评价主客体不同，会导致语境动因差别以及使用范围与频率的差异。笔者就随机抽取的 1000 个例子进行精心筛选和整理发现，该构式的两种变体使用频率约是标准形式的两倍，且在书面语体中均未出现。此外，该构式的标准形式多见于网络标题、表情包与视频弹幕，量化变体则更多地出现于微博微信等新媒体中。具体信息如表 2 所示。

表 2 “S 可能 V 了假 N”构式的使用频率

三个构式分布百分比		
①	S 可能 V 了假 N	33%

续　表

三个构式分布百分比					
②	S可能V了N+ $Q_{名}$假N			62%	
	S可能V了N+ $Q_{动}$假N			5%	
数据：出现频率					
网络标题		表情包与视频弹幕		微博微信	
69	21%	238	72%	23	7%
242	39%	74	12%	304	49%
16	33%	7	14%	27	53%

表情包是将人物的复杂情感具体化的漫画形式，表情包的直观性让这种构式的假性评价色彩具有更高的识别度。表情本身就是各种情感的形象化呈现，其传播途径为“原创→共鸣→领会→收藏→转发”，具有极强的传染性和多产性。虽然早期文字无法脱离表情图片（图1），但随着网络媒体的飞速发展，无论表情包所体现的是调侃自嘲或是黑色幽默都被广泛模仿，进而形成相对稳定的构式义，并逐渐融入日常口语表达之中。

图1　早期文字无法脱离表情图片示例

在交际双方话语的不断轮转中，只有精确理解对方语言所要表达的情感态度或语用目的，才能让交际过程更加流畅。而这些包含“假”的流行语，在表情包的语境促发下，以一种对“事与愿违”事态的情感宣泄，使句中的“假”偏离了基本义，修辞性地表达其对既成事实的调侃或自嘲，同时又能缓解尴尬，如“我可能减了假肥”“我可能复习了假书”“我可能长了个假脑”等。当理想与现实相距甚远的时候，人们不得不使用语言的手段为自己开脱，以解释和掩盖自己的无助和失败，构式“S可能V了假N”正好满足这种需求。再加上网络新媒体的助推作用，才使得图片说明语“S可能V了假N”构式逐渐成为流行先锋文化的重要载体。

（二）言者意图

构式“S 可能 V 了假 N”是假性评价句，从结构角度所做的识解与从释义角度所做的剖析都有一定解释力。然而，无论是构式本身还是各个模槽，实际表达的都是对已然事件的假性评价，这种评价是否会对说话双方产生影响，取决于说话者和听话者之间、话语和语境之间的互动关系，以及由此出发的交际意图（施春宏，2016）。按照言语行为理论，假性评价构式“S 可能 V 了假 N”所体现的情感互动关系较为复杂，虽然是表现说话者的一种主观调侃，但由于交际意图不同，所形成的语力就会有程度差。根据随机抽样所选取的语料进行分析，有以下两种情况：

（1）从评价客体模槽“N”来看，在例（69）到例（78）中，假性评价构式所述的怀疑性事件从语用上充实、加强了说话者的语力，从而构成说话者对听话者的一种诱导性共鸣动因。

（2）从评价主体模槽“S”来看又体现在两个方面：

①评价自己。在例（79）和例（80）中，假性评价句所述的自嘲性可能事件，让听话者面临两个识解选项，要么理解说话者的愤懑情感，要么对其现状表示同情，听话者会被迫选择二者之一，这就是说话者自我解嘲得以表达的具体动因。

②评价他人。在例（82）和例（83）中，无论背景语境是什么，构式实例都是对客体的一种主观评价，表达对既定事实的态度及对客体的怀疑。这正是促使说话者以假性评价句来委婉表达对客体真假的推断，并希望听话者加以注意。

因此，从说话者和听话者的情感体验来看，“S 可能 V 了假 N”这一假性评价构式具有鲜明的不赞色彩。在言者意图这一总体动因的促动下，在背景语境和陈述判断互补互动的具体动因的作用下，假性评价构式表达出怀疑、调侃和自嘲三种语力。通过评价客体模槽“N”的假性否定方式，来委婉表达说话者的失望心境。在评价主体模槽“S”表达说话者的态度观点时，除了都能自我解嘲，也会因语境不同夹杂有怀疑、无奈或是失望的情感意向。从评价自己的角度来说，采用该构式不但可以掩饰说话者的尴尬和失落，还能降低直接表达在言语交际中对礼貌原则的违反程度，并达到一定的幽默效果。从评价他人的角度来说，对事件的委婉表达，也体现出说话者对现状的关切，降低对听话者行为的贬抑程度。

四、小结

需要指出的是，通过对假性评价构式“S 可能 V 了假 N”的分析，可以发现，这类构式从形式上看，有三个方面特征：①推断词“可能”和否定词“假”的配合是其枢纽。②表情包中的数量词缺失所占比例最高，是由于表情包中的人物形象具体，结构单一。除非特指，无须多言，即为省略。③而非计量“一＋量词”的隐现，也是由于使用的语言环境并非面对面，而是通过网络等媒体传递的结果。从构式语义上看，在这种假性评价构式中，背景语境和假性语句共同表达“假性＋评价”义，形成独特的构式语义。从语用意图上看，构式本身所具有的不同于普通句式的逻辑语义，在言者意图和独特语境的共同作用下，可用于宣泄不满、自我解嘲、针砭时弊等情感诉求，并最终促成了这一形式从网络表情包向假性评价构式的语言转向。

第六章　恐惧类情感构式考察

第一节　恐惧类情感与恐惧类情感构式

一、恐惧类情感及其表达

所谓恐惧，通俗地说，就是人们经常挂在嘴边的“害怕”。在普通心理学理论中提到的恐惧，是指一种人类和其他生物体心理活动的状态，是一种恐惧感、恐惧情绪或恐惧心理，而后演变成四种经典情感之一，即惧怕、害怕、畏惧。恐惧产生的根本原因，是由于受到外界的刺激，而引发的一种惊慌失措或惴惴不安之感。

认知语言学认为，恐惧是一种人类共有的原始情感。早期是在狩猎或遭遇大型猛兽时一种发自灵魂的恐慌。随着时代的发展，人类文明的进步，恐惧又指人们在面临某种危险情境，企图摆脱而又无能为力时所产生的担惊受怕之感，也属于一种强烈压抑的情感体验。

从语源上说，“恐”字的本义是严重害怕，惊恐。“恐，惧也”（《说文解字》）。“星队（通‘坠’）木鸣，国人皆恐”（《荀子·天伦》）。“今会日薄矣，恐事之不集，以为诸侯笑。”在现代汉语中“恐”字有三个意义：害怕、畏惧；使害怕；恐怕。如有恃无恐，诚惶诚恐。

“惧”字的本义为害怕、恐惧。“惧，恐也”（《说文解字》）。由害怕、恐惧引申为忧虑、担心。又用为使动用法，表示使之害怕、恐惧，惊慌失措，即恐吓、威胁。《国语》：“孺子何惧？夫为人子者，惧不孝，不惧不得。”

北大语料库显示，“恐惧”合用始于明代，其意义是指畏惧、害怕。惧乃畏怕之实，恐在惧前也，恐有惊惶之意。如“大水漫漫，心甚恐惧”（《七修类稿》）。再如“九月，车驾还宫，帝于后殿闷坐，自思颍川等处盗贼蜂起，骚动京师，心甚恐惧”（《通史演义全编·东汉演义》）。这里两例都是表示担心和害怕。

“恐”和“惧”是同义词，表示害怕，在汉语双音化作用下，组成双音词“恐惧”，强调惧怕，如“浑身被一种莫名的恐惧紧紧攥住，心在撕裂”（《隐形伴侣》）。如果细分，恐的程度稍重，含有惶恐不安的意思，如“恐难胜任”。惧则含有警惕自戒的意思。如“不忧不惧，斯谓之君子已乎？”（《论语》）。再如“使者报，言燕王之甚恐惧而请罪也”（《吕氏春秋》）。

二、恐惧类情感构式的特点

那么害怕这种情感的由来是什么呢？其实就是指当人们遇到了一些突发状况却无能为力时所产生的紧张焦虑、不知所措和不安情绪的交织。人们想摆脱现实的束缚，却又找不到出口，无法置身事外。我们用来表达害怕的词汇多半选取一些能够表达情感程度的形容词和副词，然后从这些形容词、副词出现的频率和数量来分析恐惧情感时的特征。恐惧情感还有许多下位类型，如担忧、烦闷、无所适从、焦躁、难以自持等。它们在人的身上都会有一些相应的表达。

恐惧类情感构式多以词汇形式为主。词汇的表达多种多样，许多经典书籍中都有诸多分类方式。通常根据程度，将恐惧划分为：①低级：惊慌不安；②中级：感到恐惧；③高级：畏惧失态，无边的恐惧。可见，情感形容词和副词才是构式中的关键，当然还包含很多不容易解释的现象，以及看似不相关的词汇入句。

除了词汇的入句，还有更多的更巧妙的表达方式。人类在表达恐惧情感的时候，其实也跟另外三种基本情感一样，不仅是从身体的感受转变为心理的状态，更是一种从客观环境到主观态度的变化发展的过程。而这一切都必须借助于隐喻和转喻才能完成。如“胜爷看罢，吓得魂飞胆裂，面无人色，不亚如万丈高楼失脚”。

情感构式的隐喻和转喻过程具有以下三个基本特点。

（一）生理特点

根据上节对恐惧概念的判定，我们发现，东西方文化中对恐惧的生理特点有着相似的认知基础和表象模型。当遇到令人恐惧的事物时，人体常常会出现一系列的连锁反应，借助成语我们会发现许多端倪，如“毛骨耸然”用来形容极度恐惧与惊慌，表现形式就是汗毛竖立，骨骼咔嚓作响，或是“不寒而栗”所表现出来的不冷而出现身体颤抖的情况，还包括“面无人色”所表现出来的虚弱无力之感。另一方面，恐惧会使人的知觉、记忆和思维发生障碍，失去对当前情境分析、判断的能力，并使行为失调。如“结舌杜口”，形容舌头像打了结子，动弹不得，或是形容因恐惧而不敢说话。这些生理反应其实都是人类对于未知事物的一种原始的本能逃避。

（二）心理特点

人们常说，令人恐惧的因素一般体现为两种，一种是血腥暴力给人的直观刺激之感，另一种则来自内心对未知事物的恐惧害怕之情。因此，心理的恐惧会使人的视觉和听觉遭受强烈的刺激，这种刺激传入人的大脑，使人体的心率增快、呼吸加速、血管收缩、血压上升。另外，由于恐怖画面及环境对人体的影响，还可导致人体内的一种叫儿茶酚胺的物质分泌增多，导致心血管异常，容易引起严重的心律失常或心脏骤停。《三国演义》第四十二回《张翼德大闹长坂桥　刘豫州败走汉津口》中就有所记载："飞乃厉声大喝曰：'我乃燕人张翼德也！谁敢与我决一死战？'声如巨雷。……喊声未绝，曹操身边夏侯杰惊得肝胆碎裂，倒撞于马下。操便回马而走。于是诸军众将一齐望西奔走。"未开战，就率先吓死一员大将，这是恐惧对人体冲击最直观的表达。

（三）文化特点

地球生命在几十亿年的进化史中，人类脱颖而出，占领世界的各个角落。现在人类科技发展迅猛，甚至探索地球以外的事物，但是有一些原始的东西依然留在人类体内，如对一些无害事物的天然恐惧。现在打开互联网可以看到一大堆的"恐惧症"，如蜘蛛恐惧症、密集恐惧症、巨物恐惧症。人类现在体内遗留下来的这些对无害事物的恐惧，基本都是人类祖先在野外求生时训练出来的本能。

恐惧首先是一种生理机制。当身体感官察觉到可能构成威胁的来源时，大脑会启动一连串的反应，让我们要么为生存而战，要么尽快逃离——哺乳动物的这种反应被称为"战逃反应"。正是战逃反应让我们一次次躲过危险，最终生存了下来，让基因得到延续，也可以说是恐惧让我们生存了下来。大多数恐惧和我们的经历有关系，我们所在地方的文化决定了我们的行为。其实恐惧是一种正常现象，这是我们生存下来的原因，但我们不能对一些事物过度恐惧，这可能会影响我们的生活。

就好比其他情感范畴一样，"恐惧"也蕴含着不同社会历史文化基础，具有极强的民族性。西方各国普遍将"恐惧"作为一种审美范畴纳入悲剧的研究领域，如亚里士多德认为："通过人的共鸣而发挥作用的理想化了的恐惧是他所提到的悲剧情绪的本质。"古希腊人对于未知的大自然往往充满了恐惧，多以对自然的反抗或征服来表现出一种悲剧精神，这在许多神话及文学作品中均有所反映，如奥德赛描述航海途中遭遇怪兽斯库拉时的恐怖情境："我们大声哭泣，行驶在狭窄的海道，……大海咆哮奔流，把内里的一切全暴露，崖壁可怖地发出呻吟，海底显露出乌黑的泥沙，令大家陷入苍白的恐惧。"而后亚里士多德也在史书著作中多次提及令人恐惧的事物以及人们的那种惧怕的情感，比如许多西方文学经典名著中所展现出来的骨肉相残的剧情。

三、恐惧类情感构式的类型

恐惧倾向情感构式有自己的语言特点。

表达恐惧时所使用的语言多种多样。恐惧既然表示的是一个人在害怕、畏惧时所展示出来的心理状态，那么往往能从外表显露出来，并用相应的语言手段和语言类型来显示。

第一是词汇。词汇是一种概念化表达，而表达恐惧概念的同义词有不少，如害怕、恐慌、惊恐、惊慌、惊惧等等。但是，感叹词也是表达恐惧情绪的主要语言材料，如"呀""啊""哪"等就以表达惊异为主。

第二是成语。我们查阅发现，表示感到恐惧的成语有许多，如惶惶不安、诚惶诚恐、怛然失色、大惊失色、担惊受怕、魂飞魄散、谈虎色变、胆战心寒、胆战心惊、骨寒毛竖、骇人听闻等等。成语言简意赅，生动形象，极具表现力，如"惊弓之鸟"是指被弓箭吓怕了的鸟，比喻经过惊吓的人碰到一点动静就非常焦躁不安。"心惊肉跳"形容担心灾祸临头，恐慌不安。"面如土色"指脸色呈灰白色，形容惊恐之极。这是词汇层面，那么句法层面有哪些体现呢？

第三是句法。描写恐惧的句子很多，它们分别利用一些具体的表示恐惧的词汇和对客观事物场景环境的描写，来描述令人害怕恐惧之情。如描写害怕：他吓得脸儿就如七八样的颜色染的，一搭儿红一搭儿青（冯梦龙《醒世恒言（下）》）。描写惊恐：黑暗像一个巨大的漩涡仿佛要将我吞噬掉。描写惊悚：什么都不怕，就是最怕僵尸!! 简直恐怖!!

中文对恐惧有丰富多彩的表达，也对应了英文中华丽的词语和句型。英文中有 to be afraid、to be scared、I'm scared and sweaty 等。

第四是新兴构式。新兴构式一般率先出现在网络上，因其传播的便捷和大量受众很快流行开来。比如构式"X 炸了"，其中模标"炸"在词典上的释义是物体突然破裂；因受惊而四处乱逃。而在新兴构式"X 炸了"里却获得了新的意义，即构式义："突然火起来""火爆得令人惊叹"，如"麓城盛大开盘现场，真的是挤炸了！开盘即售罄!"再如"B 站崩了，网友炸了，但真相其实是这样的”。

因此，本章关注的重点是两个不能简单推导的恐惧类情感构式，即“我的X啊/呀”和“吓死X了”。

第二节　典型个案考察：构式“我的X呀”

恐惧类情感构式，选取起来非常困难，因为，恐惧的下位类型繁杂，这就导致构式的划分和引申义的选取之间存在一条看不见的沟壑：从最早的惊叹到惊慌，再到惊恐。这一系列的变化都必须建立在层层分析的基础上才能达到。那么本节所选取的构式“我的X呀”在现代汉语的表达中，其实是属于表达恐惧情感状态的感叹句一类。经过我国汉语语法学界对感叹词和感叹句的讨论和研究，逐步形成了相应的概念体系，创立了比较系统而全面的描写手法。不过光有感叹语气，对恐惧类情感构式的表达还没有太大帮助。比如我们本章所要观察和描写的构式“我的妈呀”和“我的天哪”，都不是取决于感叹语气，而是取决于它参与组成的模标“我的X呀”。

构式“我的X呀”的标准表达式是“我的妈呀”和“我的天哪”两种。根据我们在北大语料库中查找到的所有“我的妈呀”及其微量变体，语料来源所涉及的案例以现代汉语居多，我们发现，它们都是一种用来表示说话人某种情感的用法。在1000条左右的有效例句中，发现“我的妈呀”总计67条，“我的天哪”总计826条，相当于英语的My God，使用频率非常高。有人认为它们是相对完整的独立表达式，难以提升为构式。而我们将其视作构式，有如下理由：①作为表达式，一般是单个的，在形式上是固定的，在意义上是特定的，一般具有词典上的固定释义。②在结构上，它们的语气词不是固定的，至少可以后接语气词“呀”“啊”“哪”，有时候还使用“那”。③构式“我的X呀”有自己的构式义“真没有想到呀”，表示恐惧类情感，也就是说，构式“我的X呀”具有不可推导性。④构式“我的X呀”的模槽除了常见的“妈”“天”“上帝”之外，还可以选用“小祖宗”“天奶奶”“地”“姐”“娘”“大美人”等。比如：

(1) 四婶在那边屋里骂：“小祖宗呀，端你尿你不尿，放下你了你就给我尿长江呀!”

(2) 哎哟我的地呀，未来将属于两种人：思想的人和劳动的人。

(3) 我的姐呀，以后能不能别这样啊!

(4) 当王迈给承学民念了“丢死人了”的内容时，承学民惊叫起来：“哎呀天奶奶呀，我没跟他单独说过话。”

(5) 呵呵大美人啊！你们谁能翻墙上推让美人跟我们说新年快乐啊！

这里的“小祖宗”“地”“姐”“天奶奶”“大美人”显然是模槽。因此，我们认为，“我的X呀”是一个构式，而不是普通的表达式。只不过，从模槽的数量上看，“我的X呀”是一个非能产型的构式。

资料显示，在具体的使用中，构式“我的X呀”一般作为单独小句，更常见的是作为复杂句的构件部分，也就是说，它的使用与成立需要有必备的语境，即在构式“我的X呀”之后或之前加上一个分句“S”，或者可以作为后文的指引转化为复句的一个外位部分。比如：

(6) 我的天哪，这么神奇的吗？

(7) 哎哟，我的妈呀，真的假的？吓我一跳！

(8) 毛泽东主席见了，便说：“我的‘小祖宗’呀，你可一定要把这一分争回来！”

例(6)至例(8)表明，在通常情况下，构式“我的X呀”不能单独出现，必须有一个上下文语境，并结合具体发生的事件进行前后调整，以达到一种惊恐的情感。

在语料库里，我们发现了一个特例，即例(9)，它充分显示了构式“我的X呀”的魅力及其能产性。

(9) 她(老婆子)一屁股坐在常老黑耳边，眼泪鼻涕一把撒，像唱歌似的大哭起来：“我的天呀！我的地呀！我的爹呀！我的娘呀！我的……老头子啊！我的死对头呀！我的心肝肺呀！我的黑煞星呀！我的同床共枕人呀！我的阎王爷呀！我的老寿星呀！我的眼中钉呀！我的心头肉呀……”

例(9)中的每一个呼语是可以视作构式“我的X呀”的模槽，尤其是“我的天”“我的地”“我的爹”“我的娘”“我的阎王爷”“我的眼中钉”“我的心头肉”，形象地描写了老婆子的悲伤情绪和哭诉的痛彻程度。

因此，下文论述的时候我们也会按照这个标准来研究。

一、基本形式

根据上文提到的我们对构式“我的X呀”的具体例子的考察，发现其存在两种基本形式，“我的妈呀”和“我的天哪”，由于汉语的多元性，每种典型的形式还存在一些异化变体，详见典型案例：①我的妈呀！②我的天哪！③我的姑奶奶呀！

有趣的是，这些异化变体都是简单地改变形式，有的采用添加一些虚词，有的采用省略一些多余的成分，还有一些是将“X”换用别的成分。比如：增加式“我的个妈耶!”“我的个天!”；省略式“妈呀!”“天啦!”；转换式“我的上帝呀!”“我的老天爷啊!”；语气词标换式“我的天那”；等等。

构式“我的X呀”的形式及其变体情况可做如下观察。

1. 添加新的成分

（10）我的个妈呀，我该怎么办啊？这么多试卷需要做啊。

（11）我的个天哪，这件事情真是令人意想不到。

（12）还挺帅的，我的个小祖宗啊！我是不是也可以成美女啊！

这三例的变体都是属于在模槽“X”（“妈”“天”和“小祖宗”）的前面加上一些数量词，如“个”，或者采用双拼音节等。变体形成的理由自然有它们的道理，例句中的“妈”和“天”已经在构式义的压制下构式化成不指代任何含义的表惊叹害怕的词语，因此，那些原本不可能加在“妈”和“天”等词语之前的数量结构，在构式变体中成为可能。“妈”也再是指“妈妈，母亲”，“天”也不再是表示头顶上的那个“蓝天”。

在新添加成分的构式里，“苍天”“老天”也是一个常见的模槽，如“苍天哪，苍天哪，真是生有处，死有地”“我的老天哪，还有一库的金元宝、银元宝，一生一世也受用不尽”。

2. 去掉多余成分

（13）妈呀，我是谁？我在哪儿？我在干什么？

（14）天哪！满地密密麻麻的灰色小虫。

（15）小祖宗啊，你吃点饭吧，我给你叩头行不行？

省略式的目的就是直截了当，言简意赅，加强语气。添加式的反向，便是我们常说的省略式。虽说它们是构式“我的X呀”的省略形式，但是所要表达的情感的复杂程度却一点儿也不少。从心理学的角度来看，人类是情感的动物，人类情感的流露多半是应物斯感，由一些特别的情境所产生的类似刺激反应的结果。对于不同的情况产生的生理刺激会通过语言的表达而体现出来。那么突发状况时所产生的应激性反应，就可以证明人们采用省略句式时候的心理状态。因此，会省略一些自己不太关心或不太注意的言辞，如例（13）中所采用的连续提问式是事发突然，导致还来不及反应，所产生的省略。去掉了一些影响小的地方。例（14）更是恰到好处，地上的密密麻麻的灰色小虫让说话者害怕，情急之下，这种有效的省略方式加强其作为感叹词所要表达的语用效果，并且增加了说话人对事物的惊恐害怕之情。例（15）是指小女孩在姥姥家不听话，又哭又闹，不肯吃饭，疑问句增加了句子的无奈、担心和请求语气。

通过对语料库中例句的梳理，我们发现可以只用一个"天"字来表达惊恐的情感，连"哪"字都可以略去不提。比如：

（16）我的妈耶，这届粉丝真的太秀了。

（17）天！这可不是窦公馆盛宴，钱夫人来"游园京梦"吗？

（18）小祖宗，不是我不来，你们满叔老拖住我说话，我怎么好意思不理人家呢？

由此可见，例（16）"我的妈呀！"中的"妈"一语已经不是对"母亲"的一种亲属称谓词，例（17）里的"天"也不是一个表示自然现象的概念，例（18）里的"小祖宗"更不是对长辈的尊称，而是在构式"我的X呀"的语义压制下，成为表达惊恐害怕的情感修饰语。如"苍天哪！天！"常常用于影视剧中，表示人情绪激动而有所呼号，控诉时的呼吁。

3. 转换可变成分

那么对于模槽"X"的语用特征，我们可以根据具体的形式构造进行适当替换，一种是替换"X"所指带的称呼语，另一种则是改变句尾感叹词的语气。比如：

（19）"哦，天！"我对电话那方的人叹气："你到底想要我干什么吗？"

（20）哎呀我的个娘呀，这叫比的什么赛啊！

（21）哎啊，别想了，我的姑奶奶。你这再一想，我可就要给你跪下了。

这里，例（19）将"老天爷"转换成"天"。根据《现代汉语词典》中的解释："老天爷"指民间认为天上有个主宰一切的神，尊称这个神叫老天爷。当我们说"老天爷"的时候，出现频率最高的句子就是"老天爷在看着你呢！""老天爷会惩罚收拾恶人的"，甚至有时候也会说"老天爷真是瞎了眼"，可见"老天爷"在百姓的心目中是至高、至善、至公、全知、全能之神。"老天爷"对人间的罪恶了如指掌，能够惩恶扬善。当然有时也会失察，否则也不会有"窦娥冤"，也不会有"六月飞雪"。"老天"当然是老百姓对"天"的俗称，而提起"爷"，似乎有种人格的意思。我们知道，一般称某人为“爷”，就代表了其人的身份、地位极为尊崇、高贵。人们把这种高贵的称呼置于“天”，于是便有了“老天爷”的称呼。例（20）将“妈”换成了“娘”，根据《新华字典》里的释义：娘是指母亲，包含娘亲、娘家、爹娘；对年轻女子的称呼，包含娘子、姑娘、娇娘、新娘；称长一辈或年长的已婚妇女，包含大娘、婶娘。这一类字词是对人们遇到的恐怖事件时的宣泄和情感表达。所谓“穷则呼天，痛则喊娘”，正如《楚辞》中所云：“夫天者，人之始也；父母者，人之本也。人穷则反本，故劳苦倦极，未尝不呼天也；疾痛惨怛，未尝不呼父母也。”

另一种转换，取决于句尾语气词的不同写法，可用“耶”“呐”“哟”等语气词，替换掉原本的“呀”“啊”和“哪”，使恐惧里带有惊讶。如“我的妈耶”“我的天呐”“我的妈哟”。具体例子如下：

（22）我的妈耶，欧阳娜娜小时候也太可爱了吧。

（23）“我的天呐！”女人觉得这遭真的要死，一切都为时已晚……

（24）“天呀！我的姑奶奶、小祖宗，你此话当真？”田蜜一巴掌拍在额头上。

例（22）用了语气词“耶”，例（23）用了“呐”，例（24）用了“呀”，丰富了构式“我的X呀！”的表现形式。由此可见，构式“我的X呀！”中，除了模标可以适当根据语境变换之外，句尾的语气助词也会根据情况不同而发生相应的变化。

4. 组合使用

常常见到将构式“我的X呀！”的几种具体形式组合在一起使用的句子。比如：

（25）我又说谎了，我的天呀，我的地呀！

（26）天和地啊，请接受我吧，我很喜欢这个。

（27）我的姑奶奶、活菩萨，口下留点情。

例（25）“天”“地”两个句子组合在一起，从形式上形成排比，从功能上增强了表达气势，渲染了惊恐的气氛。例（26）“天”“地”两个词并列在一起，表示情感的急切。例（27）的“姑奶奶”“活菩萨”的连用，说明了说话人的惊恐程度之大。再如“我的天呀，我的娘呀，我不要活了呀”“包文婧送礼物给闺女，饺子高兴大呼：我的娘呀，我的天呀！太萌了！”等，都在表达程度之深。

二、语义偏向

1. “惊讶”情感对构式的选择

遇到突发状况或者令人感到不安的恐惧时，情感构式“我的 X 呀”也会根据具体的情境而产生不同分化，这就意味着上文所说的具体构式“我的妈呀”和“我的天哪”所要表达的内涵，最主要或者最基本的情感是凸显“突如其来”的惊吓状态。除了这些内容，还将涉及很大一部分的复合情感杂糅，如担惊受怕、骇人听闻、悲喜交加、赞不绝口等。

资料显示，构式“我的 X 呀”存在情感偏向，也就是说，在表情达意的时候，该构式会通过上文提到的改换称呼语和语词助词来表达不同的下位情感。

上位类型（典型的情感义）：惊讶，包含困惑疑虑，感叹伤感。

下位类型（复合的情感义）则分为积极和消极两部分：积极表达有惊喜、表扬、赞美、同感；消极表达有惊惧、惊愕、惧怕、担忧、悲痛。

根据上述分类将二者在语料库和网络中找到的语料进行整理，详见表 3。

表 3　下位类型情感分类

	我的妈呀				我的天哪			
	惊讶	惊恐	惊喜	总计	惊讶	惊恐	惊喜	总计
数量	30	24	7	61	512	248	53	813
比例（%）	50	39	11	100	63	30	7	100

丰富的案例必须从数据中找到印证，我们从上表中的比例可知：

首先，从总数上来分析，在构式“我的 X 呀”中，个案“我的妈呀”用例明显少于个案“我的天哪”，并存在许多相似之处，即表达广度和频率由大到小，依次是惊讶＞惊恐＞惊喜，也就是说，所表达的消极情感大于积极情感。这充分体现了构式中感叹成分的主导地位。由此可知，对于恐惧类情感构式的分析符合上文中认知原型范畴理论（王寅，2007：113），即原型个案、非典型个案和复合情感三类。构式的情感偏向决定了情感构式的类别归属，如本书将构式“我的 X 呀”归入恐惧类，是依据论文里所引用的相关语料所表达的情感类型，并进行统计的百分比而提出的，也就是按照符合分类的比例量决定，即情感倾向在 61％—70％及以上者为原型个案，51％—60％的为非典型个案，50％及以下的表达多重情感者为复合情感。

其次，恐惧类情感构式“我的X呀”的下位类型是“我的妈呀”和“我的天哪”，在口语使用和书面口语的表达中均出现可互换的情况，这也是由构式形式的语法化所决定的。

最后，如果我们想更深入地理解这两种下位类型的异同，我们就不得不简要分析构式“我的X呀”的情感偏向，详见下文。

2.“惊恐”情感对构式的选择

本节所要研究的主题就是，恐惧类情感构式“我的X呀”，是如何一步步从“惊讶”语义逐渐过渡到包含了“恐惧”义的诸多下位类型的。其两种下位类型“我的妈呀”与“我的天哪”，根据不同语境的差异所展现出来的情感偏向也有所不同，如表4所示。

表4　两种下位类型的情感分类

	我的妈呀			我的天哪		
惊恐	惊讶+恐惧	惊讶+担心	惊讶+悲哀	惊讶+恐惧	惊讶+担心	惊讶+悲哀
数量	23	1	0	151	79	18
比例（%）	96	4	0	62	32	6

从表4中我们可以清楚地看到：

首先，两种下位类型在不同语境的制约下，都按照惊惧＞担忧＞伤痛的情感路径逐步发展固化。

其次，下位类型“我的妈呀”语义所指更加明确，就是为了凸显说话人遇到出乎意料的事情所发出的恐惧呐喊。所以，当我们想表达惊恐之情时，更多地会使用“我的妈呀”。比如：

（28）我的妈呀！太恐怖了，朋友们，都取钱时，不要大意。

（29）我的妈呀！吓得我，还以为勒索呢。

（30）我的妈呀，这还是人吗!?

这里，例（28）至例（30）都是“我的妈呀”格式表达“惊恐”的情感。例（28）出现了“太恐怖了”用语，例（29）用了“勒索”，例（30）则用了反问句，都增强了恐惧气氛，而且语气词“呀”就是专门被用来表示“惊异”的。因此，与其他构式相比较而言，构式“我的X呀”表达这种“惊讶+恐惧”之情更有优势。

“我的天啊”的表情域更宽，有时候也会脱离恐惧的情感，转而表达对于突发事件的一种难以置信之情，这时不是恐惧，而是包含一种赞叹，一种感动，即惊叹。比如：

（31）哎哟，我的天呀！应酬居然碰见一帮老师。

（32）我的天呀！太棒了吧……昨天照的摩天轮。那么亲亲你可爱的孩子吧！

（33）印度喜剧电影，我的天哪，都不好意思看了，笑喷了。

例（31）中的“我的天呀”，表示意外碰见老师们，例（32）是对照片的赞叹，例（33）却在惊讶之余，含有对印度喜剧电影的欣赏与赞美。

在具体的语言使用时，人们也常常选用“我的天啦”来表达忧心忡忡之情。比如：

（34）我就想：哎呀，我的天啦！莫非它是在诅咒我死么？

例（34）的语境中，主要表达的是一种担忧和悲伤之情，但含有推测之意。

3.“惊喜”情感对构式的选择

“惊喜”这层情感语义更像是构式“我的 X 啊”的变体。何为惊喜呢？惊喜其实是又惊又喜，是指不加节制地表露欢乐、热情和惊奇。当语言使用者使用不同的下位类型时，都会对情感的表达产生影响，如表 5 所示。

表 5　不同下位类型情感分类

	我的妈呀			我的天哪		
惊喜	惊讶＋喜悦	惊讶＋赞叹	惊讶＋感动	惊讶＋喜悦	惊讶＋赞叹	惊讶＋感动
数量	6	1	0	31	21	1
比例（%）	86	14	0	58	40	2

根据表 5 我们可以得知：

首先，模槽“妈”“天”构成的“我的妈呀”和“我的天哪”都可以表示说话人的惊喜之情，比如：

（35）我的天呀！好漂亮啊！让我想到了当年在敦煌莫高窟里看见的飞天！

（36）“我的天呀！她是个大美人！”咄罗奇呼出了大家一致的心声。

当我们搜索语料库查找实例的时候发现，“我的妈呀”在表达惊喜之情的时候，主人公除了沿用第一人称“我”的称呼语之外，还会在上下文中使用相关程度副词进行修饰，喜悦之情溢于言表。因此，可证明下位类型“我的妈呀”比“我的天哪”更适合表达喜悦情感。

此外，在表达“感动”之情时，则是“我的天哪”占据上风，更有优势。比如：

(37) 哈哈我的天呀！好感人呀，好幸福的女孩！超级浪漫快闪求婚呀！

另外，两种下位类型在表达赞不绝口的事物时，案例中的比例趋于持平和稳定。比如：

(38) “我的天呀！”她低声自言自语赞叹道。大家都异常激动。

(39) “我的天呀！”装饰过的卧室富丽堂皇，像王宫一样豪华。茶红色的帷幔上，银扣子星罗棋布，熠熠发光。

综上所述，恐惧类情感构式“我的 X 呀”必须借助两种主要的下位类型才能更加灵活多变地表达惊讶、惊恐、惊叹等具体情感。

三、语用增效

根据上文可知，恐惧类情感构式“我的 X 呀”在构型的时候就有多种参照，而两种下位类型“我的妈呀”和“我的天哪”更是在表达三种具体的下位情感时有所侧重和选择。因此，我们首先要考虑的是语言的使用者在不同语境表达情感时所产生的语用意图。

第一，根据对构式“我的 X 呀”的形式解读，我们清楚地认识到，模槽“妈/妈妈”不再是一种亲属称谓词，“天/老天”也不是一个对天空的自然称谓，而是演变成一种抒发人类喜欢、赞扬、忿恨、不满、惊吓、惊喜等情感的一种有效方式。这一切都是源于对“母亲”的依恋和对“上天”的敬畏。这也是一种语用心理的具体体现。比如：

(40) 哎哟，我的妈呀！化腐朽为神奇太绝了！

(41) 我的天，——果然一刷屏就会有人关注。

这里，例（40）和例（41）都是利用“妈”“天”表达惊叹含义。

第二，除了表达情感之外，这样的一种语料安排也能明确显露出说话人的态度。并且态度和评价中带有说话人的主观情感，以及对世界观、人生观和价值观的体现，而且个人偏好和态度不同会不同程度地影响构式的适用范围和使用频率，因此，需要具体问题具体分析。

(42) 我的妈，你怎么生出我这个这么聪明的女儿啊！

(43) 我的妈呀，一样的话不同的人说出来感觉都不一样啊。

这里，充分体现了说话人的主观态度，其中，例（42）有些自夸，例（43）则是一种调侃式的赞叹。

第三，构式的语用效果有时也会包含特殊的讽刺和暗示。这时候，下位类型的使用只是为了自圆其说或者是缓解尴尬的气氛。而在不同的语言环境下，说话人除了表达自己的情感之外，还渴望引起听话人的共鸣，以一种委婉舒缓的方式表达自己的情感态度。这也是礼貌原则的一种变相体现。比如：

(44) 也很简单，睡前把插头拉掉，那些娘呀、姑奶奶呀，全烦不到我了。

(45) 哎呀，格格大人，祖宗姑奶奶呀！你怎么进来了？

例（44）的“娘呀、姑奶奶呀”是泛指那些令人不快的事情，而例（45）的“祖宗姑奶奶呀”表达的则是因格格大人突然进来所引起的惊恐。

由上述例子可以看出构式“我的X呀”的语用功能。人是社会中的一员，包含了社会因素和个人的心理因素，需要通过思维、认知和情感相互加工才得以完善，因此，对于相同语境下产生不同的表达效果，外界事物的不断发展变化是主要因素，这就足以解释为什么在相同的环境中也会有不同的情感表达和主观评价。根据言语行为理论可知，人在交往的过程中，使用感叹句或情感类构式表达内心的想法，一定离不开人际关系的复杂性。因此，说话人“以言行事”所表达出来的断言、支撑、宣告，以及听话人“以言成事”所表达出来的激发、鼓舞、确凿、干涉等态度就会以新型构式作为出口。这些构式都是人际关系在社会语言中的情感体验，在避免尴尬冷场的同时，也能从外延义中透露出一些可以捕捉到的真情实感。

四、小结

与上述几节选取的角度不同，本节主要研究的构式案例同时是现代汉语四大句式之一的感叹句，因此，恐惧类情感构式“我的X呀”除了具备构式的一些原本的特点之外，还具备了感叹句所特有的直抒胸臆、主观评判的话语功能。我们借助言语行为理论的支撑，对“我的X呀”构式进行了深入的剖析，从字面意义再到言外之意，从直截了当地表达恐惧之情，再到委婉地感谢和由衷地赞美。另外，恐惧类情感本身就具有不确定性，包括对模槽填充词的选择，对具体语境情感成分的具体分析等，所不及之处，详见第七章复合情感的分析。

第三节　非典型个案考察：构式“吓死X了”

随着科学技术的日新月异，我们的生活已经离不开因特网，生活中处处可见它的影子。而提到因特网，便不可避免地想到由此延伸出来的一些运用广泛的网络用语。这些网络用语在日常生活中被提到的频率越来越高，适用范围越来越广，影响力也在不断提高。因此，它有理由成为我们深入研究的对象。

一、形式构造

“吓死宝宝了”入选 2015 年度十大网络用语。

流行语“宝宝”一词曾在广大新兴构式语汇中脱颖而出，被各路网友争相效仿（毕竟谁还不是个“宝宝”呢）。经常在网上冲浪的朋友们对下列几种有趣的句型一定不会陌生。比如：“吓死本宝宝了”，意思是自己受到了惊吓；“乐死宝宝了”，意思是有趣的事情把我逗乐了；“本宝宝拜托你了”，含义是这件事情我就靠你帮我摆平了。这些语句一定很熟悉，更有甚者会用“宝宝”指代说话人自吹自擂。根据我们在搜索引擎中进行全文检索的统计结果，与“吓死宝宝了”句式相关的文献和表情包数量庞大，使用频率也十分的高，说明它具有极高的公众认可度。

“宝宝”一词的活用很明显来源于因特网。不少网友认为，“吓死宝宝了”的起源是来自网络游戏《英雄联盟》的游戏女主播“宝宝”，她在解说现场赛事活动时遇到突发状况，受到惊吓时候所突然冒出的一句话——“吓死宝宝了!”随后许多网络大咖也争相效仿。

资料显示，“吓死宝宝了”逐渐成为一个具有惊讶和卖萌性质的构式“吓死 X 了”。试看一下各例：

（46）妈呀，吓死老爹了。

（47）吓死老娘了，我悲催的狗狗。

（48）吓死姐了，我一上床，床歪了，我以为地震了。

（49）哎呀妈呀，吓死哥了，我还以为又要开战了呢。

（50）吓死爷了……大半夜，一个毛茸茸眼睛发绿光。

（51）吓死小姑奶奶了，差点爆炸了。

这里的例（46）至例（51）表明，构式“吓死 X 了”的模槽比较丰富，至少有“老爹”“老娘”“姐”“哥”“爷”“小姑奶奶”等。

二、构式语义

《现代汉语词典》（第 7 版）中对“宝宝”一词的释义为“对小孩儿的爱称”。凡是“宝”的东西都是珍贵的，如对“宝刀”的释义为“用作武器的稀有而珍贵的刀”。还有：

(52) 作品主旨的定位是："爱心玩具款款新奇，宝宝开心妈妈满意。"

(53) 爱活动的宝宝开始学会踢被子。

例（52）和例（53）里的"宝宝"指婴儿，是对小婴儿的爱称。其中，例（52）中的"宝宝"一词是指婴幼儿。例（53）中的"宝宝"是指成长约三个月的小孩子。宝宝是爸妈的心头肉，自然会让人产生怜惜之情，激发保护欲，因此"宝宝"在这里的用例才是最准确最符合时宜的。

网络上逐渐出现了宝宝一词的转义用法，如：

(54) 非常逼真萌死人不偿命的宝宝!!! 心动想带回家啊想抱走啊。

(55) 你还好吗？照片哪来的？我那大一的宝宝。

(56) 转季了，我也发作了十点到十一点，做一个小时"天线宝宝"。

这里的"宝宝"显然不是其直义，即对小婴儿的爱称，而是基于爱称原义之上的调侃式的惊讶和惊恐之义。例（54）中"萌死人不偿命的宝宝"是指说话者看到用盐画的乔布斯画像后生发出的惊叹。例（55）是指照片上大一新生的可爱形象。例（56）是指回家过年时的心情："想不到你竟比我先回潮州。悲催。"

后来，该构式逐渐演变成为一个比较固定的结构"吓死宝宝了"，比如：

(57) 吓死宝宝了！我一个人在家耶！

(58) 迷你特工队 X：这么多一模一样的弗特，吓死宝宝了！

(59) iPhone X 微信记录恢复神器，吓死宝宝了，女子聊天内容遭曝光。

(60) 女人一手自拍着胸，一手抚摸着脸说："吓死宝宝了！神奇的上帝啊！你的力气真大，行动真急！"

从例（57）到例（60）所使用的宝宝一词与《现代汉语词典》中"宝宝"的含义相比较，意义显然更加宽泛了。更为突出的是，这里的"宝宝"指的都是说话人自己，即"我"。例（57）中的"吓死宝宝了"的意思是说，我一个人在家，又赶上这件事情，让我感到特别害怕。例（58）中是我对迷你特工队 X 的惊恐。例（59）中的是我对微信记录恢复神器的惊恐。例（60）中的是"我"对对方力量和行动的惊恐。由此可知，"宝宝"是称谓名词，它的原义是用来称呼别人的。通过考察"宝宝"在网络实际使用的情况，我们发现，网络流行用语中的"宝宝"只具有自指功能，只在很少的情况下具有他指功能，"宝宝"一词在网络中多用来称呼自己，所以填充词

“宝宝”才得以留存。

在网络上，结构“吓死宝宝了”逐渐发展成为一个有能产性的构式“吓死X了”。比如：

(61) 一直盯着我耳朵看，看得哥都心寒了阿，真是的有啥好看的，吓死哥了。

(62) 哎呀妈呀，吓死老娘了，坑爹!! 说的好!!!

(63) 卧槽，吓死老爹我了。

(64) 吓死姐了，头皮直炸。这会还心有余悸。

(65) 电梯门一开，吓死老子了!! 化成那样，不妖孽嘛!

例(61)至例(65)中，“吓死哥/老娘/老爹/姐/老子”都符合作为构式模槽的要求，即意义泛化，且实际上是自指。这种以第三人称表示第一人称的语用方式可以使话语显得直接、客观，又亲切自然。例(61)里的“哥”指的是被人盯着看的自己，例(62)里的“老娘”是指被人坑了的“我”，例(63)里的“老爹”指的是表情包里的张学友自己，例(64)里的“姐”指的是一脸惊讶的“我”，而例(65)里的“老子”指的是被雪景惊吓了的“我”。

三、情感表达

资料显示，构式“吓死X了”的典型形式是“吓死宝宝了”，而它是一个含有惊叹和惊讶意味的“萌语”。其突出的特点是“宝宝”的意义被泛化。从语义学上看，词义的变化一般有泛化和窄化两种。所谓泛化是指词语由具体的、个别的意义扩大为一般的、广泛的意义，如“先生”原指“老师”，后窄化为尊称，后来也用于尊称女性，可以视作词义的泛化。如果把泛化运用到称谓语中，我们可以这样解释：在称谓语泛化过程中，一个词语原本的意思被逐渐扩大，产生更多的意思，应用范围更广，使用的对象更多。换句话说，是指在已有的词语中找不到合适的称谓语来使用，所以临时借用，使一些词的已有意义被扩大解释。称谓语意义的扩大，用人们熟悉又亲切的称谓语来称呼并不那么熟悉的人，有利于拉近双方距离，达成交际目的。比如“宝宝”“哥”“姐”“爷”等。

现在，在淘宝、当当及一些购物网站上，客服通常会将客户称呼为“亲”“美女”“帅哥”等，以增加亲切感，拉近与用户的距离。这时，“亲”不再是表示血缘上的关系，或是“跟人亲近”所表达的关系密切，而变成了一种时尚称谓语；而“美女”和“帅哥”称谓时尚、温馨，听起来令人十分受用。“美女”“帅哥”这些称谓并不表明社会的整体颜值升高了，此时这两个称谓的含义并不是着重于“帅”和“美”，而是服务工作者为了拉近与顾客之间的距离而使用的策略，它们绝对比“先生或女士”“老板”更受顾客欢迎；“老师”也不只是指传道授业解惑的人了，各行业中德高望重的人，年龄大、资历深的人同样可以被称为“老师”，这时“老师”是为了表达尊敬。

这里，我们将以“宝宝”的泛化为例子，讨论构式“吓死X了”的基本特点。

（一）使用主体的泛化

宝宝一词在网络上刚开始流行时，主要是女性使用，因其兼具卖萌、“减龄”和撒娇的效果，所以很受女生们的喜爱，使用广泛，遵循性别差异化。比如：

（66）侬看呀，吓死囡囡了呀！

（67）吓死宝宝了，还有这么便宜的直播系统。

（68）吓死老娘了，原来是虚惊一场！

（69）有惊无险，吓死姐了！醒神!!! 侧面。

这里，从语料来源看，例（66）的点赞和惊叹主要来自女生。例（67）主要是在推介一款简洁、轻巧的直播系统，可能更多的是面向女性。例（68）和例（69）明显是女性了。

随着时间的推移，在使用范围和使用频率的双重影响下，构式“吓死X了”的使用人群也在逐渐扩大，宝宝一词中的性别特征变得不甚明显，在下列例子中，宝宝一词在使用中无法（或不用）分辨是男性还是女性。比如：

（70）吓死宝宝了……一辆破车在南京—芜湖的高速公路上急速狂奔，让坐在前排的我怎么能不心惊胆战?!

这里，例（70）中的“宝宝”指的是坐在前排的“我”，至于这个“我”是男是女，需要根据上下文才能确定。

更有甚者，网友异想天开地将动物拟人化，给一些萌宠使用“宝宝”一词，使其成为言说的主体，体现出对动物的喜爱之情。比如：

（71）野猪：吓死宝宝了，还以为今天要交代在这了。

（72）老爸深夜醉酒竟把头塞进猫屋，主子受惊赶紧逃生：吓死宝宝了。

例（71）中让“野猪”这种野生动物成为会说话的宝宝。例（72）也把猫拟人化为“主人”宝宝，让它也受到惊吓。拟人的手法，活灵活现地表现出野猪和家猫由于恐惧害怕给人的一种萌萌的可爱状态，使行文取得了令人意外的效果。

（二）模槽语义的泛化

由于填充词的多样性，进入构式“吓死X了”的模槽就自然而然地产生语义泛化的现象。这时我们所指的语义泛化是说许多填充词失去了原本的字面含义或者原有词义特征逐渐消失，并在不同语言环境下所产生的全新构式义。而网络新媒体的出现也使语义泛化的现象急剧增加，语义的泛化表现更加明显，泛化速度也远高于之前。从以上的一些例句中可以看出“宝宝”已经不再专指对小孩的爱称了，更多的时候则是一种用来撒娇卖萌的自称语。

（73）吓死宝宝了！杜锋怒吼张昊不该犯规，四川新秀朱松玮吓一大跳。

（74）吓死宝宝了呀，不要再等风来啦，我们一起努力吧。

这里，“宝宝”的意义被泛化，也就是说，并不特指或专指某个小孩子，或某家的宝贝，而是泛指说话人自己。例（73）里是“我”被杜锋的怒吼吓得不轻。例（74）里的“我”用卖萌语呼唤对方，成为一种新颖而亲切的撒娇卖萌式的自称语。

有时，模标也发生一些有限变化，如：

（75）嘻嘻！昨夜，小呆说，想死宝宝了，想死宝宝了。

这里，例（75）中构式“吓死X了”变化成为“想死宝宝了”，动词“吓”换成了“想”，更加深了思念的强度。

初步统计，网络上还有“瞎死宝宝了”“虐死宝宝了”“累死宝宝了”“冷死宝宝了”“委屈死宝宝了”“痛死宝宝了”“疼死宝宝了”“困/急/刮死宝宝了”和“冻死宝宝了”“可爱死宝宝了”等多种说法，证实了构式“吓死X了”的能产力。

（三）使用范围的泛化

使用范围的泛化，其实是指人们已经将构式“吓死X了”扩展到一些广大新媒体的头版头条，使之标题的惊讶味道更浓，同时在日常生活的使用中，频率也大大提高，流行度极高。

（76）吓死宝宝了，能不能愉快地玩耍了。

（77）暴雨突袭昆明，有人拍到惊奇闪电，吓死宝宝了！

（78）刚才回来的时候，吓死哥了，还好是个惊喜，哈哈！

（79）小娘子，即使是粗衣男装，你还是这么美，嗯？真是想死哥哥我了。

上述例子，直观地展现了构式“吓死 X 了”的高频率和流行度。例（76）中的宝宝出自表情包，范围小一些。例（77）中的说话人就宽泛得多了。例（78）中的“哥”和例（79）中的“哥哥”也有一定的泛化。因此，模槽“宝宝”一词的适用范围被扩大和泛化了，成为自称语，在网络平台上和日常交往中都很常用，由女生受到惊吓时的卖萌语一跃成为网络流行语，充分显示了网络的造词能力。

四、形成机制

构式“吓死 X 了”使用的高频率和传播的流行度得益于模槽意义的泛化，而语言泛化现象的出现与发展是内在因素和外在因素共同作用的结果。如“宝宝”“哥哥”“姐姐”一词的泛化，不仅可以缓解聊天时不知道怎么称呼自己的尴尬，即对称谓困境的反应，还可以使自己的语言显得软萌，具有撒娇、示弱、自嘲等特点。

（一）填补具体交际中的空位

如今，随着网络的飞速发展，称谓与网络热词也有了千丝万缕的联系。新的观念、新的表达方式、新型的交流模式等新事物的出现，与旧事物不可避免地发生冲突和碰撞，偶尔会让人们在交谈中不知所措，不知道要用什么称谓来表达自己的真实意思，这也就是我们所说的称谓困境。新的称谓语的出现或者说旧的称谓语的新用法是称谓困境产生的主要因素。

尽管中国语言文化博大精深、词库丰富，足以满足人们日常交际的大部分需求，但是随着社会进步、科技发展、互联网的兴起，新型交流模式的出现，交际环境的复杂化和交际对象的多元化，这一切都必将造成人们在表达自己的复杂情感时，会感觉词穷，无法找到合适的词语来称呼彼此。现在我们习以为常的淘宝用语“亲”便是一个很好的证明，既能表达自己的亲近之意，又不至于让他人厌烦。以“亲”“宝宝”“帅哥靓妹”为代表的流行词可能无法在现代汉语称谓系统中找到有类似作用的等价物，由此可见，这些词的流行和泛化无疑填补了现代汉语称谓系统的空位，解决人们日益增长的文化需要和情感表达匮乏的矛盾，这都得益于词义的扩大。比如：

（80）亲爱的，你怎么很久都不上线，不微博，不上网了，想死哥哥我了！

（81）终于无我份了，你病到底好了咩啊。想死姐姐我了！

这里，例（80）里的“哥哥”和例（81）里的“姐姐”显然不是原来的指称意义，而是一种亲昵的自指。

（二）恐惧情感效能与“萌”模式的转变

网络文化的兴起，使中国人突然意识到，“萌”模式是一种有效的交际手法。从教科书的示范图，到文学名著的插图，甚至连政府机关的通知都在利用“萌”模式的卡通形象来吸引观众，吸引关注。萌文化征服受众，并日益渗透到人们的日常生活中，丰富着人们的日常生活，并逐渐形成“萌文化”。“萌”本来是指一些女性把自己打扮成二十岁甚至十几岁的样子，互相攀比，以此为荣，但是通过网络的传播，“萌文化”的概念被扩大，变得越来越流行，逐渐改变了青年人的生活方式、思维方式和言语表达，越来越多的人喜欢并追逐“萌文化”，于是“萌文化”的兴起就使年轻人开始探索起更多的“卖萌”方式，而“宝宝”这个词正有这种效果，可以通过用“宝宝”自称来撒娇“卖萌”，以此达到拉近双方距离的效果。比如：

(82) 学习工作了一天，回到家就累趴在床上，高喊一句“累死宝宝了！”

例（82）中的这个网友将自己一天工作分享到微博上，表明自己累并快乐着，而用“宝宝”自称就显得十分可爱，就像是一个玩了大半天的小孩子对你撒娇。

人们在使用第一人称表达自己的看法和观点时通常会显得有些主观、自我，比如说：“我还没吃呢！你吃光了，我吃什么?”这句话很容易使说话的人在听者的心中留下不好的印象，让听的人觉得这个人很自私，而使用“宝宝”会显得比较可爱，缓解双方的对立感，拉近双方的距离。

（三）恐惧的情感指向与交互功能

从功能上说，语言是一个人们表达思想观念的符号系统，充当人类的重要交际工具。要想明白不同语言元素所适用的范围，就必须采用共时的手段把语言的形式、意义和用法合并探讨。“宝宝”作为一个称谓语，使语言的交际功能得以体现。在我们现在的日常生活中，选用什么称谓不只是称呼别人的一种方式，更是体现自己态度和情感的重要表现。比如：

(83) 不去，我不去，快吓死我了！

(84) 不去，人家不去，快吓死人家了！

(85) 不去，老子不去，快吓死老子了！

(86) 不去，宝宝不去，快吓死宝宝了！

在这里，构式“吓死X了”的四个例子都表达同一个意思，即因为害怕而拒绝，但其中显示出来的情感却明显不同。例（83）显得十分严肃，直接用“我”显得过于生硬。例（84）中，用“人家”来代替“我”，有亲热和俏皮的意味，但是不能轻易使用，这取决于语境和对话双方的关系。例（85）中“老子”作为自称语，显然有些气恼，或者过于轻慢，而例（86）中作为前面三者的替换，采用“宝宝”自称，亲昵而又“卖萌”，既礼貌地表达了自己的观点，又不会显得过于随意或盛气凌人。许多因素都能影响人际关系，比如说接近性、熟悉性、相似性和个人特质。在我们的人际交往中，通常会因为这些因素而形成一个个交际圈，每个圈子都有自己不同的表达方式，也就是我们说的行话。网络也可以成为一个交际的场合，也有圈子化的倾向，当你熟知一个圈子的语言时，就说明你属于这个圈子，这就导致许多网络用语迅速流行。在网上，人们之间互不相识，更渴望交流，以“宝宝”为代表的构式“吓死X了”成为网络用语，在遵循礼貌原则的前提下，可以让人觉得风趣、幽默，给人留下一个好的印象。因此，该构式对于交际和话轮的继续进行，起到了一定保护作用。

（四）趋新与求异

在心理上，追求新意或挑战自我是人类进步的推动力。只有那些与众不同，或是人们之前并未尝试过的事物，才能更广泛地引起人们的注意。语言的产生也是如此。

人们常说，“万物在变，唯有变化不变（nothing endures but change）”。任何事物都是不断发展变化的，科技的进步使网络发展迅速、受众更广，为时代的进步提供了土壤。网络语言的流行和走红将语言的创新和求变展示得淋漓尽致，是对语言的稳定性与言语的动态性矛盾的有力回应。语言是一种具有时代性的工具，社会中的人际关系的变化和社会发展都可以体现在语言上。几乎每一个时代的年轻人都会追求创新与求变，而在这个互联网迅猛发展的年代，年轻人们几乎都知道许多网络用语，这种语言，成为他们交流的一种有效的工具，像“宝宝”这种流行用语正是网民们创新精神的体现。

（87）恶心死我了，真面目露出来了，吓死人了！

这里，例（87）里的“我”和“人”如果替换成为“宝宝”，句子就会显得亲切而委婉。

事实上，随着时间流逝，一些旧的词汇的意思会发生不同程度的改变，就像前文中所提到的“亲”“美女”“帅哥”“老师”等，因为一些词语的意思被使用的时间很长，让人失去了对它的新鲜感，所以说话者便通过探索与尝试，找到了一些新鲜、富有表现力、更加吸引人的表达方式。“宝宝”等词的泛化表达正是人们追求新鲜与创新表达方式的最好证明。

五、小结

本节采用语料描写和理论分析相结合的方法，对恐惧类情感构式“吓死X了”进行了系统的研究。初步发现，在众多语料的支撑下，“宝宝”作为构式“吓死X了”的典型模槽“X”，在语义上发生了重大变化，由原义“对小孩儿的爱称”演化成说话者的自称，“宝宝”的概念义和语值、语力都发生了不同程度的变化，具体体现在使用主体、语义和使用范围等方面，而泛化是主要动力。导致这些旧词的含义发生泛化的原因，我们认为主要是为了达到撒娇“卖萌”的情感功效及情感指示与交际互动的语用功能所追求的一种陌生化表达所带来的新鲜感。由此使得复合情感构式“吓死X了”由最初的表达害怕恐惧之情，转而表示一种既有畏惧，又夹杂着调侃和自嘲的复杂情感。

第七章　复合类情感构式考察

第一节　复合类情感与复合类情感构式

一、复合类情感及其表达

复合类情感也是人类情感的重要表达方式。在此，我们只做简要描述。

喜、怒、哀、惧是人类最重要的四种基础情感，而复合情感就是这四种情感中两种或两种以上的情感表现，或者说处于这四种情感连接处的模糊地带。为了便于系统深入地研究情感构式，有必要根据情感分类的切入点，对复合情感的类型做一个基本判定。

早在 1872 年出版的《人类和动物情感的表达》一书中，达尔文就客观描述了各种不同的情感，如快乐、愤怒、恐惧和悲伤，以及一些复杂情感。这一情感研究的开山之作也成为随后诸多心理和认知学者所广泛采纳的情感类型划分的依据。除此之外，另有研究者在此基础上增加了一些复合情感，如羞耻、内疚、骄傲、喜爱、自嘲、讽刺、挖苦、后悔、尴尬、英雄主义、平静、好奇等。还有学者认为，情感其实是一个多维度空间，可以由两者或者两者以上不同的连续性维度构成，不同情感之间不存在清晰的界限，但可以表明其转化的过程和方向。

根据 James Russell（1980）所提出的维度模型，除了原有的或是相对稳定的基本情感之外，还有许多复合情感。他认为，对情感过度分类可能并不是研究情感的恰当方式。他通过情感的愉悦度和唤醒度将情感排列成一个环状结构，在这个模型中，我们可以把“兴奋看作是喜悦和唤醒的结合”“自嘲当作是忧虑和抑郁的组合”等。

根据评价空间模型（Cacioppo，Gardner，and Berntson，1997）可知，通常情况下，人类无法同时感受到强烈的积极和消极情感。因此，不能简单地把积极和消极情感当作单一维度的两端，而应该看作彼此独立的两种属性。但这种分析解释并不严谨，虽然积极和消极情感在大多数情况下是对立的，但在一些特殊的复合情感构式中能同时感受到两种看似矛盾的情感杂糅，例如构式“痛并快乐着”。对于这种特例，一个较为流行的解释是，人们在理解、分析和测量情感维度的时候并不总是使用相同的时间量表。

由此可知，本书在前几章的论述与分析中，通过对不同典型情感的认知探索，把情感的生理基础、心理基础及社会基础结合起来，才能最终成为界定基本情感和复合情感的突破口。社会结构理论家，为我们认识复合情感提供了巨大理论支持。

二、复合类情感构式的特点

复合情感，也就是复杂情感，因复合而复杂，是多重感情的有机融合，是当事人所处的复杂的社会处境和情感风暴的反映。对此的语言描写手段也十分丰富，比如以“复杂情感”为索引词，在北大语料库中查找结果就有：

（1）还愿，是一个多少属于成人世界，牵系了复杂情感的词语。

（2）他凝视着桌上的镜框里傅春英那楚楚动人的肖像，更增添了几分惆怅，几分怜香惜玉的复杂情感。

（3）高期待值必然导致挫折感、失落感，一些粗暴对待孩子的家长往往出自这种心态，陷入爱与恨交汇的复杂情感中，最终酿成悲剧。

上述例子中，每一个都表现一种复杂的感情。例（1）里的“还愿”与“许愿”相对，是指人对神兑现保佑，即求神应验后履行对神许下的酬谢。在这种行为的实施过程中，人的情感无疑是复杂的，融合了喜悦、不舍、神秘、恐惧等多种情绪。例（2）摘自《丝路英娘惨遭毒手》一文，写的是著名舞蹈演员傅春英被害案侦破纪实，为美丽的她的香消玉殒而惋惜，更表现了对用罪恶的利刃夺去她年轻生命的罪犯的憎恨。例（3）写的是应试教育下家长与孩子关系的艰难以及由此导致的爱恨交加的复杂情感。

复合情感形成与出现的概率很高，表现的语言方式也很丰富。比如，成语：“悔恨交加”“百感交集”“悲欢离合”，词组：“期待与恐惧相交织”“充满不甘、无奈、梦想和期待”“兴奋、激动、希冀、期待、思考，五味杂陈”，句子：“焦虑就含有紧张、焦急、担忧和恐惧等成分”“思念是分离的惆怅和嫉妒的煎熬”等。复合情感是一种正常现象，正面的给人以智慧和享受，负面的给人以警醒与教益。如“在这一刻，没有人再用异样的眼光看他，只有一种感动、敬佩和惭愧交织的复杂情感在内心翻腾”一句中的复合情感更富有人情味。

三、复合类情感构式的类型

复合类情感多姿多彩，表现复合情感的构式也多种多样，除了上述的成语、词组和句子之外，还有新兴构式，比如“不但不 X，反而 Y”“X 就不用说了”“再 XP 也 VP”等等。因为语言是情感的反映，构式也是说话人主观化的结果，因此，可以粗略地说，几乎每一个构式所表达的情感都不是单一的，差别只在于其情感的主次轻重上，即典型与非典型的区别了，如“再 XP 也 VP”就是一个表示复合情感的构式。

(4) 再好的谈判技巧，也无用武之地了。

(5) 住房作为一种商品，市场永远是有的，就看你如何把握。再俏的市场，也有失败的经营者；再差的市场，也有做得成功的。

(6) 如果我们不去奋力开拓，再美的蓝图也只能是一页废纸。

(7) 三分长相，七分打扮。再美的女人也需要衣饰的包装。

这里的例证都表达了不止一种情感。例（4）包含有劝诫、鼓励和爱护，因为任何技巧都是智慧和劳动的结晶，即使是最好的技巧，只有经过人的精心设计、用心实施才能事半功倍。例（5）和例（6）写的是把握市场的眼光、能力和信心，充满鼓励、希望和信赖。例（7）用生活的哲理来指导女性增加魅力的能力，在客观的说理中渗透爱护、劝导和喜爱。

本书第二章中对大量情感构式的梳理分析发现，喜悦、愤怒、悲伤和恐惧四类基本情感构式框架整体上趋向于成熟，例子众多，但也因情感的多维性，导致出现很多杂糅的情感，需要我们具体问题具体分析。因此，本章将以典型构式“X 并 Y 着”和非典型构式“X 还来不及”为个案，着重考察、整理、描述此类复合情感构式，力求更好地厘清情感构式的产生机制与语用效果。

第二节　典型个案考察：构式“X 并 Y 着”

起初对于“X 并 Y 着”结构，人们对它的了解还知之甚少，并且极其罕见。然而，正是因为这种独特的表达形式，引发了人们的求知欲。追根溯源，我们发现它最早出现在中国台湾男歌手齐秦所传唱的经典歌曲《痛并快乐着》中，歌词含义晦涩难懂，但总有用心之人发现其中奥秘，“现实的爱情既有甜蜜又苦痛，相爱容易相守难”核心义就是对这种复杂心理的描写和诠释。此外，白岩松在《痛并快乐着》一书中回顾了自己从业十年的痛苦与快乐的岁月。这本书因白岩松犀利的文笔给读者带来许多震撼而影响广泛，于是这种表达格式便逐渐在网络上流行。随后，被各种杂志、报纸等各种读物及各类媒体所模仿，而这种表达格式也因其一致性和独特性而被许多学者关注。其中关注最早的是谢质彬，他在 2002 年提出“X 并 Y 着”之所以流行，是因为它的反常性，痛与快乐本来是反义词，但是将它们结合在一起便体现出了一种新意。焦蕊在《由“痛并快乐着”想到的》一文中说，这个表达格式的不对称性赋予了这一结构特殊的意味。她又敏锐地指出了其中的“着”字在该格式中表示“同现、交织和持续的悲伤语义内涵”，而且这是其他格式无法替代的。随后陈双玉也对“痛并快乐着”这个语句流行的原因和表达上的创新进行过解释。刘颖从一个特殊的角度——修辞手法来理解，并将这类结构命名为“矛盾格”。

通过相关研究者的努力，看似已经完成了对构式“X 并 Y 着”的梳理，但是其实都仅仅停留在表层，还有诸多问题有待探讨。比如：构式“X 并 Y 着”拥有哪些形式特点和限制？框填式结构中“X”和“Y”的语义如何比较分析？构式“X 并 Y 着”有着哪些语用价值？等等。这些问题都亟须深入仔细地研究和讨论，需要我们去解释这些问题。

一、形式构造

“X 并 Y 着”结构自古有之，其中的模槽“X”和“Y”一般来说由不及物动词充当。在句子中，“X”和“Y”拥有同一个受事宾语。比如：

（8）痛并快乐着，才是我们的人生。

（9）看到这些在职场蹉跎的兄弟姐妹的体验，你是否心有感触呢？是不是也想把自己的职场经历用文字告诉和你一样正在痛并快乐着的职场新人呢？

例（8）和例（9）虽然也是以“X 并 Y 着”的形式出现的，但是这两个句子中的结构与现在流行的结构差异很大，因为该句中不带宾语很难使用，而且不能像流行的“X 并 Y 着”那样单独出现在话语中，只是一种描写性的结构，在语义上拥有联动性的特征。例句中模槽“X”和“Y”之间没有也没有像流行的“X 并 Y 着”那样具有矛盾性，说明这些动词性的“X 并 Y 着”这个结构只是以一种临时性的不及物动词的复合体出现在句子中的，和现在流行的用法相比，毫无规律可循。在“X”或者“Y”前面加上一些副词，句子仍然成立。这表明，动词性的“X 并 Y

着”在正常语言表达中，搭配方法非常灵活，没有特定的形式和基本的语义结构。

再来看复合类情感构式“X并Y着”的语义基础，虽然它的来源是动词性的“X并Y着”，但是它跟例句中的用法不一样，它并不仅仅是一种参照，更是对表意方式的一种创新的调试。变项模槽“X”和“Y”形成了一种矛盾修辞，使其更具有魅力。它所具备的结构特点如下：

首先，是构式结构的框填性。

“X并Y着”由“X”“Y”“并”“着”四个成分组成，其中“并”和“着”是两个固定框架成分，“X”和“Y”是两个变项，这种结构属于框式结构中最为典型的双项双框式。其中的两个框架成分“并”和“着”不仅决定了构式的结构，更是对全新构式义的一种压制。事实上，作为连词的“并”限制了并列项的数量以及矛盾体的来源；作为助词的“着”按照规定，通常只能出现在构式的末尾，不能出现在前项中。任何违反以上规定的表达式都不能被算作“X并Y着”结构，比如说“痛苦并且快乐着”，这一句将“并”换成了“并且”，因此不符合既定结构。“幼稚、单纯并快乐着”也不符合，按照结构，句子中只能出现两个变项。同样不符合的还有“爱着并讨厌着”，在这个句子中“着”在“X”后面也出现了，所以不符合。还有许多与之类似的结构，但是他们都不能被算作“X并Y着”的真正构式。这些规定都属于刚性规定，不能被违反，这种规定也是现在新型“X并Y着”的一个独特的创新点，因为这个特点是传统的动词性“X并Y着”所没有的。按照以前“X并Y着”的用法来看，将例（8）中的“并”改成“并且”，增加“并”前面的项都是可以的。以前的“X并Y着”和现在的“X并Y着”差别还是很大的，主要是词性的差别。现在流行的“X并Y着”中两个变项“X”“Y”全部由情感形容词填充，改变了以前作为动词性的“X并Y着”中的两个变项都是不及物动词的结构基础与面貌。这种词性的改变是一种创新求异思维的体现。例如：

（10）冷并热着
悲伤并痛着
疯狂并坚强着

然后，是模槽“X”和“Y”填充词的扩大化。

随着“X并Y着”的整体独立表意功能越来越显著，模槽“X”和“Y”也是越来越多样化。随着人们争相效仿“X并Y着”构式，在人际交往中，它传递和表露着不同情感意图，所以它的构成成分还发生了一些不可预知的改变，让这个构式的变化形式更加丰富。在模仿过程中，变量模槽“X”和“Y”不仅仅能由性质形容词构成，它还能由动词和抽象词等词汇构成，这样一来，它的内部构成成分就越来越多，也越来越丰富了。

“X并Y着”的构成成分越来越多的过程足以说明它已经成为一个独特的构式，在社会交流和语言园地里有自己的一席之地，在汉语众多构式中的地位也变得稳固。比如下面一组例句：

（11）忙并快乐着（形形组配）
等待并寂寞着（动形组配）
发现并感悟着（动动组配）
学术并猥琐着（名形组配）
技术并艺术着（名名组配）

（12）醒着并思考着
爱着并恨着高跟鞋

在例（11）中，性质形容词出现的频率开始降低，各种不同性质的词的混用开始增多。值得注意的是，既然是复合类情感，那么构式“X并Y着”一定会根据“X”和“Y”填充词的不同而产生相应的情感表达差异，或是因为表达情感的不同，导致一些本来不能和“着”字搭配的动词（如“开始、讨厌、痛恨、工作、奋斗、努力”等）也在“着”的影响下，进入构式中。比如说矛盾修辞结构“结束并开始着、爱并讨厌着、爱并痛恨着、快乐并工作着、努力并奋斗着”等。值得提出的是，往日只能由具体的情感词语填充的语法成分中，出现了不断发展扩充的语义槽，除了愤怒义之外，还用以表达悲伤无助、欣喜若狂等复合情感。

最后，是构式“X并Y着”具有不可拆分性。

“X并Y着”拆开来用，不能达到应有的效果，只有作为一个整体来运用和解读，它才能呈现出真正的意思，这个表达构式虽然来源于动词性的“X并Y着”结构，但是现在流行的“X并Y着”结构和之前的并不相同，现在新型的“X并Y着”将它原有的结构进行了结构整合。作为源头的动词性的“X并Y着”的结构层次是“X/并Y着”，由此可见，在变项“X”后面可以加入许多东西，比如例（12）。

而现在流行的“X并Y着”构式的层次是“X并Y/着”，由构式的层次可知，模槽“X”和“Y”是紧紧联系在一起的，不能在其中加入其他成分，连“着”都不能插入，更不用说插入宾语了。虽然网络上有很多类似于例（11）中的情况，即在“X”后插入“着”，但是按照严格的标准来判断，这些并不能算作是依据“X并Y着”构式所写的句子，即不能算是变体，只能说是东施效颦，这种模仿改变了“X并Y着”构式中的框架，而这个框架拥有很重要的标记和识别构式的作用。例（11）中充当模槽“X”和“Y”的词是动词，但即便两个词是形容词，这种“X着并Y着”也不能看作“X并Y着”的变体。比如：

（13）失望着并期盼着

苦恼着，歇斯底里着，痛苦着

“X着并Y着”不能看成“X并Y着”的变体的原因其实很简单：

在“X着并Y着”中，你可以将“且”改成“并且”，你甚至可以在“并且”后加上一个“还”，加上之后，你会发现，这个句子的句意并没有发生明显改变，但是却改变了“X并Y着”构式的整体意义。此话何解？“X着并Y着”中的“并”有递进的意思，而“X并Y着”中的“并”只表示并存，而不表示递进，由此可见，“X着并Y着”不能看成“X并Y着”的变体。而且，将“X并Y着”改成了“X着并Y着”还有许多坏处，它不仅改变了“X并Y着”构式的整体意义，他还造成了构式形式上的不确定性，这与形式与语义是一个完形的构式理论是相抵触的。

最重要的一点，是构式本身对语义和情感表达的限制。这种限制作用体现在语义和句法两个方面：第一，从语义方面来说，当两个本来没有动态义意思的词被安排在“X并Y着”中的模槽“X”和“Y”处时，这两个词就被强制性地附带上了动态持续的语义特征；第二，从句法方面来说，当两个本来没有动态义意思的词被安排在“X并Y着”中的模槽“X”和“Y”处时，这两个词原有的句法功能就不复存在了。悲伤类复合情感构式“X并Y着”在结构上所具备的四大特点足以说明，“X并Y着”构式在形式上或意义上的某些特征，无法从它的构成成分或已知的其他的构式推导而来，由此可知，“X并Y着”构式已经具备了一种独立构式的基本句法条件。

如今，在网络和报刊中使用广泛的“X并Y着”构式，正在以一种全新的句法结构和语义结构进入人们的日常语言生活中，并且它凭借其独特的特质、全新的用法和旺盛的生命力逐渐被人们喜爱和运用，也为我们研究其演变和发展创造了条件。

二、语义浮现

第一部分在总结前人经验的同时，从一个侧面分析了悲伤类复合情感构式“X 并 Y 着”看似矛盾的形式，却表现出了极强的情感复杂性。要厘清构式的使用范围和意图，只有从构式义入手。那么在开始分析“X 并 Y 着”的构式义之前，我们必须明确以下几点：

首先，只有可以独立成句或者不需要过度依赖于语境的语言结构才能称得上构式。“X 并 Y 着”可以独立成句说明它具有一定的整体性，同时该构式的句法结构矛盾从另一个全新的角度解释了其结构语义的不可分割性。

其次，模槽“X”和“Y”会在构式义的压制下产生不同的类型的填充词，如之前提到的许多表示情感状态的“苦恼”“快乐”“郁闷”等词语，实际的日常交流中很少或者根本不与助词“着”连用，但是，在“X 并 Y 着”构式的整体性影响下，该词最初的句法功能受到压制，这就使得原有的填充词拥有了全新的功能和语义用法。这说明，构式作为句法和语义都完备的形式意义匹配体，不仅变更了模槽“X”和“Y”的句型结构，还使悲伤类复合情感构式“X 并 Y 着”所表现的情感语义更加复杂，只有通过全新的构式“X 并 Y 着”才能实现。

最后，最重要但却最容易被忽视的地方，就是构式“X 并 Y 着”中的固定结构“并”和“着”。在“X 并 Y 着”构式中，“并”和“着”这两个框架成分的作用十分重要，它们对构式整体意义的形成有着重大的贡献。作为连词的“并”可以连接两个谓语，其意义是“几种性质同时存在”，其作用是将“X 并 Y 着”中的实体成分模槽“X”和“Y”绑定为一个整体，以此来表达一种逻辑语义关系，即模槽“X”和“Y”同等并且共存。可以表示行为动作进行或状态持续的助词“着”，跟在“X 并 Y”后面，给这个结构的整体增加了一种“持续状态”的语义特征。

综上所述，当作为变项的形容词、名词、抽象名词等被带入“X 并 Y 着”中时，它们都被“着”所影响，从它们的原始语义，逐渐转变为对事物的评价、对情感的表达和对行为状态的描写。此外，悲伤类复合情感构式正是由于有了“着”的介入，才使得模槽填充词的词性发生偏移；利用性质形容词来表达原本并不具备的复杂情感；抽象了具体行为动词的语义，来表达主体产生抽象情感状态时的动机；采用名词优选的方式，来表达客体对主体情感操控的原因。

悲伤类复合情感构式“X 并 Y 着”，有着异常丰富而且复杂的表意机制，要对其进行具体的构式义判断，我们必须分析该构式典型结构和特殊用例，才能从根本上弄清该结构对语义的压制作用，以及所表达的复合情感动因。

三、表意机制

事实上，“X并Y着”构式从认知语言学的角度来看，是不断变化的连续统，而这个连续统的特点就是范畴成员之间具有互相重叠的属性组合，即所有成员享有部分共同属性，形成家族相似性。由上文可知，构式模槽“X”和“Y”的填充词，词性跨度很大，并且还在不断发展扩大，从一开始只能使用性质形容词，到后来准许各种类型的动词进入，再到抽象名词和具体名词。如果我们要深入研究和剖析悲伤类复合情感构式“X并Y着”所蕴含的特殊的构式义有哪些阶段和下位类型，我们只能把全部由性质形容词充当“X”和“Y”的典型案例作为参考，才能区分另外几类词性进入构式所带来的影响。

（一）“X并Y着”的语义基础

第一类，“X”和“Y”只能由性质形容词充当的典型案例。

首先，“X并Y着”结构，之所以被众多语言学家所探讨，这说明其一定符合构式语法的一些主要特点，比如不可预知、整体语义不等于各个语法单位含义的简单堆砌。然而，如果想要更好地表达人类的复杂情感，我们就必须把关注的焦点放在观察、描写、总结、归纳人类的行为和经验，借助完形心理学的观点，以生物体所有的运动状态来研究心理表征。我们也会更加关注构式的整体语义与部分语义的加和是否一致。

不过在进行分析的时候，我们发现，整体和部分同样重要。如果我们忽视了“X并Y着”存在的四个元素“X”“并”“Y”“着”，而只关注构式的整体性和构式义的不可预测性，那么大家就会认为，“X并Y着”是“不可知性”的，而“不可知性”作为一种哲学的认识论，认为除了感觉或现象之外，世界本身是无法认识的。它否认客观规律，排除社会实践的作用，可世界是客观统一的，未经实践，即进行先验判断，即自我否定。这显然是不符合现代语法学的，因为现代语法学追求的是形式和意义的契合与相互依存，是辩证统一的。接下来，我们将会把自上而下的那种整体感，与自下而上的那种细节感相结合，探讨构式义的形成。

其实，早在21世纪初期，陆俭明先生就根据构式语法理论中对构式义的描述给出了自己的理解，并指出：构式义的本质其实是一种意象图式，是人们通过身体体验进而做出刺激反应，从而感知世界的过程。本书由于篇幅所限，将陆俭明先生所划分的六个步骤简化为以下三个部分：

感觉器官接受外部刺激→形成形象思维的意象图式→形式和意义的匹配

体（构式）

我们将通过经典语料“痛苦并快乐着”的拆分，以此来解释“X 并 Y 着”这个构式和构式义的形成过程。

起初，人们在客观世界的特定情况中经历了一些突发状况，随后由人体的特殊器官接收来自外部世界的刺激信号，引发人类一系列复杂情感的表现，而这一切也是前文所提到的较为矛盾、较为复杂的情感杂糅。主体可以在某些特定情况下共时或是逐一（交替）体验“痛苦”和“快乐”等情感，并且可能会有一定的持续时间以及伴随状态。随后，通过情感的显现，并以意象图式的形式出现在人们的语言表达中，而这种概念在人们日常交际的过程中，逐渐传播扩散并在一定程度上趋于稳定。这种复合情感所产生的特殊语义，就被逐渐定义为构式。最终，我们将这类盘根错节的复合情感与情感词汇的入句方式交织在一起，并作为模槽填充词来使用，也就导致了经典例句“痛苦并快乐着”的出现。

根据陆俭明先生所提出的理论，我们将“X 并 Y 着”构式的经典例句“痛并快乐着”的生成过程推导了一遍。从这个过程中，我们可以知道，虽然“X 并 Y 着”中的两个变项模槽“X”和“Y”都是用来表示心理情感的性质形容词，但是在“并”和“着”的共同影响下，它们在语义的呈现上发生了变化，“并”让充当模槽“X”和“Y”成分的两个词“交织共存”，“着”让“持续状态”的语义因子加入，这两者使得构式整体以“呈现出正在感知或正在经历的两种交织的心理状态，并且更加强调后一种状态”的构式义进入了人们的语言生活。因为两者的影响，所以充当两个变项的词语在语义上有了改变，也就是形容词出现了“有界”和“无界”的大讨论。

（二）“X 并 Y 着”的表意机制

随着复合情感构式“X 并 Y 着”进入公众视野之后，许多仿照它的格式大量涌现出来，巩固了其在语言表达中的地位。

随着大量的仿拟结构的产生，越来越多的词性组合得以产生，例如，我们可以在模槽“X”和“Y”中加入动词类的模槽填充词，形成三种全新的组合，即“动词＋形容词”“形容词＋动词”和“动词＋动词”，我们称为[变体一]。详见下例：

（13）奉献并幸福着（动形组配）
平凡并闪亮着（形动组配）
享受并忍受着（动动组配）

［变体一］与标准构式之间的异同的主要体现是随着动词的入句，使得原本需要讨论的“有界”和“无界”变得不那么重要，在［变体一］的构式化进程中，人们更多的关注焦点已经不再是动词本身所具备的特征，而是一种运动状态或是情感状态的体现。

［变体二］的产生，离不开类推作用。除了像［变体一］那样让动词入句，我们当然也可以让模槽“X”和“Y”由名词充当。由此产生两种不同的组合，即“名词＋形容词”和“名词＋名词”。比如：

(14) 学术并猥琐着（名形组配）

技术并艺术着（名名组配）

［变体二］的形成实际上与［典型构式］和［变体一］本无二致，只不过将［变体一］中加入的动词性成分换成了抽象名词，在构式的压制影响下，其中的抽象名词的性质也发生了改变。它不再用来表示抽象事物，而是用来指这个名词所表示的一种活动。由此可见，抽象名词在这个构式中被“去事物化”处理了。通过例(14)可以知道，“学术”和“技术”都是指某种专门的能力，“学术”强调的是研究和获取专业知识的一项活动；而“技术”则是指解决问题的方法、原理及活动。

总而言之，三种构式都包含了三个共同方面的因素：

第一，“X并Y着”中模槽“X”和“Y”两个变项的共性是可以表示感知或活动。

第二，“X并Y着”中作为框架的“并”的共性是将两个变项联合成“交织并存”关系。

第三，“X并Y着”中的“着”，作为框架的“着”给两个“交织并存”关系的变项涂上持续状态的语义色彩。

在这三个方面因素的共同作用下，构式的语义便构成一种矛盾情感义。通过上文我们可以看出，［典型构式］［变体一］［变体二］都因为这些要素的加入而呈现出相同的一种变化趋势。表达的语义特点非常一致，都表现出了“呈现出正在感知或正在经历的两种交织的心理状态，并且更加强调后一种状态”的构式义。

上文对［典型构式］［变体一］［变体二］的表意机制进行了解释和描述：［典型构式］的变项“X”“Y”都由形容词充当，是典型的构式；［变体一］中的“X”“Y”中加入了动词，是非典型构式；［变体二］中的“X”“Y”中加入了抽象名词，是派生构式。三者中，［变体二］的接受度相对较低。

尽管“X并Y着”三个小类（[典型构式][变体一][变体二]）中充当变项模槽“X”和“Y”的词语的词性不同，但是构式框架成分“并”和“着”是一致的，并且都对词性有压制作用，让它们的句法特点和语义特点发生了改变。也就是说，这些不同词性和类别的词，在构式的压制下，被这股强制力量逼迫着经历了一种语法的隐喻过程，而这个隐喻想要达到的目的是状态化和状态的延续。构式的力量使句法和语义的特点变得整齐划一。正是因为这些本来不该放在这个构式里的词语闯了进来，让它们异类的词性和语义同这个构式的环境相碰撞，从而使“X并Y着”这个构式以一种独特而又具有吸引力的面貌进入汉语的构式家族，被更多人所熟知。

四、语用推理

（一）变项“X”“Y”的语义地位不同

“X并Y着”构式中的模槽“X”和“Y”因为“并”的连接作用而被绑在一起，但是模槽“X”和“Y”在地位上并不是相同的，相比较来说，“X并Y着”构式更加强调“Y”的存在。“X”往往显示的是人们常规、最表象的一种感受，而在“并”后面的“Y”才是人们更想表达、更深层次的认知体验。“X并Y着”构式中对“Y”的强调可以从例（15）中看出，还比如：

（16）烦恼并快乐着

快乐并烦恼着

例（16）中第一例的语料出自网络媒体的一篇报道，所讲述的内容是某品牌的空调物美价廉，质量过硬，导致供不应求，受到广大消费者的追捧。构式语义主要强调的是因订单多而感到的快乐的自我调侃。例（16）中第二例出自一篇网评，故事描述的是：过年虽然是一件值得开心的事，但是因为过年而带来的一些麻烦事儿也十分令人苦恼，比如说抢车票、坐长途车、花销大等等。这些烦恼无疑将过年的喜悦冲淡了，由此可知，烦恼才是作者想表达的重点。

构式重心后移的特点表明，变项模槽“X”和“Y”地位不同是因为说话者会根据自己说话的重点而改变说话的顺序。

（二）模槽“X”和“Y”的语义背景

通过对“X并Y着”构式的具体案例考察发现，构式的整体结构特征是使用并列连词“并”将模槽“X”和“Y”连接起来，使它们交织并置，但是这只是表面所展现的结构，它还有更深层次的内涵，其中有一些是展现出人们的主观化感受，而有一些则是人们普遍持有的客观认识。模槽“X”和“Y”的语义关系主要有以下两种：

1. 因果关系

人们所熟悉的因果关系其实很容易理解，“X”是事件的起因，“Y”是事件的结果。有时也指因素和现象之间的关系。在复合情感构式“X并Y着”里，我们将其构式义简化为“因为X，所以Y”。比如：

(17) 付出并快乐着
奉献并幸福着
飞行并快乐着
服务并快乐着

例（17）可以根据上下文语境将句子改写成因果关系结构，比如将“付出并快乐着”改写为“因为付出，所以快乐”，这样更容易理解主体所要表达的构式义，余例类推。

2. 矛盾关系

通过我们查找和搜集到的相关语料发现，越是差别巨大，越是二者看起来是完全矛盾且没有任何交集的两个模槽填充词，越是会受到大家更广泛的关注。因此，怎样理解此类构式义，就我们必须从矛盾修辞的角度加以解释。矛盾修辞是一种特殊的修辞手法，有利于表达复杂的情感和深邃的哲理。我们可以将模槽“X”和“Y”通过表面的并列结构，将两个不协调甚至完全相反的词语用来修饰同一件事物或者同时呈现出的心理状态，使得所表达的语义更强烈。比如：

(18) 悲伤并快乐着
苦恼并快乐着
快乐并痛苦着
幸福并痛苦着

众所周知，传统的矛盾修辞句式，通常组成并列式或偏正式的形式，如我们熟知的：贫穷的富翁、为了忘却的记念（偏正式）；不死不活、既陌生又熟悉（并列式）等。因此，例（18）就从一个侧面印证了人们对于矛盾修辞的高度关注，正是由于这种修辞方式往往能造成一种“出人意料，引人入胜”的效果，因此，它的使用频率，特别在文学作品中是相当高的。与此同时，由于其表达情感的复杂性，我们也将此类结构划归到复合情感构式一类。

3. 条件关系

一提到条件关系，我们肯定首先会想到“条件句”。比如，例句“只要我们努力，成绩就会不断地提高”。这就是一个条件句的典型代表。前一个分句说明条件，另一个分句表示在这一条件下产生的结果。条件关系是指两个变项“X”与“Y”本来没有很明显的相关性，只有一些比较隐性的关联，二者之间“条件-结果”的相关性是因为说话者认为这两个词有关联性，从而将它们套用到“X 并 Y 着”中，这一类词可以用“X 才 Y”来表示。比如：

（19）快乐并美丽着
爱并伤害着
工作并美丽着
坚持并快乐着

例（19）中的四句可以分别解释成“快乐才美丽”“爱才（造成）伤害”“工作才美丽”“坚持才快乐”。

综上所述，结合全书的诸多例句，我们发现复合情感构式中的模槽“X”和“Y”可以拥有非常多的结构关系和语义关系，概括而论，可以是三种基本关系：因果关系、矛盾关系和条件关系。也可能是两种或多层次关系交织并存的结果。例（19）中的模槽填充词就既可以按照“条件-结果”理解，也可以依照“原因-结果”去理解。但是需要注意的是，虽然“X 并 Y 着”构式中客观存在说话者通过变化变项模槽“X”和“Y”的次序来暗示“重心后倾”，还有变项模槽“X”和“Y”之间各种复杂的深层次关系，但是最重要的、最需要被凸显的还是交织并存的状态，其他的只是次要因素，只能作为背景而存在，否则会危及构式的成立。

五、小结

“X 并 Y 着”构式在很久之前就产生了，而现在，因为一些创新和变化，让它变得更加有吸引力，从而迅速流行。它以简洁明快的形式，看似矛盾的语义内涵，以及多层次的语用情感目的，瞬间成为人们关注的重点。并且这种构式所产生的修辞效果也是其他构式难以比拟，难以超越的，这也成为全书的创新之处。

那么在对复合情感构式“X 并 Y 着”研究和解读中，我们多半会采取矛盾修辞法来揭示其复杂的情感状态，采用这种表达的优势主要有以下两点：

第一，出其不意，出人意料。由于模槽填充词“X”和“Y”的选择多半是自相矛盾的词语，合并使用有悖常理，所以这种矛盾体起初会让对语双方感觉无法理解，就比如汉语中有“真实的谎言”和“甜蜜的负担”等具体描述，看似矛盾，出乎意料，实则有非常复杂的情感蕴含和语境支撑。比如“真实的谎言”其实就是一种善意的欺骗，为了对方好。而“甜蜜的负担”更是这种复杂情感的完美体现，一般用来指恋爱中的男女对彼此的情愫的体验：甜蜜是因为，当你快乐的时候会认为这就是心灵应该要停靠的地方；负担是因为，爱情终究会变成柴米油盐和互相包容体谅。

第二，引人入胜，回味无穷。此类构式对语言学的发展起到了一定推动作用，看似矛盾的填充词会激发语言使用者的解读欲，在通过对具体情境的仔细梳理下，逐渐发现这种看似矛盾的语义逻辑关系，不仅不是一种错误的表达，还能够让文字更加形象生动，寓意深刻。

除此之外，复合情感构式“X 并 Y 着”的两个模槽“X”和“Y”在表达上有主次之别，而且可以表达出变项之间复杂的语义关系，也就是说“X 并 Y 着”构式可以以简短的句子来表达丰富的含义，这也离不开连词“并”所包含的语义并存关系，还有“着”所表现出来的情感状态，正是因为有想要达到这两个效果的需求，所以才会有“X 并 Y 着”构式的出现。

第三节　非典型个案考察：构式“X 还来不及呢”

本节基于构式语法理论，将从以下三个方面来了解和讨论“X 还来不及呢”构式：首先是形式演变，其次是讨论构式义解析，最后进入对话语功能的研究。在探讨之前，我们将简单地了解一下“X 还来不及呢”构式。“X 还来不及呢”在主观上有一定的倾向性，是一个主观倾向构式，它的功能是统一的情感认知功能。它的构式义为“言者主观上倾向于选择‘X’动作或处于‘X’状态”。这个结构有两个构式化机制：重新分析和类推。除此之外，我们还应该了解到结构隐喻推动该结构构式化，而结构隐喻在结构构式化的过程中发挥着十分重要的作用，该结构的主要话语功能有三个，分别是“反预期”“申辩”和“主观高量评价”。

“X 还来不及呢”在我们日常生活中十分常见，它是现代汉语口语表达中一个十分常见的形式，该构式中的“来不及”经过语法化基本上失去了它的本意，也就是说，在这个构式中“来不及”的意思并不是指吕叔湘在

1999年时说的“因时间短促而无法做到”，而是变化成了一种稍微抽象一点的意思：唯恐不及。“来不及”结构通常出现在动词或者形容词之后，意义超越了其字面意思，成为一种强烈的复合情感表达。比如：

（20）朱县长屈尊降贵来到咱这里，这是咱的福分啊，咱高兴还来不及呢，大伙说是不？

（21）还分手呢？人家珍惜还来不及哦！

（22）每天我们感恩还来不及呢，哪来的烦恼和痛苦？

以上每个例子的语义表达都与原本含义不同，透明度也逐渐降低。我们再看例（20），说话的人在例（20）中想表达的意思并不是因为时间短促而无法高兴，而是想表达十分高兴的这个主观的情绪，而这层含义显然无法从“来不及”的本意直接推导出来。通过此例，我们可以推断出“X还来不及呢”是一个典型的复合情感构式，除了表示愉悦，还可以用来表示兴奋和满足感。

从复杂情感的角度研究“X还来不及”构式的文献还很少。因此，本书将从构式的形式、意义和用法等几方面来分析和认识该构式。

一、形式演变

（一）位移成分“来不及”

早在唐代时，“来不及”这个词就出现了，李白的《春日陪杨江宁及诸官宴北湖感古作》中就有：“我来不及此，独立钟山孤。”诗中“不及”的意思是“比不上”。在唐代，“来不及”并没有被当作一个整体使用，直到宋朝才作为一个完整的词被使用。比如：

（23）臣所以来不及装者正为是行也。

上面例子中出现了“来不及+V”结构，偏正关系。但是在实际应用过程中，“来不及”未必要放在动词前面。比如：

（24）张婆道：“今晚还要与外甥商量，来不及了，明日早来回话。”

在例（24）中，很明显“来不及+V”结构后的动词被省略了，按照对词义的理解，我们既可以把动词放在后面，也可以放在前面，即“来不及+V”和“V+来不及”两种结构。虽然两个句子的意思相同，但是结构发生了改变，“来不及”和动词之间的关系是不同的。在“V+来不及”结构中，两者并不是偏正关系，而是主谓关系。这是喜悦类复合情感构式“X还来不及”的形式演变第一步，即“来不及”与动词的相对位置发生改变。

（二）模槽“还”

在换位置之后，该构式又进行了下一步演化，它在“来不及”前面加上了语气副词“还”，并在之后做了语境补充。比如：

（25）连招架还来不及，哪里还能作法。

“来不及”所在的结构除了原本的语义基础，添加了拥有“何况、尚且”意思的“还”字，使得构式语义更加丰满。

作为语气副词的“还”不仅奠定了该构式的语气成分，还让后面语境补足句的出现变得十分自然。在加入了“还”字之后，“来不及”结构中又增添了一员，那就是“呢”。“呢”字是现代汉语中一个不可缺少的构式成分，它有许多功能，如可以用来表示探究性疑问。在周围都没有其他人的时候，通常就会有个人问一句：“人呢?”这个问句就是一个探究式疑问。还可以用来表示所说的事情十分显而易见：早晨六点钟，父母催着你起床，这时你可能就会说“还早呢，急什么?”在加入了“还”和“呢”之后，“早”变成了短语“还早呢”。在这个构式中，“呢”和“还”被放在了结构的首尾，发生了奇妙的化学反应，让“还早呢”这个框架述题的功能更加强大了。至此，该构式的初始形式已经差不多确定了。

研究了“X还来不及呢”的构式化过程之后，我们再来看看“X还来不及呢”构式化的机制和动因。

首先，让我们先来看看“X还来不及呢”构式化的机制。我们认为，重新分析（reanalysis）和类推（analogy）是该构式形成的机制。在构式化的过程中，我们先运用了重新分析。“来不及”最早表示的意思是“因时间短而无法做某事”，然而，因为“来不及”和动词相对位置的改变、“还”和“呢”的加入，“来不及”变成了“V行为＋还来不及呢，S”，所以“V行为＋还来不及呢，S”最终被重新分析为一个语块。在此之后，我们运用了类推，于是“X还来不及呢”对“X”的词性容忍接受度不断增强，从而使“X还来不及呢”越来越受欢迎，在日常生活中被使用的频率也越来越高。类推机制的作用将构式中可变项“X”的句法功能进一步扩展，于是“X”由最初的动作动词扩大为表示心理状态的动词和形容词。比如：

（26）努力尚且来不及，哪有精力时间抱怨指责？

（27）儿子能救人一命，我骄傲还来不及，咋会阻拦呢？

（28）难过还来不及，自己应该怎么做！

例（26）至例（28）里“X还来不及呢”中的“努力”“骄傲”和“难

过”，依次分别是动作动词、心理动词和心理形容词。由上文可知，“X”的范围不断扩大，从而使“来不及”在保留了部分原意的基础上，又延伸出了新的意思。2013 年，Traugott 和 Trousdale 指出，这种现象是“使成语境”作用的结果，即将原结构中一些词语的语义或者用法保留下来，而这些语义或用法又会成为诱发相关新构式的因素。“使成语境”在“X 还来不及呢”的构式化过程中起到了十分重要的作用，最终导致了“X 还来不及呢”构式的形成。

接下来我们将讨论一下“X 还来不及呢”的构式化动因。比如：

（29）实在来不及排印，故此停了一天。

（30）那时生米早已煮成熟饭，我再想解释已来不及了。

（31）齐邱忏悔还来不及呢，如果还敢追问这事。

我们可以从例（29）至例（31）中窥见“X 还来不及呢”的构式化过程，在例（29）中，动词还位于“来不及”的后面，与“来不及”之间是偏正的关系。例（31）中，“来不及”结构的改变更大了，不仅行为动词“V”被心理动词所取代，结构中还加入了“还”和“呢”，而且受构式的影响，“来不及”的意思和功能发生了相应的变化。在例（29）和例（30）中的“来不及排印”和“解释已来不及”表达的都是说话人想做但是时间不够。在例（31）中，“忏悔还来不及”不是指想要忏悔但是时间不够，而是迫不及待想忏悔，在这个例子中隐喻发挥了作用，因此“来不及”的意思跟前面两个例句不同。

在“X 还来不及呢”里面：当变项“X”指的是“V 行为”时，“V”指的是行为动词，此时，“来不及”指的是时间上的“不及”；当变项“X”指的是“V 心理”时，“V”指的是心理表征类谓语，此时，“来不及”指的是心理上的“不及”，也就是“迫不及待”。通过隐喻，“来不及”从时间域映射到了心理域。

二、构式义解析

“X 还来不及呢”由可变项“X”和不变项“还来不及呢”构成。从构成成分来看，该结构是一个图式性构式，也就是说这个构式会经历成员语义类型和范围的扩展。很明显，不同的“X”会形成不同的构式义，本书通过对相关语料库及搜索引擎中的汉语语料进行搜索，筛选后得到不同例子 286 个。详见表 6。

表 6　“X 还来不及呢”构式中“X”的类型，出现次数以及所占比例

“X”的类型		例子及出现次数	比例（%）
动词	表行为、状态	跑（4）、躲（3）、逃（3）、学习（2）、笑（1）、扔（1）、哭（1）、留（1）、玩儿（1）	6
	心理动词	喜欢（16）、感谢（10）、爱（8）、喜爱（7）、感激（7）、羡慕（6）、心疼（5）、欣赏（5）、欢迎（4）、珍惜（4）、巴结（4）、讨厌（4）、尊敬（2）、疼爱（2）、担心（2）、心痛（1）、亲近（1）、恨（1）、宠（1）、疼（1）、支持（1）、关爱（1）、稀罕（1）、忏悔（1）	33
形容词	心理形容词	高兴（63）、幸福（22）、开心（15）、伤心（10）、感动（9）、快乐（8）、兴奋（6）、紧张（5）、激动（5）、难过（4）、庆幸（3）、幸运（3）、倒霉（2）、伤感（2）、害羞（2）、得意（2）、逍遥（1）、陶醉（1）、偷乐（1）、小心（1）	58
短语或小句	表心理意愿	我出钱收看（1）、想和孙夫人亲近（1）、能多收（1）、他求你留下来（1）、讨相公的喜欢（1）、侍候上司（1）、我四人向他三人学习（1）、我疼你（1）、多谢你（1）	3

通过观察表 6 可知，有一些明显的倾向性规律：

(1) 从“X”的构成成分来看，“X”可以由形容词、动词、短语或小句充当。能否由名词性成分充当不确定，因为表中没有发现名词性成分充当的例子。

(2) 从“X”的出现频率看，频率高低关系依次为：形容词＞动词＞短语或小句。

(3) 从“X”的情感表征看，消极情感表达较少，总数还不及积极情感的一半。

我们知道，构式中模槽“X”的词性选择，也是基于主体对客体的主观评价义来体现的，选用心理形容词和心理动词的目的就是为了更好地表达复杂情感，当然其中有很强的主观倾向性。两者结合，形成了“X 还来不及呢”的构式义。但是这并不说明“构式义无法从其组成成分推出”是错误的，因为构式义并不是直接将“X 还来不及呢”每个词的意思翻译出来，然后再结合起来构成构式义，而是将它们的一些抽象的、非直接的意思拿出来构成“X 还来不及呢”的构式义，这也体现了构式义与词汇义的互动，这是构式语法对情感表达分析的支撑。比如：

(32) 她说："离开你我开心还来不及呢！为什么要难过呢？"

例（32）表现出说话者在主观上的感受是"开心"，而不是"痛苦"，虽然其中可能含有些许的无奈，但这就是构式义选择的制约。米凯利斯（2004）认为："如果我们要定义某一构式的构式义，那么我们需要了解它的认知解释和话语功能。"根据这句话和上文我们说明的内容，可以将"X还来不及呢"的构式义定义为：当出现两种或两种以上的动作行为或状态时，说话者在主观上倾向于选择（或说话者在主观上认为他人会倾向于选择）"X"动作行为或"X"状态。当"X"是动词时，主体会做出该行为动作；当"X"是形容词时，则表示主体会处于某种状态。

构式语法重视言者对情境（scene）的"识解"（construal）。吴为善（2001）认为每一个构式都有它自己独特的构式义和适用的语境，也就是功能主义所主张的"形式的不同必然会带来功能上的差异"。具体来说，就是在一个语境中，说话者在心理上有一个预期，于是使用"X还来不及呢"表达主观上在两个选项中的偏向性，即选择"X"，舍弃另一个选项。"X还来不及呢"构式有两个特点：

第一，"X还来不及呢"的语境多维化。

在"X还来不及呢"出现的地方经常会有两个选项供说话者选择，但语义通常是对立的。因为有两个选项，所以主体的评价结果和情感流露也会变得复杂多样。比如：

(33) 这样的女生疼还来不及，怎么舍得打呢！

(34) 梨园戏说：能嫁给顾大帅，我高兴还来不及呢，你哭什么？

上面两例中，尽管在心理动词的选择中字数或者词性上存在差异，但是它们在意义上都是对立的，如例（33）里的"疼（爱）"与"（殴）打"，例（34）里的"高兴"与"哭（泣）"，而且说话者选择的是自己主观上认可的选项。

第二，"X还来不及呢"构式的主观倾向性。

前文已经明显地表达了由于语境的差异所产生的不同选项，有主观上赞同的选项，也有主观上不认可的选项，而这个被不认可的选项前面经常会有否定性词汇，如"不""什么""怎么"等，其中"什么""怎么"是比较隐蔽的否定词。比如：

(35) 爱你还来不及，怎么舍得你走。

(36) 我曾问天津的的哥是否恨权健，他说感谢还来不及呢！

我们可以看到以上两个例子中都有否定性的词汇。虽然在例（35）和例（36）中否定的意思比较隐蔽，但是稍加体会句子的意思便能感受到其中的否定情感。

在我们整理的286条现代汉语语料中，大约有85%的句子使用了“双选项”和“否定词”，由此可见“双选项”和“否定词”在该构式的话语功能上是相辅相成的，而且在“X还来不及呢”与“双选项”和“否定词”的高频共现之后，该结构逐渐变成了一个可以独立使用的主观倾向构式，也就是说，就算单独将“X还来不及呢”拿出来，人们也很容易就明白说话者想表达的意思。

三、话语功能

构式语法理论是基于说话者对情景的“识解”来立足的，由此可见对构式话语功能的分析有多么重要。现将三种功能简单概括为反预期功能、申辩功能和主观高量评价功能。

（一）反预期功能

所谓反预期功能，是指当两人在说话时，其中一方说的话与另一方相违背，那么该说话人就表达了一种反预期信息；或者是指双方交谈中所发生的与预先设想的结果相反的情况。比如：

（37）我哪有时间悲伤？开心还来不及呢！

（38）哪里的话！你们能来，我高兴还来不及呢！

（39）我巴结你还来不及呢，哪敢打你呀！

在日常生活交际中使用“X还来不及呢”构式的时候，人们往往会在心里预先给自己一个预设（暗示），这个预设就是主体的主观倾向，不过并不是“X”本身。比如说，在例（37）中，蕴含着“受话人认为说话人不心痛”的预设，但是在句子中体现出来的效果是与预期相反的，也就是说话人的情绪是心痛而非高兴，例（38）、例（39）可依此类推。实际上，这体现了人际交往的一种智慧：不直接地说出自己的意见，而是通过“X还来不及呢”构式来让受话人猜测自己的观点，采用曲折迂回的方式从而避开直接的评价。在话语中运用反预期可以使听话者花费较长的时间去解锁语义，从而强调了自己的观点，也顺理成章地让听话者接受了说话者的交际意图。

（二）申辩功能

申辩功能只有在反预期出现之后才会发挥作用，因此二者的联系极为紧密。在“X还来不及呢”构式中，说话人试图将自己的想法解释给听话人，从而向听话人强调事实并不是听话人认为的那样，比如：

（40）可以呀，感谢还来不及呢，我怎么会对你大呼小叫呢？

（41）我们怎么会难过？妈妈，我们高兴还来不及呢！

（42）注意还来不及呢，哪敢违法乱纪呀？

例（40）中，说话人想表达的意思是：你们觉得我在发脾气才大呼小叫，但是事实并不是这样的，我其实还是一种高兴的情感状态。当然，这句话中的情感表达极为复杂，需要根据上下文语境加以判断。例（41）的意思是：其实我们的心情非常好，只是妈妈可能误解了我们的意思，以为我们坐在那里一言不发就是闷闷不乐的表现。例（42）中的申辩意味十分明显，说话人想表达的意思是：你们认为我们是违法乱纪了，但是，我要说我们没有。例（40）中的“可以呀”常用于解释事情的原委，“感谢还来不及呢”也表达了说话人申辩的意思，所以例（40）显而易见运用了申辩。另外还有一个字，也有申辩的意思，那就是“呢”，根据王彦杰在2010年所说，早在唐代时，“呢”字就有夸张或申辩的意思，不过在那个时候，“呢”写作“裹”。

（三）主观评价

其实，复合情感构式“X还来不及呢”还有一个很重要的语用功能，那就是主观评价和情感复合。当然这需要借助主体在特殊语境中的描述情形才能显现。这可以从“X还来不及呢”构式的组成成分中看出一点痕迹。在“X还来不及呢”中，“X”在多数情况下由心理动词或形容词充当，而这些词的本身义就含有一定的主观性，再加上该构式中的另一重要构成成分“还”也可以用来表主观量。在“X还来不及呢”构式中，除了“X”和“还”，还剩下“来不及”和“呢”，这两者就一起放在心理动词或形容词性成分后，这也就是Traugott和Trousdale（2013）所提出的：“语义的虚/弱化易于发生主观化倾向，构式的语法化大都伴随着构式的主观化而存在。”比如：

（43）有人喜欢听，我们高兴还来不及呢，不能放过任何一次宣传。

（44）如果爱了而获得回报，高兴还来不及呢，更谈不上恨呢。

例（43）中，说话人本来想要着重说明“我们”的喜悦程度之高，并不是想要说“我们几个没有足够的时间高兴”，因此，依据该句本来的意思应该是：有人喜欢听我们的演唱会，这令我们高兴极了！由例句（43）我们可以推出例句（44）中所说的高兴不是指得到了回报与否，而重在说话人心里爱与恨的转化过程的描写，而这句话可以体现出说话者内心对爱情的矛盾情感，使句意具有强烈的主观色彩和复杂的情感。

四、小结

本章以构式语法理论为基础，将“X 还来不及呢”构式与复合情感研究紧密结合在一起。试图通过构式的形式特征、构式义、构式的语境选择等方面，探究“X 还来不及呢”构式所体现的情感复杂程度。并由此得出以下结论：

第一，根据前人的研究经验和理论支撑，我们发现，想要确定构式义的准确性，或是分解复杂的情感依据，只能采用归纳梳理真实语料的方式进行。因此，本书通过分析相关语料库及众多网络新媒体的例句分析，逐渐明确其构式义，认为其构式义可以概括为：当出现两种或两种以上的动作行为或状态时，主体所产生的情感选择倾向。

第二，从“X 还来不及呢”构式发展变化的过程看，人类对于表达复杂情感的需求日渐加深，这就导致人们不得不在原有结构的基础上对语义进行扩大化再生产，并对适用范围进行再确定。此外，我们还需要注意“X 还来不及呢”构式化的根本动因，即我们在前文中所提到的结构隐喻，它在“X 还来不及呢”构式化中起着无可取代的作用。

第三，“X 还来不及呢”构式对于复杂情感的表达离不开对情境的主观理解。通过我们的分析，正是由于主体的主观倾向性的存在，才导致在特定情境下，主体会根据自己的会话需求和交际意图，而选择其认为合理的情感选项。因此，该构式具有的三个独特话语功能也不能忽视，它们分别是“反预期”“申辩”和“主观评价”。

第八章　情感构式产生的认知机理分析

所谓机理，是指为实现某一特定功能，一定的系统结构中各要素的内在工作方式以及诸要素在一定环境条件下相互联系、相互作用的运行规则和原理。它强调的是内在的工作方式、环境条件和运行规则。本书借用“机理”这一概念，旨在从认知语言学视角讨论情感构式产生过程中的形式机制、语义准则和语用动因，以揭示情感构式形成时模标和模槽的工作方式，以及与语境之间的相互作用。

第一节　形式机制

一、情感构式的压制力

根据 Goldberg 的构式定义可知，情感构式是一些以表达“喜、怒、哀、惧”为构式义的构式所组成的反常规的构式家族（Goldberg，1995：4）。其“反常规”主要体现在其形式或意义的不可推导性上，即构式压制力，也就是说，它的形式或意义的某些方面不能从“C”的构成成分或已有的构式中严格推导出来。这说明，一方面，它在形式或意义上有着与已有的构式不同的特征，即独有的形式、语义或功能，另一方面，它又与这些已有构式之间存在某种承继关系。因为，构式有自己独立的语法意义，这意义表示句子各个成分的词汇意义简单相加的和，但不等于这些成分的结构关系或结构义。

情感构式的不可推导性具体表现在以下两点：

第一，情感构式的意义既受其作为模槽的情感词汇的影响，也受制于情感构式本身。一般而言，情感构式包括实体性情感构式和图式性情感构式。其中，实体情感构式一般为词语、短语和成语，即情感词汇，都含载固有的情感义，无论是置身于词典中，还是被运用于语境里，其所含载的情感色彩都无法抹掉，如“热情”“冷淡”“愤怒”等。成语更明显，如褒义成语有

“大义凛然”“风华正茂”“神采奕奕”，贬义成语有“狼狈为奸”“见风使舵”“吃里扒外”。短语也有此特点，如“好样的”“太棒了”“太有才了”等都具有绝对的褒义性情感义，而“你看你”“真是的”“你等着瞧”“好不好”“算老几”“美得你”“算了吧/得了吧”等则都具有绝对的贬抑性情感义。它们在表达褒扬义或贬抑义上都具有绝对的稳定性，即不存在纯粹表示相反情感的可能性。可以说，喜、怒、哀、惧这类情感义已经成为这些构式认知意义的一部分。此外，有些图式性情感构式往往具有绝对的情感倾向，无论模槽如何填充，无论是褒扬性的还是中性的，抑或是贬抑性的，其整体的情感意义始终是贬抑性的。如“好你个X”“我＋把＋你＋这NP”“什么X不X的”“都是NP”“还NP呢”“有你这么VP的吗”等等，它们的情感义不会随着模槽的变化而变化，也不因为语境的不同而不同，而构式“我A，我B”、构式“多好的X”、构式“这才是X”、构式“厉害了我的NP”的组成成分的复杂情感义无论是中性的或褒扬性的，其整体意义完全是褒义性的。可见，对于图式性情感构式（即本书研究的重点——“情感构式”）而言，构式内虽然没有出现情感词汇，但是构式的特定情感义依然清晰鲜明，它由构式整体表达，或者说由整个构式形成其相应的情感色彩。

第二，有些图式情感构式并不完全只表示喜怒哀惧中的某个单一的情感，其情感义没有被彻底的规约化，而是受制于模槽的填充和具体的语境。这些模槽本身往往不是情感词汇，不具有固有的褒贬色彩，而是由特定的构式根据特定的语境赋予褒贬意义，因此，模槽的不同或语境的差异就造成贬抑、褒扬或中性用法的出现，但相比较而言，这种情况数量不是很普遍，使用频率也不高，对语境的依赖性也较强。

由于这类构式多为不完全语法形式，容易出现构式缺省值，在特定语境下，模槽的填充往往影响整个构式义的情感倾向。如在“NP＋一个”“为X而X”“这NP”等构式中，我们以中性语词填充，结果一般是贬抑性情感义占有绝对的优势，而在构式“我A，我B”、构式“这才是X”、构式“厉害了我的NP”里填充中性词，结果一般是褒奖性情感义占有绝对的优势。比如：

(1) 她女人一个。

(2) 她美女一个。

(3) 她大美女一个啊！

(4)“功遂身退，天之道”，这才是人类道德的最高境界。

例(1)中的“女人”是个中性词，有积极属性也有消极属性。因此当它用来评价时，激活何种属性的机会在理论上应该是均等的，主要由语境来决定。但事实并非如此简单。“女人”如果只身进入“NP＋一个”构式中，只能表达贬抑义，而如果像例（2）添加上褒义词“美（＋女）”和例（3）添加上褒义词“大＋美（＋女）”，则情况不一样，只能表达褒义了。这是构式义和词汇义冲突或不一致时，前者压制后者的结果。该构式义一旦被一定程度的规约化，它将允准跟构式义具有一致性的词汇进入，同时也会选择适当的话语语义结构。因此，在构式义的制约下，在“NP”的聚合体中，绝大多数是贬抑性的，只有少数中性的。当然在未被完全规约化前，还有一些用例是褒扬性的。例（4）在构式义的制约下，整体上是褒扬性的。

在构式“这 NP”的成句“这孩子！”中，“孩子”是一个中性词。如果始发话轮表达的是褒扬义，则“这孩子！”同样表达喜爱义；如果始发话轮表达贬抑义，则“这孩子！”同样表达愤怒义。但造成两者例外情况的原因不同，前者是因为模槽实现为褒扬性的名词性结构，而后者却是因为语境的影响。比如：

（5）A：她刻苦好学，在家还做饭洗衣，照顾多病的妈妈。

B：这孩子！

（6）A：她娇生惯养、好吃懒做，还跟父母顶嘴。

B：这孩子！

在通常情况下，构式“这＋NP”表达贬抑义的频率更高，更容易激活其责备义。比如，在下例中，我们分别插入评价性谓词，其接受度出现明显的差异。

（7）A：她刻苦好学，在家还做饭洗衣，照顾多病的妈妈。

B：这懂事的孩子！

（8）A：她娇生惯养、好吃懒做，还跟父母顶嘴。

B：这被宠坏了的孩子！

（9）瞧，多好的一个孩子！文静、听话，衣服整洁。

经过扩展后的例（7）的“这懂事的孩子”只是顺口而言，真正的褒义含量不多，接受度很低，因为再懂事的孩子，也是孩子。而例（8）的会话含义鲜明，接受度却很高，因为这是被宠坏了的孩子的典型特征。这说明“这＋NP”与贬抑义词项的兼容性更高，一致性也更强，其贬抑性的情感义已经具有了一定程度的规约性。构式“这＋NP”的贬抑义被规约化后，就成为以贬义情感为主的复合型情感构式，以致其模槽多为贬义性词语，如“这该死的求生欲”“这恼人的秋风”等，有时也有褒义例证，如“这迷人的景色”。语料表明，贬义情感或褒义情感多取决于起限定作用的形容词，如“这秋风”，如果没有形容词限定它，一般褒贬两可，如“这秋风，太过萧瑟”“这秋风，恰似你的温柔”，如果再添加形容词，则其褒贬情感就更难厘清了。

二、情感构式的象似化

所谓象似化（iconisation），是指使事物的形式和意义之间具有象似性。根据词典释义，“化”是后缀，加在名词或形容词之后构成动词，表示转变成某种性质或状态。

在情感构式的产生过程中，句子的结构形式和特定的表达功能之间存在某种比较稳定的联系，即象似化。也就是说，具有某种相同表达功能的语言形式在其外部特征上总有一些内在的规律。这种关系可以体现为直接关系，也可以体现为偏离关系。情感构式的形义之间就是一种偏离关系。它们超越了常规的意义组合规则，如“好你个 NP”“你等着瞧”“美得你”等，这些构式根据常规所得到的合成意义，跟实际的整体意义相去甚远，甚至是完全相反，从字面上有不可推导性，无法望文生义。因此，这种形式与意义的对应关系，总体上来说并不存在非常严格的规律。沈家煊（1999）认为，语法结构不完全是任意的，而是有理据、可论证的。语法结构的象似性原则实际上体现的是形式与意义之间的对应或对称关系。因此，即使是不可推导性较强的情感构式，其构式义也可以从其形式或词义上找到一些蛛丝马迹。通过考察，我们认为例（10）至例（14）的外在形式或外部特征与情感构式义存在微妙的关系。

我们发现，构式本质上属于一种省略形式，即简省式，在句法上与常规的完整形式相比存在空缺部分，由此带来语义上的相对的模糊性与不完整性，为构式形式的形成和意义的产生提供了空间，给人一种意犹未尽的感觉。这些简省式在语言的历时或共时平面上我们可以找到与之相应的语义完整式。对于情感构式来说，缺省的部分往往是直接表明态度或体现情感意义的部分。试比较：褒扬倾向的情感构式，如构式“更是一种 X”；贬抑倾向的情感构式，如“真是的”“这＋NP”“都是＋NP”。

（10）头发带给女人的，不仅仅是美丽，更是一种生命的象征。

（11）哎，真是的。乱成这样儿，这怎么工作？

（12）真是的，嫁到谢家，这样飞黄腾达，一点不嫌老同学寒酸，我最最欣赏她这点。

(13) 这家伙，是一个资深的完美主义者。/这家伙竟该死的可靠。

(14) 你干嘛找我麻烦嘛？人家好好的，什么事都没有，你一定要来烦我，都是你！把我弄哭了，也没什么好处!!

例（10）的构式“更是一种 X”显然是褒扬性的，说明头发对女性的重要性。例（11）“真是的”省隐了被具体的评判内容，在句法上表现为句子的宾语：“（编辑部）乱成这样儿。”例（12）的“真是的”则是在打圆场中隐含有褒义，这时，它的贬抑义淡化了许多。例（13）的“这＋NP”一般是表达贬抑义的构式，只是句中的主语。因此它是缺省谓语而形成的简省式构式，但是在例（13）却也用于褒扬义。例（14）的“都是你”的常规表达意义是“都是你的错”或“都是你惹的祸”等，相当于“实在是”，是说话者指责、埋怨、怪罪对方的情感态度。

根据象似性原则，导致情感构式简省的原因主要有三个：第一，是不必说。被缺省的部分因为构式话语语义结构的协助，而变得不言而喻。这为简省式的产生提供了可能性，如“更是一种 X”“都是＋NP”。例（14）中，构式的上下文是责怪客体的行为表现，由此可以推导，字面中性“都是你”进行归因已经表明了自己不满的态度，这同时也是语言经济性的要求。第二，是不能随便说。根据礼貌原则，说话者在交际中，需要将对方的优点表达得更充分，而将缺点表达得更委婉，这需要讲究会话策略，褒义的东西尽可能多说，而贬义的情况需要点到为止。因此当评价内容或表现情感意义的语词为贬抑性时，则需要采取模糊的手段来处理。这使得简省式与贬抑义建立了更多的联系，使贬抑义的语词在礼貌原则的导引下以简省的形式进行模糊化。当然，即使是褒义的事情也不可过于张扬和铺陈，因为夸夸其谈往往适得其反。第三，是提供空间。人类情感是丰富多彩的，而表达情感的语言手段有时会有词不达意、捉襟见肘的时候，这就需要在语言形式的构造上采取措施，给情感的语言表达留下充足的空间，而情感构式的简省化就是其中的一种有效办法。它既能够以表达某一种单个的情感为主，又由于是简省形式而同时蕴含多种情感（即复合类情感）于一身。比如：

(15) 显然，这家伙与公司老板是一个货色。

(16) 这家伙，简直太完美了。

(17) 不管怎么样，每个人都承认，这家伙是一个百年罕见的天才。

这些例子鲜明地表明，一个成熟的构式所表达的情感都不是完全单一的，而是多种多样的。

三、情感构式的语法化

如果说构式的形式特征为喜、怒、哀、惧四种典型情感义的产生提供了可能性的话，那么语用、认知方面的因素则为该构式义的产生提供了必然性。换句话说，情感构式的产生是一个语法化，同时又伴随着主观化的过程，即构式化过程。

情感构式是具有很强的不可推导性的语言单位，因此它的意义并非构式中各词的意义按语法结构有层次组合的结果。那么，为什么听话者在绝大多数情况下能够理解说话者所要表达的确切含义呢？比如当我们接收到“你看你！”“真看不出来！”这样的语句时，当场的反应就是审视自己身上有没有令人不满意的地方，而不会去想到自己的光彩靓丽方面。比如：

(18) 你看你，林黛玉似的，就爱使小性子。

(19) 你看你，也没争，也没抢，局长的桂冠就加在你头上了。

例（18）与例（19）中的构式“你看你”从正反两面说明了让人自觉检视自己的情感倾向。这种默契来自语境意义与频繁的刺激。这里所指的语境包括内语境与外语境，而其中的使用频率涉及例频率与类频率。内语境与外语境是一个相对的概念，前者是构式本身的语言环境，包括模标与模槽，后者则是构式本身之外的语境，我们所说的话轮前语境、话轮后语境等都属于外语境。比如：

(20) 歹徒一边残暴地砍一边狂喊恶骂：“我叫你多管闲事，叫你救人，非砍死你不可！”

例（20）的情感构式“我叫你 VP”，其中，模标“我叫你”与模槽“VP”是构式的组成部分，是内语境。而构式之外的上下文，如“歹徒一边残暴地砍一边狂喊恶骂”与“非砍死你不可”是外语境。例频率指的是构式的具体用例的使用频率；而类频率指的是一个图式构式的使用频率。以下我们分别以一个实体性的、绝对褒扬构式“真是好 X”与图式性的、相对贬抑构式“整个一个 X”为例来说明语境、使用频率与构式的关系，反映褒扬义与贬抑义的一般构式化过程。

（一）外语境、例频率与构式化

通过对语料的考察，我们发现，“真是”原始的完整形式应该是“真是＋R”，即在这个结构中，包含着评价主体对评价客体具体的评价内容或表现主观情感的语词，既有褒义的，也有贬义的。比如：

(21) 一家的演技派？虚伪的幸福太过可怕，真是：人生如戏，全靠演技！

(22) 谁说她胖？你们真是有眼不识美人。

(23) 这一点真是抓住了要害。

相比较而言，“真是＋R”的字面意义基本上能够传达说话者的意义，也就是说该构式进入使用时，其意义具有相对的单一性与透明性，听话者只需要付出较少的心力，就能理解说话者的表达意图。关联（relevance）理论认为，语境效果越大，与发出相关语句的刺激信号就越有关联；付出的心力越多，则刺激信号的关联度就越小（Sperber and Wilson，2008）。从这种意义上说，构式“真是＋R”已经具有了较高的关联度。但是，人类总试图用最小的心力获得最大的语境效果。关联度最大的语句并不意味着是优化关联（optimal relevance），需要效果与心力的适当调配。在初始阶段，表达褒义评价的意图与“真是好＋R”这种表达方式可能是优化关联。

但是，表达方式与表达意图之间的优化关联并非一成不变。随着表达方式与表达意图的频繁关联，听话者只需要付出较少的心力就能满足自己关联期待。这促使说话者在表达方式与表达意图之间重新进行调配，以达到最优关联。这种调配只能通过变更表达方式来实现。手段有两种：一是用完全创新的、省力的形式来表达这种褒贬评价义；二是在原有表达方式的基础上进行修整，包括压缩、结构重组或减少冗余成分。两种手段相比较而言，后者更具有可参照性，对于说话者来说也更易于把握关联度。这种重新优化关联的需求为“真是＋R”的简省提供了一个诱发因素。语法化理论也认为，表达的情感化往往导致信号的缩减与简化（Hopper and Traugott，2003：89）。但前提是这种简省要能够满足交际双方的关联期待，以保证交际的顺利进行。那么如何将变更后的表达形式与表达意图进行关联呢？这离不开语境的协助与激活。比如：

(24) 咦，真是的，怎么没有新牌子的名贵手表呢？

(25) 你们怎么搞的？我的希望又变成泡影啦，我送给你们这么好的种子，你们却种成了这个样子，真是……

(26) 胡杏顿脚道：“她说不要，不赞成，不知道，就是要，赞成，知道了！——唉，你这个人真是……真是……真是呀！”

在以上的例子中，“真是”变成“真是的”和“真是呀”两种形式，“真是……”之后的“R”被缺省，省略号表明语义未完，缺省还只是一种语用需要，但是这种临时的缺省并未导致交际的中止。我们仍然能够解读到“真是……”所包含的不满的语境意义。这种隐含义显然是从“真是……”所在的外语境中推导出来。这些相关语境知识包括：

第一，情态的标记词。在“真是……”所在的语境中，情感语词“真是……”用来描写说话人的神情、动作或评价等。由此推导出与之相关的“真是……”所具有的情感义。比如：

(27) 三掌柜叹气道：“大掌柜，你说东家今天这顿饭真是……”

(28) 杨过喃喃骂道：“你们，哎，真是……讨钱就讨钱，怎地惊了我的牲口?”摸出三枚小钱，每人给了一枚。

(29) 大热天，水也不喝一口。唉，真是……

“叹气”“骂”与“唉”都预示着下文的反期望信息。因此，伴随着这些消极行为而发出的“真是……”语句难免被赋予贬抑性的情感义。

第二，话语语义结构“真是……”预示着反期望的事件，由此推导说话者会对事件的肇事者产生不满情绪，而不可能是赞赏。比如：

(30) 另一个战士转转身，生气地蹬了一脚，说：“睡觉也不安生，真是……”

(31) 有很多人，身体健康，但是也会做全身检查，你口口声声说爱我，我要你陪我去看医生你都不肯，你也真是……

例（30）的“睡觉不安生”与例（31）“不肯陪我去看医生”都是说话者非期望的行为，因此，按事理，说话者对于施行该行为的引发者必然抱有不满的情绪。

Levinson（1995）将推导出来的隐含义分为两类，即一般隐含义（generalized conversational implicature）和特殊隐含义（particularized conversational implicature）。前者不随语境的改变而改变；后者会随语境的改变而改变。因此以上用例中的“真是……”的消极评价义或责备义只是它的特殊隐含义，能够通过增添特定的语境将这种隐含义消除。比如：

(32) 他端起半碗烈酒，咕咚咚地灌下肚，又凑向我，“那可真是……真是头漂亮的小乳牛哇……嘿嘿，那奶……那奶，甜哟……”

(33) 郭靖忙伸手扶起，笑道：“过儿，你这三件厚礼，唉，真是……，真是……”他心中感激，不知道要说“真是”甚么才好。

在上述两例中，根据话语语义结构与褒扬性的情态标记，“真是”之后简省的部分不可能是消极评价的具体内容，而是赞叹与感激。可见，情感构式的格式化是多重因素作用的结果。

另一方面，由于礼貌原则的作用，当“R”为消极评价时，对简省的要求要大得多。我们在对北大语料库进行穷尽考察后发现，隐含评价义的“真是……”总共有67条，其中隐含贬斥义的有61条。数据表明“真是R”的简省用法数量居多，其中多为简省形式与贬抑义的关联用法。当简省了的“真是……”与贬斥义的语境频繁关联时，其原本需要语境推导的关联不断反复进行并不断扩散，形成新的优化关联，在大脑中逐渐固化。责怪义由特殊隐含义转变成了一般隐含义，并进一步成为固定义。Dahl（1985）是这样描述这一过程的：当一范畴被使用时，如果某些条件恰好频繁地实现，那么这个条件和这个范畴之间就会发展出强而有力的联系，这个条件开始被理解成这个范畴的意义的一个有机组成部分。在这种状况下，“真是”已不再停留在其语境用法之上，而成了一个以责怪义为固定义的独立的实体性情感构式，已作为一个固定的词被《现代汉语词典》收录。

当然，在外语境与例频率共同作用下，一个新优化关联的产生并不意味着旧关联的必然消亡，它们会长时间的共存着，以满足说话者不同的表达需要。比如：

(34) 像阿咪这样无情无义的女人，竟然还是什么歌星，老天真是不睁眼。

(35)（官员）不只自己拿“红包”，还要带着朋友一起拿，拿了钱还不办事，把你推来推去，真是太肮脏了。

显然，“真是+R”比“真是”内容更具体更明确，它不只是一种不满情绪的发泄，而是包含评价内容的主观看法的表达。

（二）内语境、类频率与构式化

如果说，诸如“真是（的）”这样的实体构式，主要是外语境与例频率发挥作用的话，那么对于一些图式性的情感构式则是内、外语境与类、例频率共同作用的结果。尤其是与内语境与类频率之间的关系甚密。认知语言学认为，语法是基于使用的，语言使用和语法知识之间的关系在图式化的各个层面都受到构式使用频率的影响。高频使用的实际用例通过心理固化形成一套从具体到抽象的、能产性不等的认知结构。

这里，我们以图式性构式“整个一个X”为例，说明内语境与类频率对其构式化的作用。在“整个一个X”中，“X”可以是“傻瓜”“神经病”“白痴”“守财奴”“菜鸟”“混蛋”“贱东西”“草包”“败家子”和“马大哈”等。

这些具体用例在产生之初，因为频繁使用而被大家广为接受和传播。这是例频率的作用。但是人的认知方式具有简约化的趋势，也就是说人类认知机理的默认原则是经济原则。频繁出现的语言形式，无论是简单的或复杂的，人们总是将它们储存在起来，以待备用。但是对于这些符号的储存并非简单的重复，而是要进行归类处理，即范畴化。人们会将性质相同的语言实例归为一类，形成一个范畴，抽象成一个构式图式。如以上这些性质相同的实例就因为具有高的类频率而被抽象成了评价性名词“NP”后附于数量结构“整个一个”，即“整个一个X”的结构。形式固化的同时也伴随着构式义的形成。在“整个一个X”的具体用例中，作为内语境的“X”常常是一些带有贬抑义的词或短语，偶尔也能够碰见褒义的用例，如“整个一个江南女子，特秀气”“整个一个海枯石烂的架势”。在这一特定语境的反复作用下，整个构式倾向于对一个客体的消极评价，如“整个一个刺儿头/败家子/问题人儿/封建家长”等。但是约定俗成的构式义对模槽起到了限制与允准的作用，使这种类推与扩展成为有条件的。第一，“X”具有广为人知的鲜明属性，如不能说“整个一个张三”“整个一个领导”“整个一个老师”等。“张三”是一个体，他作为一个范畴中的成员在不同的情况下表现出不同的特征，也不具有大家达成共识的特点。“领导”与“老师”虽然都有各自的典型特征，但却很难说出它们突出的规约性特点。第二，“X”多具有口语性。“整个一个X”是一个鲜活的口语性构式，在这一构式整体的压制下，“X”同样必须是口语性的。第三，“X”多选用贬抑义词语。以上这些都是规约化后的构式特点对模槽的制约。构式义一旦形成便会对整体意义起决定性的作用。如“整个一个＋X”在贬斥义的压制下，只能激活“X”的消极属性，表达消极评价。但是也有例外。当“NP”的情感意义具有明显的褒扬义，“整个一个X”也可以用于积极评价。

通过以上的分析可知，对于表面上不可推导性很强的构式，我们也能找到其构式化的一些机制与动因，它并非存在于共时平面上，而是在于历时的变化中。在整个发展变化的过程中，语境与使用频率发挥了重大的作用。因为语境的协助，使得语言符号的不断趋简成为可能，同时也不断促成了新的优化关联的出现。从一个旧优化关联到一个新优化关联，这是形式与意义的不可推导性程度加强的过程，也是新构式产生的过程。而使用频率导致新的语言形式的形成和特殊语境意义的固化。贬抑性情感构式是一个动态的范畴，其中任何一个构式的形成都离不开这两个因素，两者缺一不可，它构式化程度的高低取决于言语活动如何改变一个语言形式的心理地位。这些构式与语言系统外的实际使用活动没有清晰的界限，并且随时被言语使用活动强化、调整、充实，以适应新的需求。

第二节 语义准则

资料显示，目前对“喜悦”和“愤怒”类情感的探讨较多，且文献资源丰富。因此，本节拟以被涉及较少的悲伤和恐惧类构式为例，重点探讨“悲伤”和“恐惧”类情感构式的语义动因。

所谓动因，是指动机和原因，既指人实施某种行为的背后原因，也指导致某事物形成的机制和条件。说到语义动因就不得不提到我们对世界各国语种在表达情感上所使用的语言表征的观察与分析，据统计，世界语言现存有七千余种，根据各自特点，分为七大语系。用于人们传递信息，传播文明，表情达意，形成不同的表达方式。比如在英语里，情感（emotion）即情绪、激情，常用复数表达流露在外的情绪、外露的感情。情感是每个人生活的基础，由此形成人的愿望，装点人的生活。各种情感赋予人的生活以不同的颜色和色彩，给人提供创造的机会与活力。从情感表现的层次来看，情感主要可以分为这样三类：积极情感、消极情感和复合情感。

（1）积极情感：快乐、狂热、欣喜、赞赏、满足、欢跃、好感。

（2）消极情感：忧伤、愤怒、难过、厌恶、蔑视、惭愧、恐惧、焦虑、寂寞、羞愧。

（3）复合情感：好奇、惊讶、冷淡、直觉、惊奇。

人们知道，生活不能没有情感，它影响我们的行动、观点和人际关系。每一个事件、每一次谈话、每一个声音、每一幅画都会引起机体的相应反应，形成情感。这些事件和情感都将映射到语言中，形成不同的情感构式。本节将选取几个典型情感类型及其表达构式进行简要分析，从基于体验、基于用法和基于识解等三个方面，探究情感表达与构式形成的辩证关系，以揭示构式意义与形式之间的象似性，解释情感构式形成的语义动因。

一、意义上的体验性

悲伤是生活中常见的一种感情。《说文解字》：“悲，痛也，从心非声。”《广雅》：“悲，伤也。”《诗·小雅·鼓钟》：“忧心且悲。”《诗·召南·草虫》：“我心伤悲。”这种悲伤的情感成为悲伤类情感构式的语义动因。

悲是一种情感现象，是人类基于体验而获得的心理反应。生活中出现令人痛苦、失望、忧愁或无法挽回的事实和现象，这些不幸的现象引起人们不快的情感，于是形成了各种各样的悲伤的感觉和体验。当人们把这些悲伤的情感诉诸语言表达的时候，就出现了许多与此相应的悲伤类情感构式。作为实体构式，悲常作为词素与其他表示痛苦的字或词结合，构成相应的表示痛苦之情的复合词，从而使情感表达更加强烈，如悲怆（悲伤）、悲惋（悲伤惋惜）、悲吟（悲伤哀叹）、悲恻（悲痛）、悲怨（悲痛怨恨）、悲忧（悲伤忧虑）、悲郁（悲伤忧郁）、悲哭（悲痛号哭）、悲涕（悲痛的眼泪）、悲疚（悲痛）、悲戚（悲痛忧伤）等，或者说，任何词语，只要与悲字组合，表达的就都是痛苦之情、伤心之事。悲字的情感范畴主要蕴含了对事情发展不可逆转的悲观情感，具有典型宿命论的色彩，反映出人类社会对于人生的本质看法。

伤原指皮肉创伤，《说文解字》："伤，创也。"并转指其导致伤害的动作过程，即使受伤，如《国语·周语》："川壅而溃，伤人必多。"后从物理空间进入心理空间，也可以说是延伸至情感域，隐转喻指人的悲痛之情，如《篇海类编》："伤，悼也，痛也，感也，忧思也。"上例中的"悲伤"已看不出"伤"是从物理力转变过来，故可以称之为无生命隐转喻状态，即读者已无法在新意象与原有意象之间建立联系，在这种情况下，英汉情感构式很难做到一致。

伤心形象地表达出一种心灵受到伤害的情感，是非常强烈的悲伤之情，如司马迁《报任安书》："故祸莫憯于欲利，悲莫痛于伤心。""伤心"可以说是前文所提到的隐转喻，需要采用异化的构式语义，凸显其隐转喻本原，将"痛伤其心"的情感原汁原味地表达出来，如英文中"hurt the heart"。例如："No，Pete!"I said. "I got to go too. I got to. It hurts，my heart，Pete."（Collected Stories of William Faulkner. 1950，p. 96.）。

这两种情感的结合，就形成了关键词"悲伤"，成为悲伤类情感的原型范畴。

恐惧是一种人类所共有的、强烈的原始情绪，具有共同的生理基础，如睁大眼睛或张大嘴巴、流汗、哭泣、失声、战栗、毛发悚然、一动不动、身体蜷缩、呼吸艰难、心跳加速、脸色苍白等等。

但是，如同其他情感范畴一样，恐惧也蕴含着不同社会历史文化基因，具有极强的民族性。西方将恐惧作为一种审美范畴纳入悲剧的研究领域，如亚里士多德认为，通过人的共鸣而发挥作用的理想化了的恐惧是悲剧情绪的本质。古希腊人对于未知的大自然往往充满了恐惧，多以对自然的反抗或征服来表现出一种悲剧精神，这在许多神话及文学作品中均有所反映。另一方面，亚里士多德曾探讨令人产生畏惧之情的因素，指出"表现互相争斗的行为必然发生在亲人之间、仇敌之间或非亲非仇者之间”。由此可见，西方古典文学作品中的恐惧多来自未知的自然或是家庭内部的骨肉相残。

而这种情感动因，在中国传统文化中基本上是不存在的。一方面，中国人“畏天命”，但更强调“天人合一”；另一方面，以家庭为核心的伦理道德是中国传统文化思想的重要组成部分，再加上“因果循环”“宿命论”等因素，中国文化中对情感构式的产生动因，不同西方的实体恐惧，而是一种源自心灵深处的敬畏。

二、浮义上的使用率

情感构式，尤其是图式构式，与其他构式一样，不是凭空出现的，其构式义的浮现不是一蹴而就地固定下来的，而是在不断的使用中，在广泛流行中，被受众认可和接受的。构式通过这种高频率的使用而逐渐定型，成为具有新兴构式义的流行表达方式。

哀意为悲伤，如《广雅·释话二》：“哀，痛也。”《大广益会玉篇》：“哀，哀伤也。”《周礼》：“以凶礼哀邦国之忧。”注曰：“哀谓救患分灾。”“哀”常与其他表示痛苦情感的形式相结合，从而使情感表达更加强烈，如哀戚、哀痛、哀切、哀苦、悲哀、呜呼哀哉、哀痛之极等等。

悲哀表悲痛或悲伤之情。《孝经》：“孝子之丧亲也，哭不偯……食有旨不甘，此哀感之情也。”其中的“哀”指伤心、难过，如《孟子》：“舍正路而不由，哀哉。”根据语义修辞的重新解读和再创造，在使用过程中，将“悲”和“哀”所共有的悲伤语义巧妙融合，从而使悲伤之情进一步加强。英文中均使用“take pity on”，较成功地诠释出哀的怜悯之情。

在构式定型上，图式构式必须经过用法的检验，才能发现它的表现力、能产性和情感倾向。因为，在这种检验过程中，有的构式可能会消失，有的构式在结构或意义上会发生变化，而有的情感构式可能会改变情感倾向。比如情感构式“有一种X叫Y”就是基于用法从中性情感逐渐转变为悲伤类情感的。比如：

(36) 有一种树叫榕树，独木成林。

(37) 无常的鸟飞过了，但地上还有一种树叫“相思树”。

这里，例（36）是对自然植物榕树的客观说明，而例（37）则是一种以物（树）喻物（相思树）的隐喻化表达，而且大自然里的确生长着相思树（又名台湾相思、台湾柳），这种借用的用法形象而生动。

恐惧类情感构式的构式义也是基于用法获取的。恐惧在中文里常表现为惊、讶、愕、惶、唬、惮、休、乱、忙、怕、怯等等；英文（以名词为例）有 fear、awe、fright、alarm、angst、anguish 等等。

惊，原为马匹受到突如其来的刺激而精神紧张、行动失常，如《说文解字》："惊，马骇也。"继而转隐喻地指人的恐惧或惶恐之情，如《尔雅·释话上》："惊，惧也。"凸显"恐惧"意义的"惊"范畴，具有较强的构词能力，如大惊、惊怕、惊恐、惊心、惊怖、惊颤、惊呆、惊悸、惊叫、惊厥、惊惧、惊魂、惊慌、惊慌失措、惊弓之鸟、惊慌失色等等。可以说，"惊"范畴在中英文中所呈现的意象基本相似。

"骇"与"惊范"畴相似，《说文解字》："骇，惊也。"但是，"骇"较"惊"所表达的惊异之情更为强烈，故常用骇怪、惊骇、骇人听闻等。

此外，与英文不同的是，"惊"本体情感范畴中也蕴含着积极的情感意象，即"惊异"为其他情感尤其是喜悦类情感的原动力，情感的不断变化和转换，再次体现了中国传统思想中的"变"，即老子的"祸兮福之所倚，福兮祸之所伏"。

与其他情感范畴相似，"畏"原义为恐惧，如《广雅·释话二》："畏，惧也。"《广韵·未韵》："畏，畏惧。"《老子》："民不畏死，奈何以死惧之。"故"畏"可以组成一系列相关"恐惧"类词汇，如畏惧、畏避、畏怖、畏难、畏怯、畏首畏尾、畏缩不前等等。

与前两种情感范畴相比，"惧"更加强调内心的恐惧，《说文解字》："惧，恐也。从心，瞿声。"《正字通·心部》："惧，恐怖也。"

英文中的"fear"，源自古英语"faer"，表示突如其来的灾难或铤而走险，后可指因可能出现的危险而担忧或焦虑，故此处"惧"的情感似乎用"afraid"更为合适。

与"惊""畏"等情感范畴不同的是，"怕"蕴含着复杂的情感因素。此外，"怕"范畴包含畏惧之情，如《广韵》："怕，怕惧。"徐时仪认为，"怕"在语音上可能是文言词"怖"的借音字，而"怖"在上古有恐惧义，如《韩非子》："昔者纣为象箸而箕子怖。"故"怕"可以表示恐惧，并可组成惧怕、怕惧、怕生、怕水、怕死、怕硬欺软等。英文均使用"fear"，将"怕"的畏惧之情成功译出。后"怕"范畴增加了揣测及疑虑担忧之意，可对应英文的"afraid"。

三、识解上的辖域化

构式的成立不是语言内部里的单方面事件，而且必须是有人类参与其间才能完成好的一种合作过程，这个过程是以人为中心的语用场景。只有在具体的语境里，才能够理解话语的确切含义，减少歧义。因此，认知语言学认为“现实-人-语言”才是语言学的核心三要素，缺少一个都难以真正地把语言的事情解释清楚。情感构式的使用和理解更是如此，因为语料表明，新兴的构式大都是简省结构。要理解这些简省结构，必须在掌握必备的语言知识的同时，在具体的语境里，借助人类的理想认知模型和百科知识，才能完成构式识解时的缺省推导，恰当地理解构式含义，顺利完成交际。

语境一般包括上下文的内语境，生活环境和文化背景构成的外语境。

悲伤类情感范畴具有典型的宿命论色彩，体现了中国古代社会对于“天”与“命”的理解与认识。如《警世通言·第十七卷》中的马德称其父“气病身死”之后，自己遭受一连串的打击，一直“时运不利，弄得日无饱餐，夜无安宿”。英文多用“I was feeling very charitable，doubtless prompted there to by heaven”强调“人心所同即天意”。

在人类最初的悲伤情感表达中，最先体会到的应该是皮肉之苦，随后在观察或是感受到自身或是他人的苦难经历之后，人体所产生的一系列生理反应会引起情感的共鸣。这也是认知心理学中的主要观点：情感的产生和演化实际上是由现实空间到心理空间的映射。本来表示肉体疼痛的语言可以用来描写人内心的悲伤之情，如撕心裂肺、痛彻心扉等。

“忧”也有类似的情感。《说文解字》：“忧，和之行也。”《尔雅》：“忧，思也。”忧亦指困难或忧患，如《国语》：“且唯圣人能无外患，又无内忧。”与英语中的“misery”有异曲同工之妙。哭或泣是表达痛苦之情最为常见的方式。《说文解字》：“哭，哀声也。”哭往往伴随声音或泪水，如《论语集解》：“颜渊死，子哭之恸。”刘鹗曾评论道：“《离骚》为屈大夫之哭泣，《庄子》为蒙叟之哭泣，《史记》为太史公之哭泣，《草堂诗集》为杜工部之哭泣，李后主以词哭，八大山人以画哭，王实甫寄哭泣于《西厢》，曹雪芹寄哭泣于《红楼梦》。”由此可以看出，中国古代文学作品中是一种典型的意象范畴。

可以说，人类恐惧之情很大程度上来自于死或生命的终结，但不同民族却有着不同的生死观，或者说所蕴含的民族精神存在着本质的不同。

有关死，中国传统儒家与道家的观点是大同小异的。儒家强调人生在世，须尽人事而听天命，活一日就要承担一日的责任。如《论语集解》：“敢问死，曰：未知生，焉知死!”人活在世上，就要每时每刻记住生命与存在的意义，坚持修身养性，珍惜自身的德行操守。

由此可见，人们在不断感知外部世界的同时，也学会了灵活运用语言的表情达意功能。从新兴的许多情感构式可知，这些新的语言形式和语义表达都不是凭空产生的，而是拥有极其丰富的文化底蕴和形色各异的民族情感来源。因此，本书所选取的特殊情感构式不仅可以表达人们日益复杂内显的情感，也成为人们对特殊复杂情感的参照，并为完善情感语言的系统化提供了可能。

第三节　语用动因

情感构式的产生和流行是为了顺应时代不断变化发展下的社交需要。在不同的社会交际过程中，人们一般都有着互不相同的情感状态，这些潜在的语用心理因素对句法结构和词语的选择、使用及变化都起着关键性作用，成为新出现的情感构式产生、流行乃至废弃的直接影响因素。情感构式是对传统语法结构的承继，在承继过程中借助语法化形成构式标记（模标＋模槽），使构式得以实现，因此，语用过程中的语法化才是构式语用动因的根本。

一、语境动因

所谓语境，是指语言使用的环境。它是由人（交际双方）、地（交际的地点和时间）、事（交际的话题）、情（交际双方的情感、关系、经验、修养）等要素组成的会话平台和交际界面，直接影响着语言的表达、接受和理解。

情感构式多为不完全结构，是用非典型的形式表达以前用常规方式和完整形式表达的客观世界的内容，这就更显示出了语境的重要性。情感构式在语用上的最大特点是承继性和创新性。“厉害了我的国”（厉害了我的 X)、“有一种 X 叫 Y”、“X 并 Y 着”、“好你个 X”、“我的 X 呀”等等，都是在传统语法构式基础上的创新，都是承继性与创新性的完美结合，因而在语用功能上都能符合人们标新立异的心理，也更贴近人性和生活的本质，因此才得以快速传播。

情感构式在语用特征上具有创新性，其中也整合了语言使用者的创造性和基本情感，而这也正是日常用语中修辞手段的重要体现。这些情感构式除了表达喜、怒、哀、惧四类典型的情感之外，还包含有自豪、无奈、讽刺、诙谐、劝诫、醒悟、悔恨、谦卑、蔑视等因素，形成复合情感。这种复杂的情感构式是在当代社会人们特有的语言交际目的、交际环境、交际手段和社会文化心理下产生的，对其的使用和理解必须置于相应的语境里才能实现保真和原汁原味。

事实上，许多看似单一的情感构式，也可能包含一些相对或者相反的情感，如以情感构式“有一种X叫Y”为例，它既可以表达一种客观真理，如“有一种美，叫‘极简’”，也可能表达一种对于社会生活中美好思想和行为的赞美，如“有一种追求叫矢志不渝”，更多的时候是表达一种复合情感，如“有一种体面，叫‘善意的谎言’”。再如“X并Y着”情感构式，“痛苦并快乐着”就是一种典型的杂糅类复合情感，当然也可能因语境差异而产生情感偏移的现象，如“一个人情味很浓的‘贫困并快乐着’的时代”“游玩、拍照并快乐着”“健身，美并快乐着”。再比如，“S可能V了假NP”是一个有趣的情感构式，语义早已脱离了讨论事物本质的真假，而是为了表达说话人的一种诙谐幽默的自嘲。

纵观目前出现的一系列情感构式，反讽调侃，无奈自嘲，其目的都是为了调节紧张枯燥的生活，增加人们信息交流的欲望而已。

从语境特征来看，语言的实际使用环境对语言的发展本身就有一定的制约作用，要厘清语言在特定环境中所要表达的情感状态，动因自然是一个有效的途径。从对现代汉语诸多情感构式的探查中我们发现，特殊的语义和独特的语用价值是情感构式产生并流行的内部动因，此外还依赖于极为重要的社会和心理认知基础。

根据我们所搜集的语料发现，喜、怒、哀、惧四种基本情感构式主要出现于报纸杂志和网络媒体文章的标题，甚至是大家喜闻乐见的表情包配图文字，主要是为了博人眼球，起到吸引读者的目的，这一切的根源就在于，现代生活节奏加快、信息量大，读者更注重阅读标题快速寻找自己需要的新闻，更倾向一种快餐式的信息消费。另外，情感构式经过语义整合重组之后所具有的抽象概括性能使文章标题更加简明，实则是顺应了人们想用简易手段表达或是掩盖复杂晦涩情感的愿望。这也正好印证了经济原则所强调的，在语言表达中，我们往往会把一个烦琐的长句变成传情达意的简易手段，甚至将其陌生化来满足人们对新鲜事物的追求，同时细化了情感体验的过程。

情感构式善于捕捉人们对于情景的相关联系，即可以表达主体情感意识的觉醒所体现出来的不满情绪，又可以用于弘扬新时代的先进思想和优秀品德，还有一些情感构式可用于对寂寞无助心理的一种倾诉，还有的能够表达一种讽刺或是自嘲。因此，情感构式产生的根源也是人们对现实世界主观化的结果。情感构式的表达内容丰富，涵盖的内容多种多样，同时也是现代社会语言最真实最直接的反映。而要准确无误地理解这些“省略结构”，人们不得不借助上下文语境，从每个特定的语言环境或社会背景中探寻，并最终挖掘出那些无法从字面含义推导出来的深层语义。情感构式的复杂语义必须在现实中发现或是从记忆中提取，并通过联想的组织加工才能获得，其陌生的非常规搭配现象，通常在阻断人们理解的同时，又刺激了人们的探寻欲望。而这种语义的体验过程，必须深入具体的语境，结合隐喻和转喻等整合机制才能体会其深层含义。

二、意图动因

所谓意图，是指希望达到某种目的的打算，强调的是主观的心愿和意愿，而交际意图则是指交际的意向性，包括交际目的的设定、语义强度的调节和主观情态的凸显等。

语言交际总体上具有对称性，如果交际双方没有交际意愿，或者有一方态度消极，那么交际事件就不会出现。因此，交际意图决定交际生活的成败，也影响着对交际工具（语言手段）的选择、使用与理解。面对同样的交际话题和交际情境，既可选择不可推导性很强的贬抑性情感构式，也同样可以选用具有不可推导性的褒扬性情感构式。

通过对现实语言现象的观察与对前人收集的一些常用情感构式的考察，我们发现，存在不少反常规的褒扬性情感构式成为复合情感构式，它的褒扬性情感义不能从其组成成分的合成意义中获得。对于这类情感构式的使用与理解，就更需要借助于对交际意图的分析和体悟。根据功能的不同，可以将这类反常规的褒扬性情感构式分为褒扬义构式与支持性构式。前者如构式“有＋N”“真有你的”“有 A 有 B”等，后者如“可不（是）”等。什么场合使用支持性构式，什么场合使用褒扬义构式，一般需要有交际意图作为依据。

我们以“有 A 有 B”为例，看看意图动因对其用法的影响。

构式“有 A 有 B”的模标是“有”字，而模槽“A”“B”都是语义相关联的两项，同属于一个语义范畴之内，其情感意义只能是褒扬性或中性的，而不能是贬抑性，如有胆有识、有勇有谋、有血有肉、有情有义、有声有色、有权有势、有板有眼、有头有脸、有头有尾、有说有笑、有始有终、有凭有据等。

当模槽“A”“B”的本义或引申义用于褒扬义时，构式所输出的结构表现它们的本义。如有胆有识、有血有肉；当“A”“B”的本义用于中性义时，构式所输出的结构表现它们的隐含义，如有钱有势、有头有脸、有头有尾。第一种情况符合意义的组合原则，因此其意义总体上是可推导的；而第二种情况可以处理成是“有＋N”结构，是进一步构式化，其构式义也是违背“适量准则”带来的隐含义。

由此发现这样一个普遍的规律，即肯定式倾向于表达赞赏义，相反，用否定式倾向于表达贬斥义。如“有A有B”的构式义只能是评价某人拥有某种良好的、积极的特性，而不能用于表达某人具有不良的、消极的特性。比如，一般不说有毒有辣、有恨有怨。而构式“没（无）A没（无）B”却多用于消极评价，表示某人不具备某种优良品质，如没心没肺、无情无义等。它也不用于表示某人不具备某些恶劣属性的积极评价，如一般不说没头没脸、没毒没辣。这种不对称现象的出现绝非偶然，而是语言内外因共同作用的结果。它们为根据交际意图选择的语言手段的规律提供了基础。

肯定是无标记的，否定是有标记的。因此肯定式表达赞赏义的使用频率要比否定式表达贬斥义高。语料显示，褒扬性情感义（积极意义）与贬抑性情感义（消极意义）的语素在构词能力上具有不平衡性。前者的构词能力要胜于后者。因此，褒扬义词项进入构式“有A有B”的可能性就更大，也就越易于生成称赞义。一旦进入否定式，则生成贬斥义。

礼貌原则是意图动因的重要准则和依据。对于称赞义的表达而言，具有某种优良品质的评价手段要比不具有某种不良品质的评价手段要得体，宜于直截了当；而表达不如意时，不具备某种优良品质的评价方式比具有某种消极品质要委婉得多，宜于顾及颜面，如在谈论美丑时，说“不美”比直接说“丑”要好些。

在实际语用中，不可推导性强的褒扬性情感构式在量上要少于贬抑性情感构式，表现出很大的不平衡性。也就说，在意义不可推导的情况下，更多的构式衍生出了贬抑性情感义，而不是褒扬性的情感义，形成具有情感意义的反常规构式。这就给交际意图的实现提出了要求，如丰富的语言知识、良好的语感等。

构式是构成语法体系的基本单位，情感构式在意义上的不平衡是情感构式不可推导性的强弱与习得方式的不同造成的结果。据此，可以将其分为常规的情感义构式与反常规的情感义构式。

情感构式大多是起源于网络的新兴语言形象，其交际意图多是基于赞美、调侃、讽刺的褒贬评价。情感意义不能独立存在，需要依附在其他意义之上才能实现。这样，贬抑义所能依附的构式形式比褒扬性情感义更丰富。

因此，在两种对立的情感意义中，哪一种情感的载体更丰富，那么它的数量也会更占优势。贬抑义可以依附在三种不同表达功能的评判义构式之上，即贬抑义的差评义构式、责怪义构式与驳斥义构式。

对于差评义构式，贬抑性情感构式与褒扬性情感构式存在不对称性。对于现存的不可推导性强的贬抑性情感构式，一般难以找到与之相对应的褒扬性评价构式。如“不男不女”“整个一个马大哈”“还博士呢”等等；而责怪义构式是说话者在致责因子的刺激下所作出的情绪反应，在褒扬性情感构式中不存在相应的范畴，取而代之的是表示褒扬的褒扬性差评义构式，而这一部分本身也是少之又少，如“看把你 VP 的”“你等着瞧”“这＋NP”等；在驳斥义构式里，驳斥义包括否定义、拒绝义与阻止义等不顺从对方观点或意志的意义，它们都可以通过否定形式表达出来。否定是有标记的，因此，在表达否定义时需要有否定的标记形式，包括常规的“不”“没”和反常规的贬抑义构式，如包含疑问代词的构式形式、“X 个头/屁”等。反常规的贬抑义构式除了表示否定的基本意义之外，还包含贬抑义。而肯定却是无标记的，它没有相应的标记形式，这也就使得褒扬性情感义失去了载体。主要表现在，贬抑义可以依附在驳斥义构式之上，并且依附的形式与贬抑义的程度呈现出多样性。比如，如果要表达“别看/不用看”这个基本意义，至少有以下几种包含贬抑义的言语手段，如例（38），而包含褒扬义的言语手段就少得多了，如例（39）。

（38）A. 看什么！

B. 看什么看！

C. 看你个头！

D. 看个屁！

E. 看什么看！

F. 有什么好看的！

（39）A. 不看为妙。

B. 事不关己的。

C. 最好回避。

以上几种表达方式在贬抑情感强度上总体上是依次递增的，但是褒扬性情感构式也有，但很难找到能依附具有较强不可推导性的支撑性构式。

三、推导动因

推导是一个多义性的高级词语。比如，①用于数学、物理等学科里，指根据已知的公理、定义、定理、定律等经过演算和逻辑推理而得出新的结论。②用于日常生活，是指根据已知事实或情况断定其他。③在语言学里有两种情况：在构式语法里是指构式在形式或意义上的非严格预测性（not strictly predictable），或不可推导性；而在语用学里，则是指通过对话语的分析理解会话含义，即语用推导，或语用推理。

此处所谓的推导动因，即语用推导，是指根据语境通过对构式用法的分析而获得构式的准确意义，从而达成交际目的，完成交际任务。因为，新兴构式大多是不完全形式的语言形象，而且构式义不是其构成成分的简单相加，而是源自整个构式的意义浮现，尤其是由于语境的作用，一个构式有可能还原成普遍的语言形式。比如：

（40）“你看什么？”她问，又问了一次。

（41）他会转回身盯住张望，我问：“你看什么呢？”

（42）总统在羞怒之余，气得鬼吼：“你看什么！”

在这三个例子里，显然只有例（42）才是贬抑义构式，表示“不许看！”语源是，总统约翰逊半夜里回白宫时被站岗的安全人员用手电筒晃了眼睛，而例（40）和例（41）只是普通的疑问，实际上，例（40）是一个女同学发现被同桌呆呆凝视时的发问，例（41）是发现同伴回头凝望一个年轻路人的背影时的发问，这就需要根据语境去推导。

在“有＋N”构式中，没有程度词的参与，而整个构式却包含“高程度”之义，其中褒扬性的情感义占有绝对的优势。对此的理解也需要语用推导。比如：

（43）他有钱。→他有很多的钱。
　　　　　　→他显摆。
　　　　　　→他挥霍。

（44）他有钱，又有心计，所以连少奶奶、老东家都不知道他那些缺德事。

（45）他就不只是「希望」别人以为他有钱，而是要「确定」别人会以为他有钱了。

（46）他有钱了，于是将钞票大把大把地塞给那些情愿上钩的姣美少妇。

“他有钱”这句话至少有例（43）里这三种意思，例（44）证明“他有很多钱”，例（45）证明“他显摆”，例（46）证明“他挥霍”。

这样推导的理由是：第一，中性词语义的偏移现象。因为，中性词语义偏移总的是偏向正极意义（褒义、大义、多义），这是人们求善的心理与语用频率效应所致。但实际上，对于“有＋NP”高程度义的产生似乎不能仅仅归于词本身，而是整个构式内部语义相互压制、整合的结果。上述例子表明，孤立地说“他有钱”，的确是褒义的，是说“他有很多钱”。但是，“他有钱”一旦进入具体语境后，多半带有否定含义了，所谓“有钱就变坏”。第二，语用频率效应。因为，语言是一种交际的工具，在高频率的使用过程中，逐步附含各种情感，构式程度义的确定往往由“社会平均值”决定。第三，合作原则。在语言交流时，一般情况下，交际双方必须遵循合作原则，也相信彼此会并且正在遵循合作原则，比如适量准则，即提供信息要足量，不要过量。如果说话者违背了适量原则，实际上则是说话者故意违背这一原则来传递某种言外之意。比如：

（47）真有你的。

如果作字面意义去理解的话，这是一句废话，说话者没有传递任何新信息。然而听话者知道说话者不会违背交际的适量原则的，因此推出例（47）必然存在一个隐含义，而且只能是这个隐含义：对某人优势的称赞。说话者也知道听话者能推导出这种隐含义。在语言经济原则的驱使之下，这个褒扬义为大家广为接受。从根本上说隐含义的产生是交谈双方互动的结果。因此，适量原则与“社会平均值”都可以被视为构式义浮现的理据。

“真有你的”是一个带“有”字的情感构式。它用来表达对某人能力等方面的称赞。比如：

（48）众人大为敬佩，个个伸出大拇指夸奖道：“老刘，真有你的，不愧是仙人指路呀……”

（49）致庸大喜，道：“太好了，茂才兄，真有你的！……”

（50）萧峰赞道：“好家伙，真有你的！”

但这一称赞义构式常用作反语，用来讽刺某人具有不正当的行为或某人不具备某种应有的能力或素质。我们在北大语料库查得“真有你的”有 39 个用例，其中用于反语的就有 20 个之多。比如：

（51）你小子可真有你的，这么英俊的小伙子，竟要用破头来讨婆娘。

（52）清波，真有你的，亏了你们还是亲戚呢！

（53）祁科长！真有你的！你一声不出，真沉得住气！

“真有你的”也具有程度义，其程度由隐含着的“你”的某些方面来承担，如办事能力、基本素质、道德水平等。其构式义也是通过违背适量原则而推导出来的。

礼貌原则也是情感构式语用推导的动因。语言学家 Leech 从语用学和人际修辞的角度提出了言语交际活动中的礼貌原则，包括六个准则：策略准则，尽量减少他人付出的代价，尽量增加他人的益处；慷慨准则，尽量减少对自己的益处，尽量增大自己付出的代价；赞誉准则，尽量缩小对他人的批评，尽量增强对他人的赞扬；谦逊准则，尽量缩小对自己的标榜，尽量夸大对自己的批评；一致准则，尽量缩小与他人的不同意见，尽量夸大与他人的相同意见；同情准则，尽量缩小对他人的厌恶，尽量扩大对他人的同情。英国著名语言学家 Penelope Brown 和 Stephen Levinson 提出面子保全论（face-saving theory）。他们认为如果人们在交际中要互相合作，那么说话时就要在保留面子方面进行合作。礼貌原则与面子保全论并不意味着在交际中我们不能表达对他人进行消极评价、责备与驳斥。毕竟在语言体系中存在数量不少的贬抑性情感构式。它们因为需要才产生，因为使用而存在。但在表达这些情感的时候也并未肆意，人们会采用一些言语策略来减弱面子威胁行为的强度。这种策略也体现在说话者进行积极评判与消极评判时所采用的不同语言表现形式。人们在表达对他人好感、赞扬、肯定的时候，往往不需要隐讳，可直接表达。这时他们首选表达形式是情感意义显著的、具体可感的褒义词语，如勤劳、善良、美女、太有才了等。这些常规的构式对于同一文化或不同文化区域的接受者都能够即时领悟，并反馈以积极的情绪，这是符合礼貌原则的。而在表达批评、责怪、驳斥意义的时候，一般会带来人际关系紧张，这时意义的表达需要模糊处理，而简短、含蓄、不可推导性强的贬抑性情感构式恰恰满足了这些要求，这些构式往往不是采用意义直接的、鲜明的贬义词语。Leech（1983）认为，人们以间接的、含蓄的方式表达对他人的指责，是出于礼貌，因为其指责的含义是通过推导才能由接受者完全解读。Brown 和 Levinson（1978）也认为，非公开（off record）的言语行为对面子的威胁是间接的，是减小面子威胁的策略，其含义是可以协商的（negotiable），是最为礼貌的策略。比如，我们要表达一个人土气、比较愚昧，说“他农民一个”总比直接说“土包子”或“愚昧”要隐讳得多，因为前者在范畴与属性之间有一个推理与解码的过程。因此，总体上，积极评判需要透明度高的褒扬性情感构式，而消极评判需要透明度较低的贬抑性情感构式。因此，两者出现不平衡也是在所难免的。

另一方面，情感构式的产生还有其外部条件。这个外部条件就是日益发达和普及的网络。随着网络交流的普及，网络语言也迅猛地发展起来，各种新的网络语言如雨后春笋般繁茂成长。这种新的语体不可避免地带有相应的特点：第一是创新性。语言在不断地使用过程中，往往会丧失了新鲜感和生动性，人们对一些词汇的过分熟悉反而导致这些词汇能够表达的东西十分局限和平常。这就需要我们不断创造出一些新的词汇，或者采用一些新的形式重新组合言语。网络作为语言的一个载体和发源地，具有虚拟性、自主性、开放性、包容性、多样性等不同于传统语言载体的特点，提供给人们很多语言创造的灵感和自由发挥的空间。这主要体现在英文简写（CU）、汉字拼音缩写（FB）、数字缩写（88）等缩略语的使用上，词语方面的旧词新用（恐龙）、生造新词（黑客）、僻词热用（山寨）等，还有突破传统句法规则的束缚进行句式翻新、倒装、省略等。这些新现象从一开始的个人另类使用，到被大众普遍接受、高频使用，再到约定俗成，这是一个特异性构式膨胀的过程。从某种意义上说网络是特异性构式强大的加工厂。第二是情感性。现实生活的节奏越来越快，人们的压力也越来越大，生活、工作、情感上的不顺也不好随便向人诉说，只好把很多秘密藏在心底。加之现代人名利欲越来越重，心中的很多想法不能轻易地吐露出来。这使得人们的情感越来越封闭，孤独感也越来越强。而网络的互动性、即时性、匿名性、相对自由性恰恰满足了这些人宣泄情感的要求。如 QQ、微信、BBS、博客、论坛等都成了他们主要的情感宣泄室。复旦大学竟然为缓解学生学习压力开出网络电台“哭吧”。此外，在现实生活中，人们在表达意见或诉求时要顾及自己的社会角色，甚至屈从于群体规范和利益，不能直抒胸臆。网络的匿名表达使表达者减少了后顾之忧，可以毫无顾忌地陈述自己的意见和主张，直截了当地表达自己的利益诉求，直言不讳地表达对现状的不满。由此催生出来的网络语言也不可避免地带有极大的情感性。如“躲猫猫”“范跑跑”“被 X”“非法献花”等都是这一特征的产物。如果说，网络是反常规构式的加工厂，那么它更是反常规情感义构式的加工厂，尤其是贬抑性情感构式，这便是我们要谈的网络语言的粗俗性与偏激性。

网络是一个虚拟社会，网民在现实生活中的身份都是相对隐秘的。在这种“无标识状态”下，他们可以肆意地表达自己的情绪，贬抑他人，甚至责骂社会，使得网络中充斥着粗俗、轻佻的语言。因此在网络这一强势媒介占主导的今天，贬抑性情感构式要比褒扬性情感构式具有更强的繁殖力与更广阔的生存温室。但网络不是法外之地，我们的网络言行，从思想上，应该积极传达真善美，弘扬正能量，从语言上，应该在保持语言规范的基础上发挥想象，创造出更多更好的符合时代气息和烟火气的新词、新义、新表达。这样，我们的语言才会充满活力，我们的表达才能丰富多彩。

第九章　结论

第一节　全书总结

本书主要以构式语法为原理，深入系统地分析了具有明确情感倾向的喜悦、愤怒、悲伤和恐惧四种典型的情感构式，并根据情感的多重性，浅析了一系列具有代表性的复合情感构式，并从形式、意义和用法等方面探究了这些构式的特点和动因，得出以下结论。

第一，情感范畴是情感构式的形成基础。何为构式语法？构式语法是如何控制构式运行的？虽然 Goldberg（1995）对构式给予了经典定义，即构式是形式和意义的配对体。但是构式这种独特而又灵活的框填结构最显著的特点就是形式和意义之间有着诸多不稳定的因素，其根本动机来源于形式和意义的不匹配。也就是说，在形式上具有继承性，在意义上具有不可推导性，在用法上具有语境性。认知语法认为，语法具有象似性，以语义（概念化）为基础，是对世界的感知体验及其认知方式的语言表达。因此，情感构式是对人类喜、怒、哀、惧等感情的凝练定型和情感范畴的集中表达。

第二，使用频率是情感构式的固化推力。本书选取的具体构式都来源于现当代生活语言，所采取的研究方式，也是将具体构式与汉语语法和修辞相结合分析，而语料主要取自北京大学 CCL 语料库、北京语言大学 BCC 语料库、国家语委现代汉语通用平衡语料库，还有众多的网络标题或是书面口语的语料，并将语料进行数据分析整理，得出结论：根据人类的求新求变心理和习惯，生活中时常出现许多新型的语言表达式，但是，按照时间的淘汰机制和语言的规范要求，只有少数表达式被保留下来，并凝练成为人们喜闻乐见的构式。其中主要的动因就是使用频率。这些构式一旦固化，就相对稳定，成为表达人类情感的典型范式。如本书第三章到第六章所谈到的四种典型情感构式，“厉害了我的 NP”“好你个 X”“有一种 X 叫 Y”和“我的 X 呀”。它们各有侧重，且不过分依赖语境，并在搜集整理的诸多案例中，表达的情感态度非常集中，数量比例超过百分之七十，因此，我们才把它们作为典型构式。

第三，语境依赖是情感构式的判别主因。分析表明，任何构式的语力都不是单一的，都会根据语境表达多重情态，构成构式表达上的复杂性，这也是构式充满活力的基础。因此，本书除将分析四种基本情感构式作为重点之外，还指出这些构式包含有两种或者两种以上的多义情感表达。其分析归纳解释难度之大，可想而知，这也正是情感构式极少有人涉足的原因。那么我们如何选取复合类情感构式的研究角度呢？本书认为，首先确定核心语义是关键，并且构式义也是从语境里浮现出来的；其次依据语境确定语力，因为情感是杂糅、丰富的，而构式在形式上是线性的，造成词不达意的困境，这就需要依赖语境，比如“厉害了我的 NP”主要表达充满喜悦的赞美之情，但是在具体语境里又偶然可见充满讽刺的否定评价义的情况。可见，很多情况下，构式所表达的字面义仿佛与情感并无关联，但根据语境仔细挖掘就能有所发现，有的是为了回避晦涩难懂的概念，有的则是对人们主观性情感的委婉表达。

因此，本书在第三章到第六章对四大典型情感构式做了介绍之后，另辟蹊径，将第七章作为复杂情感的试验场，不仅分析比较了四类基本情感构式，还从上下位情感构式——“X 还来不及”“好你个 X”“X 并 Y 着”“吓死 X 了”和“S 可能 V 了假 N”的解析中，发现现代汉语情感构式，在句法结构上完全符合构式语法所提到的，与传统语法结构之间所具有的承继性。在语义认知上，现代汉语情感构式具备词、短语和句子之间的跨界匹配整合，在模标的使用中都存在不同程度的跨范畴映射。在语用功能上，现代汉语情感构式相较其他语种来说，因其自身特点，而更具有修辞意义，善于借助隐转喻机制来表达喜悦、愤怒、悲伤、恐惧、自嘲、无奈、讽刺等情绪。这也从一个侧面反映，当今中国的广大民众及主流媒体在表达情感时所遵循的语用原则。这一切都是在特定的语言环境，通过不同的交际方式和各自不同的文化心理而产生的。

第二节　主要观点

本书以具有典型情感倾向的构式作为研究对象，基于构式语法和认知语法，选取大量的汉语例证和少量英语例证作为语料，力求进行细致和系统的分析，略有如下新意。

其一，从理论依据看，情感构式是构式语法理论体系的一个重要分支，自然遵循形式和意义的匹配原则，也是构式语法中最基本的使用单位。其高度的概括性和不可推导性，正是它令人着迷的根本原因。在 Goldberg (1995) 的定义中，“不可推导性”被描述为构式的判别标准。我们对此提出了质疑，“不可推导性”存在很大的伸缩空间，如果基于“语法形式无同义原则”（Givon，1985），那么任何一个表达式都是不可完全推知的。此外，我们所提到的情感构式，完全是依赖人们在实际生活中的使用为基础的，其语法结构具有不稳定性和能产性。因此，本书才在众多具有情感含义的构式中挖掘其自身特点，创建和组合了四种基本的典型情感构式（另有几种特殊的复合情感构式），换个角度来说，以构式义为纲建立系统并加以分析，试图填补前人在讨论情感构式时的单一视角，也成为本书的重要内容。

其二，从情感体验的认知方式看，人类纷繁复杂的情感带给我们一个五彩缤纷的世界，使我们一直以来都很欣赏那些多情的生命，也喜欢体验人类变幻莫测的情感，及其带给我们内心的无限感受。许多心理学家认为，人的情感是一个连续统，是连续而波动的，因此，不同情感的产生一定与当事人对事物的主观看法和期望有关。在理出了四种基本类型的情感之后，人们在对情感进行分类的时候更容易接受积极情感和消极情感，这是由于积极情感与消极情感通常不会共存，一定只有一种占据了主导地位，通常积极情感是由热情、兴趣、娱乐、自豪、幸福、放松、快乐、安心等情绪左右，而消极情感则是由忧愁、悲伤、愤怒、紧张、焦虑、痛苦、恐惧、憎恨等情绪主导。但有一点需要特别注意，即模标所填充的情感类型与构式所要表达的情感不完全一致。因此，并非所有的构式都具有鲜明的、非此即彼式的积极或消极的情感意义。比如，第七章所涉及的所有复合类情感构式，我们在研究时，就必须将其与修辞（隐喻和转喻）紧密结合，使原始的结构突破语义的制约，产生新的构式含义，并具有不可推导性，这也正是本书的重要创新之处：巧妙地从情感隐喻过渡到情感构式的研究。

其三，从四类情感构式的选择看，喜悦类、愤怒类、悲伤和恐惧类情感构式具有不同的语力，根据喜、怒、哀、惧依次为积极主张、消极评价、悲哀与无助、惊恐与害怕，其他为复合情感。它们看似互相独立，实则有迹可循，在一定程度上，都遵循心理学中的分类，消极和积极始终贯穿其中，这种情感的选取，完全取决于人们在不同语境中的情感诉求，这与人们对事物的主客观评价是分不开的。首先，每一个构式都具有自身的语义结构，每一个构式都具有自己独特的意义，因此，它们对上下文语境在语义上也具有很强的选择性。不过，情感与情感之间也存在诸多明显差异，如喜悦和愤怒类情感，在表达态度的同时，透露出对事物的一种赞美或批判，又如悲伤类情感构式与恐惧类构式在表达的重心、产生的条件、性质、使用的语言环境都表现出很大的不同。由于彼此之间存在差异，这些构式都有独特的功能和表达手法。其次，在句法层面考察构式的情感意义存在空白，构式语法理论认为，词项与句法之间不存在本质的区别，没有清晰的界限，需要具体情况具体分析。最后，无论是基于四种典型情感，还是包含复杂情感的糅合，本书所选取的一些个案语料也将从情感意义的角度自上而下地去考察，我们相信，在不久的将来，这个新兴的构式研究领域一定会得到更多人涉足。

其四，从语料的来源看，本书选取和关注的是现代汉语中比较新颖的情感构式，目前只有极少数科研院所收录了构式这一单独的语料库，因此，本书大多数的语料都来源于 CCL、BCC、网络和新媒体，并在描写和收集构式语料的同时，通过个人努力建立一个小型不对外开放的语料库，以便通过定量和定性的方式进行研究。另外，就目前的研究结果显示，情感构式在人们日常的交际中经常出现，许多新构式的产生到流行固化都在极短的时间内完成，才使得本书得以在短时间内，以原有的一些构式例释为基础，加之对网络语言、新兴语言现象的观察和记录，采集了一些典型的情感构式，并归纳总结出了该特征构式在形式上的规律性。朱德熙（1982）先生认为，语法研究的最终目的就是弄清楚语法形式和语法意义之间的对应关系。对于这些形义之间关系的总结将有助于我们对情感构式的学习和运用。除此之外，语用功能也在共同承继性下不断完善，这也是本书的主要观点之一。

第三节　研究展望

本书的不足之处，主要有以下几个方面：

其一，虽然本书选取的构式新颖，视角独特，但由于语言学界对情感构式还没有权威和系统的研究成果，因此，本书难免会出现管中窥豹、闭门造车的现象。首先，本书的初衷以及灵感是来源于笔者在攻读硕士和博士研究生期间所研究的英汉情感隐喻的对比这一课题，最初的设想也是想要系统分析英汉情感构式的共性和差异，找出中西方话语在构式表达中的各自特点。但随着研究的深入，发现英语相关构式的缺乏导致对比分析的困难，并且汉语构式繁杂导致个人越来越力不从心，限于篇幅和本人能力有限，目前只能将重心放在现代汉语这一部分，全书选取了一些个案作为研究对象，而这无法达到本书最初的构想，也使得对情感构式研究的整体性和系统性受到一定限制，最后没能真正进入英汉情感构式的对比这个圈层，深觉遗憾。

其二，在语料的选取上存在过于单一的情况，因为本书的语料只涉及情感构式中情感透明度较低的那一部分构式。对于情感构式还没有系统性的研究成果，而且，迫于语料出现的频率和规则等限制，我们只能分析近年来出现的新型情感构式，而对其历时性的研究则只能暂时搁置，这就必然产生一定的局限性。另外，许多情感构式的表达，偏重于口语或是书面语，我们也只得在第八章的情感构式产生动因的基础上，适当弥补。

其三，情感构式的研究，是一项复杂而又艰巨的工程，所涉及的学科门类多样，既有人文科学，也离不开自然科学。因此其复杂程度可想而知。这不仅需要对语言事实进行充分挖掘，更需要实时记录身边鲜活的语料，下死功夫。加之对一些具体的情感，特别是情感范畴和情感分类，甚至对于基本情感和复合情感的分段，都或多或少存在一些值得推敲的地方。

总的说来，本书研究主要是对情感构式的现象描写与理论挖掘，试图通过认知方式和构式语法原理，对这些复杂的情感语言结构加以描述和解释，揭示其丰富的表现力，从而显示构式语法理论较强的解释力。在今后的学习和研究中，需继续留心身边发生的语言现象，加强理论学习，尽可能提高研究的系统性和完整性。最后，我们希望在不久的将来，能够在众多学者的努力支持和积极参与下，通过对情感构式细致入微的考察和勤勉严谨的阐释，得出更为全面的解读，并将这些研究成果，运用到翻译实践和课堂教学中去，这也是我们今后努力的方向。

参考文献

［1］毕永峨．不定量词词义与构式的互动［J］．中国语文，2007（6）：507-515.

［2］蔡维天．重温“为什么问怎么样，怎么样问为什么”：谈汉语疑问句和反问句中的内、外状语［J］．中国语文，2007（3）：195-207.

［3］常玉钟．口语习用语功能词典［Z］．北京：北京语言学院出版社，1993.

［4］陈昌来．介词与介引功能［M］．合肥：安徽教育出版社，2002.

［5］陈满华．关于构式的范围和类型［J］．解放军外国语学院学报，2008（6）：6-11.

［6］陈融．格赖斯的会话含义学说［J］．外国语（上海外国语学院学报），1985（3）：65-69.

［7］陈少华．新编人格心理学［M］．广州：暨南大学出版社，2004.

［8］陈振宇，朴眠秀．话语标记“你看”、“我看”与现实情态［J］．语言科学，2006（2）：3-13.

［9］崔永华．与褒贬义形容词相关的句法和词义问题［M］．北京：商务印书馆，1982.

［10］董秀芳．词汇化与话语标记的形成［J］．世界汉语教学，2007（1）：50-61.

［11］杜道流．现代汉语感叹句研究［M］．合肥：安徽大学出版社，2005.

［12］杜道流．一种口语中的否定表达式：Q才VP［J］．语言文字应用，2006（2）：76-80.

［13］方梅．浮现语法：基于汉语口语和书面语的研究［M］．北京：商务印书馆，2018.

［14］方强，张萍．构式对词项主观性的压制研究［J］．现代外语，2016（39）：22-30.

［15］冯薇．认知语言学与汉语词汇研究［M］．西安：世界图书出版西

安有限公司，2017.

［16］胡清国. 现代汉语评价构式“NP 一个”［J］. 汉语学报，2017（1）：66-73.

［17］胡清国，高倩艺. 认知参照点与“你这（个）NP”构式［J］. 汉语学习，2018（2）：44-54.

［18］胡清国. 汉语评价构式“一群 NP”探析［J］. 汉语学习，2013（1）：27-34.

［19］胡清国. 现代汉语评价构式“NP 一个”［J］. 汉语学报，2017（1）：66-73.

［20］黄佩文. “为 X 而 X”句式的贬义色彩［J］. 汉语学习，1994（2）：19.

［21］黄思思，詹卫东. 面向情感分析的构式主观态度义初探［J］. 外语教学，2018，39（6）：27-33.

［22］吉益民. 汉语主观极量构式“N 中的 N”［J］. 汉语学习，2016（3）：22-32.

［23］李宝贵，高玉娟. 流行构式“厉害了 X”的多维考察［J］. 东北师大学报（哲学社会科学版），2018（2）：115-120.

［24］罗琼鹏. 等级性、量级结构与汉语性质形容词分类［J］. 汉语学习，2018（1）：27-38.

［25］刘长征. “（X）整个一（个）Y”格式试析［J］. 汉语学习，2007（1）：32-36.

［26］刘承峰. “爱 V 不 V”结构的语义分析［J］. 汉语学习，2004（2）：70-74.

［27］刘静. 认知语言学的理论与外语教学实践研究［M］. 北京：中国农业出版社，2020.

［28］刘佳，王军. 构式语法视角下的汉语逆向性搭配研究［J］. 外语教学，2017，38（3）：40-44.

［29］陆方喆. 现代汉语反预期标记研究［M］. 北京：中国社会科学出版社，2017.

［30］陆俭明. “句式语法”理论与汉语研究［J］. 中国语文，2004（5）：412-416.

［31］吕叔湘. 现代汉语八百词［M］. 北京：商务印书馆，1999.

［32］罗思明. 汉英“名形表量构式”句法语义互动的历时对比研究

[M]. 上海：上海交通大学出版社，2018.

[33] 马建忠. 马氏文通 [M]. 北京：商务印书馆，1983.

[34] 孟彩娟. “有 X 有 Y” 构式中的 “有” 字研究 [J]. 现代语文（语言研究版），2016（8）：80-83.

[35] 孟彩娟. “有 X 有 Y” 与 “没 A 没 B” 内部语义对比研究 [J]. 现代语文（语言研究版），2015（9）：108-110.

[36] 孟彩娟. “有 X 有 Y” 构式中 “X” 与 “Y” 的内部语义研究 [J]. 现代语文（语言研究版），2015（8）：74-76.

[37] 孟昭兰. 情绪心理学 [M]. 北京：北京大学出版社，2005.

[38] 希奥塔，卡拉特. 情绪心理学（原著第三版）[M]. 周仁来，等译. 北京：中国轻工业出版社，2021.

[39] 牛保义.《构式语法的跨语言研究》述评 [J]. 当代语言学，2006（4）：360-365.

[40] 潘震. 情感构式研究 [J]. 外语研究，2014（4）：18-23.

[41] 彭彬，程邦雄. “厉害了我的 NP” 构式研究 [J]. 语言研究，2017，37（4）：7-14.

[42] 屈承熹. 汉语篇章句及其灵活性：从话题链说起 [J]. 当代修辞学，2018（2）：1-22.

[43] 沈家煊. 如何处置 “处置式”?：论 “把” 字句的主观性 [J]. 中国语文，2002（5）：387-399.

[44] 史金生. 现代汉语副词连用顺序和同现研究 [M]. 北京：商务印书馆，2011.

[45] 史金生. 语法化的语用机制与汉语虚词研究 [M]. 上海：学林出版社，2017.

[46] 施春宏. 构式三观：构式语法的基本理念 [J]. 东北师大学报（哲学社会科学版），2021（4）：1-15.

[47] 施春宏. 构式语法的理论路径和应用空间 [J]. 汉语学报，2017（1）：2-13.

[48] 孙毅. 现代汉语情感动词事件致使—完成结构论数 [J]. 西北师大学报（社会科学版），2018，55（4）：33-41.

[49] 孙毅. 英汉情感隐喻视阈中体验哲学与文化特异性的理据探微 [J]. 外语教学，2010，31（1）：45-48.

[50] 汪国胜，杨黎黎，李沛. 构式 “要多 A 有多 A” 的跨句语法化

[J]. 语文研究，2015（2）：16-21.

[51] 王晓辉. 程度评价构式“X没的说”研究 [J]. 语言研究，2017，37（4）：21-25.

[52] 王长武. 试析表主观评价的“一个X，Y”构式 [J]. 汉语学习，2015（3）：104-112.

[53] 王刚，陈昌来. 技能评价构式“V+得+一M+NP”研究 [J]. 新疆大学学报（哲学人文社会科学版），2017，45（2）：130-135.

[54] 王初明. 构式和构式语境与第二语言学习 [J]. 现代外语，2015，38（3）：357-365.

[55] 魏在江. 情感量化构式的语法转喻理据 [J]. 外语学刊，2020（6）：23-26.

[56] 温锁林. 当代新兴构式“我A，我B”研究 [J]. 当代修辞学，2018（1）：82-91.

[57] 戈德伯格. 运作中的构式：语言概括的本质 [M]. 吴海波，译. 北京：北京大学出版社，2013.

[58] 吴为善，夏芳芳. “A不到哪里去”的构式解析、话语功能及其成因 [J]. 中国语文，2011（4）：326-333.

[59] 邢福义. 词类辩难 [M]. 北京：商务印书馆，2003.

[60] 谢晓明，邓勇. 显性施加义给予构式“给X来（一）个Y”探析 [J]. 语言研究，2021，41（4）：49-56.

[61] 詹卫东. 从短语到构式：构式知识库建设的若干理论问题探析 [J]. 中文信息学报，2017，31（1）：230-238.

[62] 张利蕊，姚双云. “整个”与“整个一个X”再探 [J]. 语言教学与研究，2019（1）：62-71.

[63] 张谊生. 当代汉语“X得慌”的演化趋势与性质转化 [J]. 汉语学报，2018（1）：38-47.

[64] 张谊生. 当代流行构式“N也Y”研究 [J]. 当代修辞学，2011（6）：28-39.

[65] 张克定. 祈使性条件构式的言者意图及其动因 [J]. 外语教学与研究，2016，48（5）：669-679.

[66] 张辉. 论主观极量义构式“X得不行” [J]. 汉语学习，2017（3）：41-50.

[67] 张娟. 国内汉语构式语法研究十年 [J]. 汉语学习，2013（2）：65-77.

［68］张雪燕. 主观评价构式“怎么这么X”研究［J］. 宁夏大学学报（人文社会科学版），2018，40（Z1）：25-29.

［69］宗世海，张鲁昌. 汉语量代词“多”的用法及其解释［J］. 外语教学与研究，2008（4）：262-269；320.

［70］宗守云，张素玲. 社会固有模式对构式的影响：以“放着不”为例［J］. 汉语学报，2014（3）：22-30.

［71］宗守云. “R不是一般的X”构式的高程度性质及其获得途径［J］. 当代修辞学，2018（5）：55-62.

［72］BOAS H C，HÖDER S. Constructions in contact：constructional perspectives on contact phenomena in germanic languages［M］. Amsterdam：John Benjamins Publishing Company，2018.

［73］BOAS H C. The syntax-lexicon continuum in construction grammar：a case study of English communication verbs［J］. Belgian Journal of Linguistics，2010，24（1）：54-82.

［74］BOAS H C. A frame-semantic approach to syntactic alternations：the case of build verbs［J］. Morphosyntactic Alternations in English，2011：207-234.

［75］BOAS H C. Coercion and leaking argument structures in construction grammar［J］. Linguistics，2011，49（6）：1271-1303.

［76］BOAS H C. Lexical and phrasal approaches to argument structure：two sides of the same coin［J］. Theoretical Linguistics，2014，40（1-2）：89-112.

［77］BOYD J K，GOLDBERG A E. Learning what not to say：the role of statistical preemption and categorization in a-adjective production［J］. Language，2011，87（1）：55-83.

［78］CHOMSKY N. Aspect of the theory of syntax［M］. Cambridge：Cambridge University Press，1965.

［79］CROFT W，CRUSE D A. Cognitive linguistics［M］. Cambridge：Cambridge University Press，1990.

［80］DIESSEL H. The grammar network：how linguistic structure is shaped by language use［M］. Cambridge：Cambridge University Press，2019.

[81] FANEGO T. A construction of independent means: the history of the way construction revisited [J]. English Language and Linguistics, 2018, 23 (3): 1-29.

[82] FAUCORMIER G. Mappings in thought and language [M]. Cambridge: Cambridge University Press, 1997.

[83] FILLMORE, CHARLES J, LEE-GOLDMAN R, et al. The framenet construction. in H. C. boas & I. A. sag, sign-based construction grammar [M]. Stanford: CSLI Publications, 2012.

[84] FILLMORE, CHARLES J, PAUL K. Regularity and idiomaticity on grammatical constructions: the case of let alone [J]. Language, 1988, 63 (3): 501-538.

[85] FONTEYN L. Categoriality in language change: the case of the English gerund [M]. New York: Oxford University Press, 2019.

[86] GOLDBERG A E. Explain me this: creativity, competition, and the partial productivity of constructions [M]. Princeton: Princeton University Press, 2019.

[87] GOLDBERG A E. Constructions: a construction grammar approach to argument structure [M]. Chicago: University of Chicago Press, 1995.

[88] GOLDBERG A E. Construction: a new theoretical approach to language [J]. Trends in Cognitive Sciences, 2003, 7 (5): 219-224.

[89] GOLDBERG A E. Constructions at work: the nature of generalization in language [M]. Oxford: Oxford University Press, 2006.

[90] HILPERT M. Construction grammar and its application to English [M]. Edinburgh: Edinburgh University Press, 2014.

[91] HILPERT M. From hand-carved to computer-based: noun-participle compounding and the upward strengthening hypothesis [J]. Cognitive Linguistics, 2015, 26 (1): 113-147.

[92] HILPERT M, DIESSEL H. Entrenchment in construction grammar [M] //SCHMID H J. Entrenchment and the psychology of language learning: how we reorganize and adapt linguistic knowledge. Berlin: De Gruyter Mouton, 2016.

[93] JACKENDOFF R. Foundations of language: brain, meaning,

grammar，evolution [M]. Oxford：Oxford University Press，2002.

[94] KAY P，FILLMORE C J. Grammatical constructions linguistic generalizations：the what's X doing construction [J]. Language，1999，75 (1)：1-33.

[95] KIM J B，DAVIES M. The into-causative construction in English：a construction-based perspective [J]. English Language and Linguistics 2016，20 (1)：55-83.

[96] LANGACKER R W. Cognitive grammar：a basic introduction [M]. Oxford：Oxford University Press，2008.

[97] LANGACKER R W. Constructions and constructional meaning [C] // EVANS V，POURCEL S. New directions in cognitive linguistics. Amsterdam：John Benjamins，2009 (6)，225-267.

[98] LANGACKER R W. Foundations of cognitive grammar：Volume 1 theoretical prerequisites [M]. Redwood：Stanford University Press，1987.

[99] LANGACKER R W. Foundations of cognitive grammar：Volume 2 descriptive application [M]. Redwood：Stanford University Press，1991.

[100] LANGACKER R W. Grammar and conceptualization [M]. Berlin：Mouton de Gruyter，1999.

[101] SOMMERER L，SMIRNOVA E. Nodes and networks in diachronic construction grammar [M]. Amsterdam：John Benjamins Publishing Company，2020.

[102] PETRÉ P. How constructions are born. the role of patterns in the constructionalization of be going to INF [M] //BUSSE B，MOEHLIG-FALKE，RUTH. Prtterns in language and linguistics：new perspectives on a ubiquitous concept. Berlin：Mouton de Gruyter，2019.

[103] TALMY L. Toward a cognitive semantics [M]. Cambridge：MIT Press，2000.